Leben LERNEN
Klett-Cotta

Zu diesem Buch

Philosophen der Antike, buddhistische Weise und Psychotherapeuten der Gegenwart haben etwas gemeinsam. Sie wollen wissen, was ein gutes Leben ausmacht und wie dies realisiert werden kann. Für die bekannte Meditationslehrerin Sylvia Wetzel heißt der Schlüssel »Mut zur Muße«. Die Fähigkeit innezuhalten, die eigene Verfassung zu spüren, sich den Luxus zu erlauben, selbst zu denken, bilden die Grundlage für ein sinnerfülltes Leben. Als Wege der Annäherung daran beschreibt sie die hohe Wirksamkeit einer achtsamen und von Mitgefühl bestimmten Lebensweise. Zahlreiche im Buch enthaltene Übungen dienen dazu, Achtsamkeit und Mitgefühl erfahrbar zu machen. Kurzfristige und kurzsichtige Ziele, die heute viele Menschen in den Burnout treiben, treten durch die hier beschriebene Umorientierung von selbst in den Hintergrund.

Sylvia Wetzel, ausgebildete Gymnasiallehrerin, ist seit vielen Jahren hauptberuflich als buddhistische Meditationslehrerin tätig; ihr Schwerpunkt in Lehre und Veröffentlichung ist die Verbindung von westlicher Psychologie und östlicher Spiritualität.

Alle Bücher aus der Reihe ›Leben Lernen‹ finden Sie unter:
www.klett-cotta.de/lebenlernen

Sylvia Wetzel

Achtsamkeit und Mitgefühl

Mut zur Muße statt Hektik und Burnout

Mit einem Vorwort von Luise Reddemann

Klett-Cotta

Leben Lernen 267

Klett-Cotta
www.klett-cotta.de

Printed in Germany
Umschlag: Hemm & Mader, Stuttgart
Titelbild: Marita Regina Wiemer: »5-2011, ohne Titel« © VG Bild-Kunst, Bonn 2015
Gesetzt aus der Minion von Kösel Media GmbH, Krugzell
Gedruckt und gebunden von CPI – Clausen & Bosse, Leck
ISBN 978-3-608-89145-4

Zweite Auflage, 2015

Bibliografische Information der Deutschen Nationalbibliothek
Die Deutsche Nationalbibliothek verzeichnet diese Publikation in der Deutschen Nationalbibliografie; detaillierte bibliografische Daten sind im Internet über <http://dnb.d-nb.de> abrufbar.

Inhalt

Vorwort von Luise Reddemann 9

Einführung 13

Teil I: Herausforderungen

1 Ehrgeiz entwickeln heißt wegschauen 23

Vier Edle Aufgaben – Minderwertigkeitsgefühle und die Vier Schleier vor Buddha-Natur – Acht weltliche Anliegen – Die protestantische Ethik und die Verachtung der Muße – Minderwertigkeitsgefühle und hohe Ideale – Mimetisches Begehren und der rote Faden – Ich bin nur o. k., wenn … – Siegermentalität und Leistungsdruck – Wege aus Ehrgeiz heraus
Übungen: Die acht weltlichen Anliegen – Mimetisches oder nachahmendes Begehren – Prioritäten prüfen – Der rote Faden – Etwas gut machen

2 Burnout 37

Burnout und Depression: Facetten einer Zeitkrankheit – Exploration und Commitment – Reaktiver versus intentionaler Modus – Ökonomisierung statt Wirtschaft – Wo stehe ich? – Psychoneuroimmunologie von Belastung und Erholung – Ein buddhistischer Blick auf Burnout: Die Faulheit der Geschäftigkeit – Die Müdigkeitsgesellschaft: Burnout als Widerstand
Übungen: Beziehungen – Freude am Tun – Meine Symptome – Wollen und reagieren – Erholung und Belastung – Faulheit – Erste Hilfe

3 Schmerz und Leid 51

Angst und Wut – Wie viel Leiden ist normal? – Natürliches und zusätzliches Leiden – Ich will es anders haben, als es ist – Im Griff von Gier, Hass und Verblendung – Hört Leiden jemals auf? – Der Weg ist das Ziel – Leiden, Gewalt und die drei Gehirnbereiche
Übungen: Leiden annehmen – Aufhänger, Stimmung, Hintergrund

Teil II: Ressourcen

4 Achtsamkeit 66

Bemerken, was geschieht, und erinnern, was heilt – Die vier Bereiche der Achtsamkeit – Drei oder vier Dimensionen von Achtsamkeit – Exkurs: Materialismus oder Idealismus?
Informelle Übungen zum Einsteigen: Mit den Armen schwingen – Den Atem spüren – Treppensteigen mit Ja-Danke – Zum Fenster hinausschauen – Gehen im Park mit Ja-Danke
Grundübungen: Ja zum Leben – Danke fürs Leben – Sternstunden oder Freude als Weg – Einfach sitzen

5 Mitgefühl 76

Vier Aspekte des Mitgefühls – Die Quelle entdecken – Mitgefühl im Vierertakt – Es ist, wie es ist: Gleichmut und die drei Daseinsmerkmale – Drei Ebenen des Leidens und die drei Daseinsmerkmale – Freundlichkeit – Freude und Mitfreude – Aufregung und Idealisieren – Ja-Danke – Der Weg der Faulpelze zum Erwachen – Wie alt bin ich gerade? Und wer spricht? – »Woher kommt dieser Schmerz?« Der Weg zu allumfassendem Mitgefühl
Übungen: Die vier himmlischen Gefühle – Mitgefühl – Wie alt bin ich, wenn ich wütend bin? – Wer spricht?

6 Resilienz 94

Freude: Freude und Präsenz – Vier Ebenen des Glücks – *Beziehungen*: Allein und mit anderen, unterschiedlich und gleichwertig – Gemeinde, Gruppe und Masse – Beziehungen stiften – Zentrale Elemente einer tragfähigen Gruppe – *Sinn*: Freude als Weg – Neid als Weg zum Mehr – Prioritäten klären – Unbeständigkeit und Tod – Mut zum Sein oder: Was ist wirklich wichtig?
Übungen

7 Arbeit und Muße 114

Muße und Politik – Selbstvertrauen und Wohlbefinden – Vom aktiven und kontemplativen Leben – Hannah Arendt – Die vita activa: Arbeit. Kultur. Politik – Mut zur Muße: Die vita contemplativa
Übungen

Teil III: Ein gutes Leben: Üben und Alltag

8 Auftanken und Entspannen 125

Üben: Innehalten, entspannen und auftanken – Leib und Seele, Körper und Geist – Vier Grundlagen der Achtsamkeit – Grundgefühle und emotionale Reaktionen – Grundstimmungen und Gedanken – Varianten der Übung – Energie durch Freude am Tun – Müdigkeit und drei Arten der Trägheit – Aufhänger, Stimmung und Hintergrund – Selbst- und Fremdbilder – Wer bin ich? Die Vier Schleier – Urvertrauen stärken – Gedanken und Gefühle, emotionale Muster und Verhalten – Vier Weisen der Beruhigung – Die vier Schleier lüften – Wer dient wem? – Der Achtfache Pfad als Übung für den Alltag – Der Achtfache Pfad, Psychotherapie und Politik – Die fünf Elemente
Übungen

9 Üben im Alltag ... 154

Innehalten, Sammlung, Einsicht – Der Einstieg – Regelmäßig üben – Ein stiller Tag zu Hause – Längerfristige Übungsprogramme – Lese- und Übungsgruppen – Üben am Arbeitsplatz – Bücher und Kurse

10 Ein Schatz an Übungen ... 162

Die Übungen im Überblick ... 162

Die Übungsanleitungen in alphabetischer Reihenfolge ... 165

Anhang

Glossar ... 197

Sylvia Wetzel in der edition tara libre ... 203

Informationen zum Buddhismus und mehr ... 204

Literatur ... 205

Vorwort

In den letzten Jahren ist der Buddhismus, zunächst eher vorsichtig, inzwischen mit mehr Macht, auch in psychotherapeutischen Kreisen auf Interesse gestoßen. Es zeigt sich, dass buddhistische Konzepte über die menschliche Psychologie und für ein »gutes Leben« sehr praxisnah umsetzbar sind, und darüber hinaus über eine klare ethische Grundlage verfügen. Übungen, die Buddhisten seit zweieinhalbtausend Jahren helfen, mitfühlender, freundlicher, gelassener und achtsamer zu werden, könnten auch für westliche Menschen hilfreich sein. So hat sich auch eine auf westliche Bedürfnisse ausgerichtete Lehre innerhalb der buddhistischen Richtungen entwickelt, die von hoch kompetenten westlichen LehrerInnen vermittelt werden. Eine davon ist Sylvia Wetzel, mit der ich die Freude und die Ehre habe, seit fast 20 Jahren zusammenarbeiten zu dürfen. (Reddemann, Wetzel 2011)

Wenn ich das hier vorliegende Buch von Sylvia Wetzel empfehle, geht es mir um zwei Anliegen: Zum einen die Frage, ob wir in der Psychotherapie, ähnlich wie im Buddhismus, Wege gehen können, die Leiden von Anfang an lindern. In gewisser Weise sollte das ein Anliegen jeder Psychotherapie sein, jedoch meinen auch heute noch viele, dass ohne Leiden Heilung gar nicht möglich sei. Die ganzheitliche Sicht des Buddhismus, die aus einer eher spirituellen Haltung heraus zwischen Schmerz und Leiden unterscheidet, mag an dieser Stelle hilfreich sein. Buddhisten meinen nämlich, dass, wenn wir nicht vermeidbares Leiden nicht akzeptieren, wozu u. a. Altern, Kranksein und Sterben gehören, genau dies unser Leiden bzw. unseren Schmerz vergrößere. Was kann uns bei diesen zweifellos nicht geringen Herausforderungen helfen? Möglicherweise eine spirituelle Sicht, die uns auffordert, uns unserer »wahren Natur« bewusster zu werden, oder, wie es im Buddhismus heißt, zu erwachen. Erwachen könnte man aus meiner Sicht begreifen als einen immer wieder aufs Neue zu gehenden Weg, der das Leben als Ganzes akzeptieren hilft. Aus dieser Perspektive kann dann Leiden einen anderen Platz im Leben einnehmen, sodass Leben Glück und Leid bedeutet, nicht nur Leiden und auch nicht nur »think pink«, wie einige neuere Richtungen zu suggerieren versuchen. (Freud ging ja bekanntlich davon aus, dass mit Hilfe der Psychoanalyse neurotisches Elend in normales Elend verwandelt werden könne. Mehr wollte er nicht in Aussicht stellen.) Es wäre ein Weg, zu dem das Wissen gehört, dass wir verbunden sind, und dass Verbundenheitserfahrungen Platz brauchen in unser aller Leben. Dafür brauchen wir ethische Wegweiser. Buddhisten empfehlen, wie bereits oben erwähnt, vor allem Mitgefühl, Mitfreude, Achtsamkeit bzw. Gleichmut und Freundlichkeit.

Daraus ergibt sich fast zwangsläufig die zweite mich interessierende Frage: »Wie können wir daran arbeiten, zu einer reifen, authentischen Person zu werden, und dabei dennoch anerkennen, dass wir etwas sind, was eindeutig viel mehr ist als Person?« (Welwood 2012, S. 24)

Nachdem Erich Fromm schon in den 50er-Jahren über die Beziehung zwischen Buddhismus und Psychoanalyse nachgedacht hat (Fromm et al. 1971), ist John Welwood unter westlichen Psychotherapeuten einer der ersten, die eine Generation nach Fromm sich in den 80er-Jahren mit Fragen der Unterschiede und Gemeinsamkeiten zwischen der Weisheit des Ostens und der Weisheit des Westens beschäftigt hat. Die westliche Psychologie habe die konditionierte Psyche zum Gegenstand und erhelle sie in allen Einzelheiten mit einer solchen Klarheit, wie der Osten bedingungslose Bewusstheit beleuchte. Die östliche kontemplative Psychologie, die auf der Praxis der Meditation beruhe, biete Lehren darüber, wie man unmittelbares Wissen von der essentiellen Natur der Realität bekommen kann, ein Wissen, das jenseits der Reichweite konventionellen begrifflichen Denkens liegt. Doch obwohl die Betonung des Ostens – von nichtpersönlicher Bewusstheit und direkter Realisierung der Wahrheit – und die des Westens – von individueller Psychologie und begrifflichem Verstehen – sich zu widersprechen und auszuschließen scheinen, können wir sie auch als komplementär wertschätzen. Beide sind nämlich für eine volle Realisierung des Potentials, das zur menschlichen Existenz gehört, essentiell. (Welwood 2012, S. 24–25)

Auch die Arbeitshypothese von Sylvia Wetzels Buch kann man so verstehen: Dass die beiden Wege komplementär sind und es sich lohne, ihre Unterschiede und Gemeinsamkeiten genauer kennenzulernen.

Der Buddha lädt allerdings auch dazu ein, »Ungewissheit wertzuschätzen« und ruft dazu auf, »die Wahrheit der Dinge selbst herauszufinden, statt sich auf die Autorität anderer zu verlassen.« (Batchelor 2012, S. 131) »Sein einziges Kriterium für die Bewertung einer Lehrmeinung habe in der Frage gelegen, ob sie Leiden hervorruft oder lindert, meint Stephen Batchelor. (op. cit. S. 132) Dies erscheint mir eine brauchbare Richtschnur sowohl für PatientInnen wie auch für TherapeutInnen.

Aus der Erfahrung der Zusammenarbeit mit Sylvia Wetzel gehe ich davon aus, dass es nützlich ist, einige Elemente der buddhistischen Praxis in die westliche Psychotherapie zu integrieren. Hierzu bietet die Autorin reichhaltige Anregungen mit Hilfe bewährter buddhistischer Übungen. Manche Leserin, manchen Leser werden die Übungen an Verhaltenstherapie erinnern, so dass es lohnt, sich klarzumachen, dass die Übungen aus der Verhaltenstherapie die jüngeren sind, nämlich keine hundert Jahre alt, während die buddhistischen Übungen gute 2000 Jahre überdauert haben. Und man sollte sich daran erinnern, dass alle Übungen einen Hintergrund haben, nämlich den, Leiden zu verringern, für sich selbst *und für andere.* Das heißt, jede Übung hat bei genauer Betrachtung und bei genauer Lektüre des vorliegenden Buches ethische Implikationen.

Nach neuerer Forschung spricht vieles dafür, dass PatientInnen am ehesten gesunden können, wenn ÄrztInnen oder PsychotherapeutInnen ihnen mit Mitgefühl begegnen. (Benedetti 2011) Eine Praxis des Mitgefühls ist eines der zentralen Anliegen buddhistischer Lehren. Zur Frage, wie man Mitgefühl mit sich selbst und mit anderen umsetzen kann, finden sich im Buch mannigfaltige Anregungen.

Nicht zuletzt durch die Begegnung von westlichen Forschern und buddhistischen Praktikern ist inzwischen auch deutlich geworden, dass es nicht allein die Empathie ist, die für eine gelingende Behandlung von Bedeutung ist, sondern Mitgefühl das Entscheidende ist. Mitgefühl unterscheidet sich von Empathie, das lediglich Einfühlung bedeutet, durch die Bereitschaft, Heilsames bewirken zu wollen und zu tun. Angeregt durch buddhistische Lehren habe ich für die Psychodynamisch Imaginative Traumatherapie (Reddemann 2001) einen mitgefühlsbasierten Ansatz entwickeln können, der sowohl Mitgefühl für sich selbst wie für andere unterstützt und daher für PatientInnen wie Therapeutinnen – hier zur Burnout-Prophylaxe – von Nutzen sein kann.

Die Förderung von liebevoller Zugewandtheit und Freude findet sich in vielen Therapieansätzen, insbesondere in ressourcenorientierten. Gelassenheit als Ergebnis von Achtsamkeit zu fördern, scheint mir ein Anliegen fast jeder Psychotherapie. Die buddhistischen Empfehlungen lassen sich, so man will, pragmatisch umsetzen, man muss – und sollte – sie, wie bereits oben erwähnt, nicht glauben, sondern durch Erfahrung überprüfen, ob sie sich heilsam auswirken.

Der explizit buddhistische Ansatz von Sylvia Wetzel kann ein Gewinn sein für alle, die ihr therapeutisches Handwerkszeug erweitern wollen und die darüber hinaus die Frage interessiert, wie man Ethik in die Psychotherapie integrieren kann, ohne den PatientInnen etwas aufzudrängen.

Luise Reddemann

Einführung

Die Themen dieses Buches – Achtsamkeit, Mitgefühl und Muße statt Hektik und Burnout – sind seit Jahren ein ganz besonderes Anliegen für mich, und ich reflektiere sie im Licht sehr unterschiedlicher Denkansätze. Darin unterscheidet sich dieses Buch von meinen anderen Büchern, auch wenn es wieder viele grundlegende und einfache Übungen enthält, die auch Menschen ohne meditative Vorbildung gut ausprobieren können. Der Reichtum des Abendlandes und der buddhistischen Lehren und Übungen leuchtet besonders und auch ganz neu auf, wenn man beide Perspektiven in Beziehung setzt und auf Parallelen und Entsprechungen zwischen westlichen und östlichen Ansätzen hinweist. Buddhistische Schulen und indische Lehren erforschen vor allem die geistige Dimension des Lebens und zeichnen ein sehr optimistisches Bild von den Möglichkeiten des Menschseins. Und der Westen ist stolz auf seine differenzierten Erkenntnisse der materiellen Struktur von Mensch und Welt.

Diese beiden unterschiedlichen Perspektiven auf das Leben ergänzen sich im Prinzip wunderbar, aber leider neigen viele ihrer Vertreter in Ost und West dazu, entweder den geistigen oder den materiellen Ansatz zu verabsolutieren und die jeweils andere Perspektive als sekundär und abgeleitet zu betrachten. Das führt in beiden Fällen zu einer unvollständigen Weltsicht. Solange nicht die Innen- und die Außenperspektive – der geistige und der materielle Ansatz – als zwei Seiten einer Medaille, als zwei Perspektiven auf das gleiche »Ding«, das Leben heißt, verstanden werden, hinken unsere Weltbilder. Und dann bleibt unser Leben unvollständig und wir als Menschen unreif und unsicher, auch wenn wir uns in der Aura großer Traditionen sonnen. Ein rein individualistischer Ansatz, bei dem ich mich ganz authentisch lediglich mit meinen eigenen Ansichten beschäftige, kann das Leben erst recht nicht fassen. Alle diese Ansätze stellen mich nicht zufrieden. Aus diesem Grund setze ich mit diesem Buch immer wieder westliche und buddhistische Denkmodelle in Beziehung, und das bereichert beide Ansätze.

Das ist nicht nur eine interessante und intellektuell anregende Spielerei, sondern mir scheint, an diesem kritischen Punkt der Moderne und Postmoderne könnte die Begegnung zwischen den kontemplativen Traditionen des Ostens und den materiell orientierten Ansätzen des Westens besonders fruchtbar werden. Zu Beginn des dritten Jahrtausends stehen viele Errungenschaften unseres demokratischen und sozialen Verfassungsstaates auf dem Prüfstand. Ich glaube, dass wir die großen Krisen und Herausforderungen unserer Zeit – Erschöpfung und übertriebene Leistungsbereitschaft – nur dann meistern können, wenn wir mehr Raum für Muße und gründliches Nachdenken schaffen. Viele gute Argumente liefert mir dabei der Buddhismus, der eine ausgefeilte Wissenschaft der meditativen Seiten des Lebens entwickelt hat.

Es gibt inzwischen viele Ratgeber zum Thema Burnout und Entspannung, einige informative populärwissenschaftliche Titel über die antiken Vorstellungen zum guten Leben, über Weisheit und Philosophie, über Theorie und Praxis des Buddhismus und auch zum Themenkreis Muße. Darin werden vor allem die Kunst des Müßiggangs empfohlen und ein Lob der Faulheit gesungen. Aber Muße ist unendlich viel mehr als chillen, abhängen und faul sein. Was genau Muße ist und wozu sie gut ist, davon ist in diesem Buch immer wieder die Rede. Denn Muße – im Sinne von Zeit, in der wir frei sind von äußeren und inneren Zwängen und die uns befähigt, selber zu denken und das Denken zu überschreiten – ist ein wesentlicher Teil der Lösung des Problems der Überforderung.

Das Buch kann und will keine psychotherapeutische Begleitung oder einen Klinikaufenthalt bei der Diagnose Erschöpfungsdepression ersetzen, und es ist auch keine Einführung in den Buddhismus. Es will konkrete Anregungen zur Burnout-Prophylaxe geben und darüber hinaus Mut machen, die eigenen Prioritäten zu überprüfen und Bedingungen für ein gutes Leben zu schaffen. Ein gutes Leben hängt nach meiner Erfahrung weit mehr von unserer Lebenseinstellung als von materiellen Bedingungen ab. Da viele Menschen keinen gemeinsamen Bedeutungszusammenhang mehr mit anderen teilen, sondern sich in unterschiedlichen Lebensbereichen an unterschiedlichen Werten orientieren, fehlt den meisten ein Sinnzusammenhang, der uns ein Gefühl von Ganzheit, von Zusammengehörigkeit gibt.

Dieses Buch will immer wieder dazu anregen, das gemeinsame Anliegen in unterschiedlichen Zugängen zu den kleinen und großen

Fragen des Lebens zu entdecken. Und das wird möglich, wenn wir unterschiedliche Perspektiven auf unser Leben als Bereicherung und Inspiration erleben. Dadurch entsteht ein Gefühl von Zusammengehörigkeit, das nicht auf dem Ausschluss anderer Perspektiven beruht, sondern auf ihrer Integration. Und diese Art von komplexer Ganzheit ist nach meiner Erfahrung einem Ansatz überlegen, der sich als der einzig wahre versteht. Überlegen in dem Sinn, dass wir durch die Wertschätzung unterschiedlicher Perspektiven eher in der Lage sind, unsere komplexen Lebenszusammenhänge zu begreifen und mit den Herausforderungen unseres modernen Lebens konstruktiv umzugehen, als wenn wir an einer einzigen Perspektive festhalten. Um mehrere Perspektiven verstehen und aushalten zu können, braucht es einen entspannten Körper und Geist, oder in anderen Worten, Muße. Und daran fehlt es überforderten und überarbeiteten Menschen.

Es gibt neben der *Überforderung* durch den Arbeitsprozess und die Hektik des modernen Lebens in den Städten – ganz abgesehen von der extensiven und intensiven Ausbeutung im außereuropäischen Raum – auch das Problem der körperlichen, emotionalen und geistigen *Unterforderung*. In beiden Fällen kann die Fähigkeit zur Muße dazu beitragen, über die eigenen Interessen nachzudenken und den roten Faden zu finden, die Bedeutung von Beziehungen zu erkennen und sie zu pflegen. In erster Linie richtet sich dieses Buch allerdings an die Menschen, die im Prinzip gerne arbeiten, aber immer wieder feststellen, dass die Balance zwischen Arbeit und Freizeit, Arbeit und Muße, Anspannung und Entspannung, Hingabe und Nachdenken nicht oder nicht mehr stimmt. Dabei geht es mir nicht um die viel beschworene Work-Life-Balance, denn Arbeit ist ein Teil des Lebens und nicht sein Gegensatz.

Im *ersten* Teil beleuchte ich in drei Kapiteln – Ehrgeiz, Burnout und Schmerz und Leid – die Erfahrung von Erschöpfung und übertriebener Leistungsbereitschaft aus mehreren Perspektiven und ziehe dabei unterschiedliche Erklärungsansätze heran: biologische und psychologische, politische und ökonomische, allgemein philosophische und speziell buddhistische. Ich tue das, weil ich Erschöpfung weder für ein Modethema noch für eine billige Ausrede halte, sondern für eine der ganz großen Herausforderungen unserer Zeit. Vielleicht ist es sogar ein Jahrhundertthema. Und um ein großes und komplexes Thema zu begreifen braucht es unterschiedliche Zugänge. Burnout und Überforderung betrifft nicht nur Menschen, die zu viel arbeiten, sei es nun schlecht bezahlt oder mit »unanständig« hohen Boni, wahnwitzigen Honoraren oder Gagen versüßt, sondern das hat Auswirkungen auf die ganze Gesellschaft. Hektik und Erschöpfung sind nicht nur gefährlich für die Betroffenen selbst und schwierig für ihr Umfeld, teuer für unser Gesundheitssystem und ein Verlustfaktor für die Wirtschaft. Hektik und Erschöpfung bedrohen unseren demokratischen Verfassungsstaat und unser kulturelles Leben, denn dafür braucht es wache und selbstständig denkende Menschen, die fähig sind zu einem Leben in Würde und mit Verantwortung für unsere gemeinsame Welt.

Die dritte Herausforderung neben übertriebener Leistungsbereitschaft und Erschöpfung ist die allgemeine Erfahrung von Schmerz und Leid. Dazu beschreibe ich, vor allem aus Sicht des Buddhismus, Ursachen und Bedingungen des *natürlichen* und des *zusätzlichen* Leidens und stelle Methoden aus Ost und West vor, die uns helfen, klug und mitfühlend damit umzugehen. Natürliches Leiden gehört zum Leben, zur conditio humana, und kann nach meiner Erfahrung durch keine materielle oder spirituelle Methode völlig aufgelöst oder beseitigt werden. Man kann es allerdings durch ein kluges und mitfühlendes Umgehen erträglicher gestalten. Wir haben mehr Chancen, das *zusätzliche* Leiden zu verringern, denn es entsteht durch unrealistische Erwartungen, und die können wir überprüfen und verändern. Ich vermute, dass auch traumatische Erfahrungen zum Leben gehören, die wir nur bedingt vermeiden, aber mit einer guten Begleitung lindern und verarbeiten können. Zum Glück erleben wir nicht nur unterschiedliche Formen und Intensitäten von Leiden, sondern wir sind auch prinzipiell fähig, damit gut umzugehen, d. h. es zu verarbeiten und in unser Leben zu integrieren. Davon handelt der zweite Teil.

Im *zweiten* Teil stelle ich in vier Kapiteln Ressourcen für ein gutes Leben vor: Achtsamkeit und Mitgefühl, Resilienz und Muße. Achtsamkeit und Mitgefühl sind grundlegende Fähigkeiten, die wir als Menschen sozusagen mit in die Wiege gelegt bekommen. Als Menschen der Gattung homo sapiens sapiens zeichnen wir uns dadurch aus, dass wir nicht nur wahrnehmen und denken können, sondern unser Verhalten mit Körper, Rede und Geist *beobachten* und prinzipiell auch hinterfragen können. Inzwischen pfeifen es die Spatzen von den Dächern, dass »der Mensch an sich« nicht primär ein homo oeconomicus ist, einer, der bloß zu seinem eigenen Vorteil handelt. Menschen sind nicht primär Individuen, sondern vor allem soziale Wesen, angelegt auf ein kooperatives und mitfühlendes Leben mit anderen, mit Mensch, Tier und Natur. Achtsamkeit und Mitgefühl sind per se schon wunderbare menschliche Fähigkeiten, sie sind aber auch deshalb wunderbar, weil wir sie systematisch und gezielt einüben bzw. erlernen können. Dazu gibt es in diesem Buch viele unterschiedliche Übungen, und jede und jeder kann sich die für das eigene Leben passenden aussuchen. Die dritte Ressource ist Resilienz, die Fähigkeit, schwierige und sogar schwerste Erfahrungen zu verarbeiten, oder persönliche Widerstandsfähigkeit. Drei Faktoren spielen dabei eine besondere Rolle: Freude, Beziehungen und Sinn. Die Beschreibung dieser drei zentralen Resilienz-Faktoren stammt aus der westlichen Trauma-Therapie, und sie ist kompatibel mit buddhistischen Ansätzen: die Fähigkeit, Freude zu erleben, tragfähige Beziehungen aufzubauen und zu pflegen und die Erfahrung von Sinn. Dazu gehört für mich besonders die Einsicht, dass die Erfahrung von kleinen und großen Leiden zum Leben gehört und wir nie alle Bedingungen unseres Lebens in den Griff bekommen.

Die vierte Ressource ist Muße. Sie ist nicht nur wichtig für unsere körperliche Gesundheit, sondern eine zentrale Voraussetzung eines guten Lebens. Für die politische Philosophin Hannah Arendt ist Muße – eine Zeit frei von äußeren und inneren Zwängen – vor allem dann unverzichtbar, wenn wir selbstständig denken lernen wollen, und dazu gehört auch die Fähigkeit, die Grenzen des eigenen Denkens und des Denkens überhaupt zu erkennen. Für beides braucht man Muße. Für den katholischen Philosophen Josef Pieper ist Muße Ursprung und Garant unserer und jeder Kultur. Ich halte die Fähigkeit, innezuhalten, die eigene Verfassung zu spüren, selbstständig zu denken und zu urteilen, für Voraussetzung und Grundlage eines freiheitlichen und demokratischen Rechtsstaates.

In diesem Sinn sind Entspannung und Muße nicht einfach ein Wohlfühlprogramm für unruhige Zeitgenossinnen und erfahrungshungrige und gelangweilte Städter, sondern die entscheidende Voraussetzung für ein Leben in Würde. Zu einem solchen Leben gehören auch Hinterfragen und gründliches Nachdenken, vor allem über folgende Punkte: der Prioritäten unseres aktiven Lebens, unserer Lebensvision und der Art und Weise, wie wir mit anderen Menschen und mit der ganzen Welt verbunden sind. Die Antike nannte das ein gutes Leben.

Ich werde unterschiedliche Elemente eines guten Lebens beschreiben und immer wieder kleine Übungen vorschlagen, die zur Klärung unserer Vorstellungen vom guten Leben beitragen können.

Die unterschiedlichen Erklärungsansätze aus Politik und Wirtschaft, aus Biologie und Philosophie, aus Psychologie und Buddhismus u. a. ergänzen sich und zeigen deutlich, dass es darum geht, unterschiedliche Perspektiven einzunehmen und sie nicht auf eine einzige – wahre und richtige – zu reduzieren. Dieses mehrperspektivische Denken wurde zum ersten Mal in der Achsenzeit, im ersten Jahrtausend v. Chr., in unterschiedlichen Kulturkreisen – China, Indien, Palästina und Griechenland – entdeckt und zum Glück nie mehr ganz vergessen. Der Philosoph Karl Jaspers prägte diesen Begriff, weil er die Einsichten dieser Zeit als einen Wendepunkt in der Geschichte der Menschheit sah.

Die Philosophien und Religionen, die in der Achsenzeit entstanden, werden als Gipfel und Juwel des geistigen Lebens in Asien und im Abendland gleichermaßen verehrt. Ihre Vision ist atemberaubend: Mitgefühl für alle Menschen ist möglich. Es gibt keine objektive Wahrheit. Menschen sind einzigartige Individuen und können prinzipiell offen und vielschichtig denken. Man könnte das mehrdimensionales Denken nennen. Der Kulturphilosoph Ken Wilber thematisiert diese Fähigkeit seit über dreißig Jahren und nennt sie *second tier thinking*, um sie abzugrenzen von allen früheren Arten des Denkens, das er *first tier thinking* nennt, und die ihre jeweils eigene Weltsicht, sei sie magisch, mythisch oder begrifflich, für die einzig richtige halten. Dieses mehrdimensionale Denken ist in der Lage, unterschiedliche Erklärungsansätze – aus Biologie und Soziologie, aus Psychologie und Religion usw. – als unterschiedliche Perspektiven »auf das gleiche Ding« zu erkennen und sie nicht als Bedrohung, sondern als Erweiterung und Inspiration zu sehen.

Der *dritte* Teil des Buches enthält konkrete Vorschläge für ein gutes Leben. In drei Kapiteln möchte ich zum eigenständigen Üben anregen und Mut machen, die eigenen Lebenserfahrungen anzunehmen, sie zu erforschen und konstruktiv mit ihnen umzugehen. Die Thesen und Übungen des achten Kapitels beruhen auf den Erfahrungen von fünfzehn Jahren Kursen mit Menschen aus sozialen, pflegenden und heilenden Berufen in Brandenburg und Berlin. Im neunten Kapitel mache ich Vorschläge, wie man im eigenen Rhythmus, allein und mit anderen zusammen, unterschiedliche Übungen ausprobieren und in seinen Alltag einbauen kann. Das zehnte Kapitel enthält einen Schatz an Übungen, aus denen Sie je nach Bedarf und Tagesform die für Sie passenden auswählen können.

Die unterschiedlichen Ansätze in diesem Buch wollen ein vielschichtiges Bild zeichnen und Sie, als Leserinnen und Leser, auf unterschiedlichen Ebenen ansprechen und inspirieren. Wenn Ihnen manche Überlegungen zu philosophisch oder zu politisch, zu buddhistisch oder zu psychologisch klingen, lesen Sie darüber hinweg bis zur nächsten Aussage, These oder Übung, die bei Ihnen ankommt. Wir teilen keinen gemeinsamen Bedeutungszusammenhang mehr, und daher wiederhole ich wichtige Aussagen immer wieder und erkläre, wie ich bestimmte Begriffe verwende. Denn manchmal interpretiere ich sie anders als üblich oder erweitere sie. Manche Menschen denken eher psychologisch oder praktisch, andere suchen gute Erklärungen, und manche suchen interessante Erfahrungen. Wir machen alle genügend Erfahrungen, aber oft können wir sie nicht in einen plausiblen Zusammenhang einordnen. Auch dazu will dieses Buch anregen, denn verstehen heißt auch, Erfahrungen und Ansichten in einen größeren Zusammenhang einordnen zu können.

Eine umfangreiche Literaturliste bekannter und weniger bekannter Autorinnen und Autoren und Titel zum Themenkreis will einerseits zeigen, wie viele Menschen in unterschiedlichen Disziplinen und zu unterschiedlichen Zeiten sich ernsthaft Gedanken über die Lebensbedingungen unserer Zeit machen, und andererseits darauf hinweisen, dass sie zu ähnlichen Schlussfolgerungen kommen: innehalten, nachdenken, Beziehungen pflegen, miteinander reden, sich politisch einmischen usw.

All das macht auch mir immer wieder Mut, das Gegebene nicht ohnmächtig oder gleichgültig anzunehmen, mich aber auch nicht in Wut und Empörung zu verlieren, sondern zusammen mit anderen Menschen über unsere gemeinsame Welt zu sprechen, über mögliche Gegenentwürfe zum Bestehenden nachzudenken und mir den Freiraum zu schaffen, den ich dafür brauche. Darum geht es für mich in diesem Buch: um den Mut zur Muße und um die Freude am Tun, im Vertrauen darauf, dass Menschen gemeinsam über ein gutes Leben nachdenken und sich dafür einsetzen wollen und können und auch etwas Gutes bewirken können.

Einige Kapitel sind erweiterte Fassungen von Vorträgen und kleinen Schriften, die in unterschiedlichen Kontexten entstanden und für bestimmte Zielgruppen zusammengestellt wurden. Sie setzen unterschiedliche Akzente, und es gibt Überschneidungen und Wiederholungen, denn alles hängt mit allem zusammen. Und auf einige, vielleicht auch ungewohnte, Zusammenhänge will ich immer wieder besonders hinweisen. Das ist beabsichtigt, denn ich finde es sinnvoll und hilfreich, die große Frage des guten Lebens aus immer wieder neuen Perspektiven zu beleuchten und sozusagen spiralförmig zu umkreisen.

Jedes Buch ist ein Lehrstück in bedingtem Entstehen. Die umfangreiche Literaturliste von Autorinnen und Autoren, vor allem aus dem Westen, aber auch aus Asien, ist ein deutlicher Hinweis auf sehr viele Anregungen, die ich von diesen wunderbaren Menschen erhalten habe. Die meisten Thesen und Übungen in diesem Buch habe ich in öffentlichen Vorträgen und Meditationskursen vorgestellt, und die vielen positiven Rückmeldungen haben mir gezeigt, dass mein Ansatz – buddhistische und westliche Modelle zusammenzubringen und ihre zentralen Aussagen kulturell zu übersetzen und so Brücken zwischen unterschiedlichen Disziplinen zu bauen – zu einem guten Leben in Würde und Verantwortlichkeit beiträgt. Mir geht es dabei um religiöse und kulturelle Mehrsprachigkeit, um Interdisziplinarität im engeren und weiteren Sinn. Das ist für mich die Voraussetzung für mehrdimensionales Denken, das wir brauchen, um konstruktiv mit unserem komplexen modernen Leben umzugehen. Mein großer Dank gilt meinen Lehrerinnen und Lehrern aus Ost und West, von denen ich Wesentliches gelernt habe. Und all denen, die kluge Bücher schreiben, und den mutigen Verlagen, die sie veröffentlichen. Sie sind für mich Pfeiler unseres kulturellen Gedächtnisses, die uns Perlen des Denkens und der Lebenskunst aus Vergangenheit und Gegenwart zur Verfügung stellen.

Herzlichen Dank auch an Luise Reddemann für bald zwanzig Jahre Gespräche über die wesentlichen Dinge des Lebens, für unsere inspirierenden gemeinsamen Seminare und für ihr Vorwort zu diesem Buch. Ich bedanke mich auch sehr bei Karl Beer, Nadja Giersdorf und Birgit Kübler, die unterschiedliche Fassungen des Manuskripts gelesen und mit ihren Rückmeldungen, Fragen und Hinweisen dazu beigetragen haben, dass das Buch flüssiger zu lesen und besser zu verstehen ist.

Ganz besonders danke ich dem Verlag Klett-Cotta für die Bereitschaft, sich auf ein so komplexes Buch zum Themenkreis einzulassen, und meiner Lektorin, Dr. Christine Treml, für den Vorschlag, dieses Buch zu schreiben und seine Entstehung konstruktiv und kritisch zu begleiten.

Jütchendorf im Herbst 2013
Sylvia Wetzel

Hinweis zu den Übungen
Manche Übungen bzw. Abschnitte der Übung habe ich im einladenden »wir« formuliert und manche eher im direkten »du«. Schauen Sie, was Sie anspricht, und formulieren Sie die Übungen entsprechend um. Für den Anfang reicht es, wenn Sie ein, zwei Mal die Woche eine Übung durchführen, bis Sie durch die eigene Erfahrung motiviert sind, regelmäßig zu üben.

Hinweis zu fremdsprachlichen Begriffen
Fremdsprachliche Fachbegriffe werden i. d. R. in der in Deutschland bekannten Form wiedergegeben und groß geschrieben, wie z. B. Karma und Nirvana. Wenn nicht anders erwähnt, stammen die Fachbegriffe aus dem indischen Sanskrit. Eher unbekannte Begriffe werden bei der ersten Nennung kursiv geschrieben und dann wie deutsche Substantive behandelt. Die Fachsprache des frühen Buddhismus ist das indische Pali und die des Mahayana-Buddhismus das indische Sanskrit, in dem auch die Heiligen Schriften und Epen der indischen Kultur verfasst sind. Siehe auch Glossar im Anhang.

Teil I: Herausforderungen

1 Ehrgeiz entwickeln heißt wegschauen

Mit dem Titel dieses Kapitels möchte ich Sie provozieren, und zwar zum Nachdenken über Ihre Motive und Einstellungen zum Thema Leistung. Burnout ist in aller Munde, auch wenn es immer noch keine klare Definition dieser Erschöpfungserfahrung gibt. Bevor ich meine Überlegungen zu Burnout und seinen Entstehungsbedingungen vorstelle, möchte ich etwas zum Thema Ehrgeiz sagen, denn nach meiner Erfahrung haben nicht wenige Varianten der Erschöpfungsdepression und des Burnout sehr viel mit Ehrgeiz zu tun. Ich unterscheide zwischen *ungesundem Ehrgeiz* als Versuch der Kompensation von mangelndem Selbstwertgefühl und dem *sinnvollen Wunsch,* das, was wir tun, möglichst *gut* zu tun. Der Hauptunterschied besteht für mich darin, dass wir unter dem Einfluss von Ehrgeiz unsere aktuelle Befindlichkeit ignorieren und irgendwie und irgendwo anders sein wollen. Im Unterschied dazu ist der Wunsch, etwas – eine Arbeit, einen Ablauf, das ganze Leben – *gut* zu machen, Ausdruck unserer Kreativität. Mit dieser Haltung schätzen wir uns und die anstehenden Aufgaben einigermaßen realistisch ein und sind interessiert und bereit, sie Schritt für Schritt kompetent und möglichst gut zu erfüllen. Der Philosoph Ernst Tugendhat nennt das in seinem Buch *Egozentrizität und Mystik* das Bedürfnis oder Streben nach dem »adverbial Guten« und interpretiert das als ein Grundanliegen von Menschen. (Tugendhat 2003)

Meine Vermutung ist, dass hinter jeder Art von hier als ungesund definiertem Ehrgeiz eine Form von mangelndem Selbstwertgefühl steckt. Wenn wir zu einem niedrigen Selbstwertgefühl neigen, kompensieren wir das meist mit hohen Idealen und Ansprüchen. Wir legen die Latte hoch, setzen uns unter Druck und leben »das Leben der anderen«. Wir bemerken das aber nur ganz vage, weil wir uns selbst nicht gut spüren und kennen. Achtsamkeit für uns und andere, für unsere natürliche und soziale Umwelt und für das bedingte Entstehen aller Erfahrungen fördert ein realistisches Selbstbild und das Gefühl der Verbundenheit mit anderen Menschen und mit der Welt. Und genau das brauchen wir für ein sinnvolles und gutes Leben, zum eigenen Wohl und dem der anderen. Ich möchte den Zusammenhang zwischen Selbstbildern und Verhalten zunächst aus der buddhistischen Perspektive erläutern und danach einige aktuelle kulturelle Bedingungen für Ehrgeiz und mögliche Wege aus dem Ehrgeiz heraus beschreiben.

Was ist Ehrgeiz? Was erleben wir, wenn wir ehrgeizig sind? Die ältere Bedeutung von Geiz ist Gier oder Habsucht. Wenn wir ehrgeizig sind, sind wir also gierig nach Ehre. Unter welchen Bedingungen gieren wir nach Ehre? Wenn wir mit dem, was ist, nicht zufrieden sind. Sind wir unzufrieden, wollen wir anders sein, als wir sind. Der Buddha beschrieb diese Art von Wunsch als die *Ursache* von Leiden. Er kehrt den Erklärungszusammenhang allerdings um. Wir denken: Weil ich *unzufrieden* bin, will ich anders sein, als ich bin. Buddha lehrt: Weil wir *anders* sein wollen, als wir sind, sind wir unzufrieden. Das ist die Kernthese der Zweiten Edlen Wahrheit von der *Ursache* des Leidens. Zum besseren Verständnis beschreibe ich die Vier Wahrheiten bzw. Aufgaben hier kurz.

Vier Edle Aufgaben

In seiner ersten Unterweisung nach seinem Erwachen lehrte der Buddha die sogenannten Vier Edlen Wahrheiten. Das sind keine ewigen Wahrheiten, die man glauben muss, sondern *Aufgaben*, die uns helfen *können*, ein gutes, ethisches und verantwortliches Leben zu führen.

Erstens: Es gibt Leiden, Unzufriedenheit, Unsicherheit und Enttäuschungen, Sanskrit *duhkha*. Unsere Aufgabe besteht darin, sie zu *spüren* und wahrzunehmen, zu erforschen und zu erkennen. *Zweitens:* Die Ursache, S. *samudaya*, für unsere Unzufriedenheit ist der Wunsch, es möge jetzt und sofort anders sein, als es ist, und zwar ohne die spezifischen Bedingungen und Umstände, die zu einer Veränderung führen können, zu verstehen. Buddha nennt das Durst oder Begehren, S. *trshna*. Dieses Begehren gilt es zu *erkennen* und *loszulassen. Drittens:* Unzufriedenheit hört erst dann auf, wenn wir diese unrealistischen Wünsche erkennen, verstehen und loslassen. Das ist das Ende des Leidens, S. *nirodha*. Und dieses Loslassen, dieses Ende des Leidens gilt es

die 4 Grundlagen der Achtsamkeit X

zu *erleben* und nicht nur als schöne Idee zu bewundern oder uns – und auch andere – mit dem Anspruch auf Loslassen unter Druck zu setzen. *Viertens*: Wie man Unzufriedenheit erforscht, versteht und auflöst, zeigt uns der Achtfache Pfad, *marga*. Das sind acht Bereiche der Übung, die uns Orientierung für ein gutes, ethisches und verantwortliches Leben geben. Diesen Weg gilt es zu gehen. Welche Schritte dazugehören, beschreibe ich in Kapitel acht, in denen es um Auftanken und Entspannen und um konkrete Übungen für Beruf und Alltag geht.

Meine Grundthese ist: Ehrgeiz ist eine besonders stark ausgeprägte und folgenreiche Variante des unrealistischen Wunsches: Es möge jetzt und sofort anders sein, als es ist. Und das hat mit einer besonderen Art von Leiden zu tun, mit dem Gefühl: Ich bin nicht gut genug. Die Überforderung, die durch Ehrgeiz entsteht, hört erst auf, wenn wir Frieden schließen mit uns und der Welt, und das geht nur, wenn wir Ja sagen können zu uns und der Welt, trotz aller Widersprüche. Die Fähigkeit, uns trotz Leiden und Unvollkommenheit, trotz Schwächen und Widersprüchen zu bejahen, wird uns nicht in die Wiege gelegt. Wir müssen uns für diese Sicht entscheiden, und das können wir lernen, wenn wir das für sinnvoll halten und uns darum bemühen. Darauf gehe ich später in diesem Kapitel ausführlicher ein, wenn ich die drei Ich-Perspektiven von Thomas Harris vorstelle. (S. 32 ff.)

Wir werden ehrgeizig, wenn wir Minderwertigkeitsgefühle mit hohen Idealen kompensieren und unsere aktuelle Befindlichkeit ignorieren, sie nicht spüren, wahrnehmen und erkennen. Was ignorieren wir, wenn wir uns selbst nicht genau spüren? Zu unserer aktuellen Befindlichkeit gehören vier Bereiche, die der Buddha die *vier Grundlagen der Achtsamkeit* nennt: körperliche Empfindungen, Grundgefühle und emotionale Reaktionen darauf, Grundstimmungen und Gedanken. Was Achtsamkeit ist und wie wir sie auf diese vier Bereiche unserer Erfahrungen ausrichten können, werde ich im dritten Kapitel genauer beschreiben.

Minderwertigkeitsgefühle und die Vier Schleier vor Buddha-Natur

Warum gibt es so etwas wie Minderwertigkeitsgefühle? Warum leben wir nicht voller Selbstvertrauen und Wertschätzung, dankbar, mitfühlend und verantwortlich? Die einen meinen, es liege an den Genen, und die anderen geben der Gesellschaft die Schuld. Ich denke, es liegt an einem hochkomplexen Zusammenspiel vieler sehr unterschiedlicher Bedingungen und Umstände. Auf einige Bedingungen möchte ich im Folgenden hinweisen, und zwar vor allem deshalb, weil sie mir einleuchten und zugleich einen Weg zeigen, freundlich und mitfühlend, heiter und gelassen, verantwortlich und zuversichtlich, wach und entspannt zu leben, mitten im Auf und Ab des Lebens, zumindest ab und zu und immer öfter.

Der Buddha beschreibt in seiner Unterweisung über die Vier Wahrheiten, die man als Aufgaben interpretieren kann, den Bedingungszusammenhang von Leiden und einen Weg aus dem Leiden heraus: 1. Leiden *spüren*, 2. den Wunsch, es möge anders sein, *erkennen* und *loslassen*, 3. Loslassen *erleben* und 4. mit Geduld und Ausdauer den Weg der Ethik, Sammlung und Einsicht zu *gehen*.

Sehr deutlich wird an diesem Ansatz, dass man niemandem einen Weg vorschreiben kann. Menschen suchen in der Regel erst dann nach einem Weg, wenn sie sich selbst zum Problem werden. Wenn die kollektiven Antworten auf Lebensfragen nicht mehr greifen, wenn das, was wir von unseren Eltern und Nachbarn, in der Schule und in unserer spezifischen Kultur gelernt haben, nicht mehr ausreicht. Dann fangen wir an, eigene Fragen zu stellen und das Überlieferte und Gelernte zu hinterfragen, und genau diese fragende Haltung wird zu einem Schlüssel, der uns für die Texte und Übungen öffnet, die uns die Weisen, die nachdenklichen und suchenden Menschen hinterlassen haben.

Ein Modell aus dem buddhistischen Tantra bzw. Vajrayana, die Unterweisung über die Vier Schleier, beschreibt unser gebrochenes Lebensgefühl sehr eindrücklich. Ich gehe im neunten Kapitel ausführlicher darauf ein, möchte es aber hier schon einmal kurz vorstellen, weil es den Kontext meiner Überlegungen gut beschreibt: Weil wir unsere Tiefendimension, die Natur des Geistes, nicht kennen, sind wir existenziell verunsichert und haben Angst, entwickeln allzu feste Meinungen, verteidigen sie mit aufgewühlten Emotionen und stabilisieren das ganze System mit ständigen Wiederholungen.

Erstens: Der Schleier vor der Natur des Geistes. Andere Begriffe dafür sind Buddha-Natur, unfassbare Tiefendimension, unsere angeborene tiefe Weisheit. Das ist eigentlich nichts Mystisches und Geheimnisvolles, sondern die Dimension, die aufscheint, wenn wir nach langem Fragen und Forschen die Grenzen des Denkens entdecken und gleichzeitig erkennen, dass das Leben nicht aufhört, wenn wir etwas nicht verstehen.

Wir entdecken dann, dass das Leben mit einer anderen Art von Intelligenz »funktioniert« und sogar besser, als wenn wir es mit unserem begrenzten und aufgeregten Verstand korrigieren und richten wollen. Viele Menschen kennen diese Dimension nicht und haben nicht einmal eine vage Vorstellung davon, dass mehr zu uns gehört als das, was wir mit den fünf Sinnen und dem Verstand fassen und begreifen können.

Zweitens: Der Schleier der existenziellen Getrenntheit: Weil wir unsere Tiefendimension nicht kennen und daher auch nicht auf sie vertrauen, sind wir existentiell verunsichert und halten an unseren vielfältigen und widersprüchlichen Erfahrungen fest. Das führt zu einer Aufspaltung der Erfahrung in ein »Ich hier drinnen« und eine »Welt da draußen« und zu einem Gefühl übertriebener Getrenntheit. Das nennt die existenzialistische Philosophie Angst oder »Geworfenheit« (Heidegger), und der Buddhismus spricht von dualistischer Sicht.

Drittens: Der Schleier der Verblendungen. Aus dieser existenziellen Angst heraus entwickeln wir Vorstellungen und Meinungen, *dristhi,* über uns, andere und die Welt. Wenn unsere Erfahrungen nicht zu unseren Vorstellungen passen, verteidigen wir sie mit aufgewühlten Emotionen, *klesha,* und halten daran verzweifelt fest. Wir wehren ab, was uns bedroht, halten fest, was unsere Ansichten stützt, und ignorieren, was uns weder schadet noch nutzt, und verpassen damit einen Großteil unseres Lebens. Diese Haltungen dienen unserem Überleben, wenn das Leben gefährlich ist. Wenn aber lediglich eine Nachbarin eine andere Ansicht über die Rasenpflege äußert oder ein Kollege unsere Arbeit anders machen würde, sind wir nicht wirklich bedroht, aber wir verhalten uns oft so.

Viertens: Der Schleier des eingefahrenen Verhaltens, der Schleier des *karma.* Da auch starre Ansichten und aufgewühlte Emotionen nicht zu einem Gefühl von Sicherheit und Geborgenheit führen, wiederholen wir diese Ansichten und Muster und agieren sie immer wieder aus, bis wir uns einigermaßen sicher in unseren Gewohnheiten fühlen. Wie man die Vier Schleier immer genauer erkennt und mit der Zeit lüften kann, beschreibe ich ausführlich im neunten Kapitel. (Siehe auch Wetzel 2013 a)

Acht weltliche Anliegen

Eine eindrückliche buddhistische Unterweisung fasst unser unruhiges Leben im Bild der acht weltlichen Anliegen oder Belange zusammen. Vier Dingen jagen wir hinterher: 1. Ruhm und Ehre bzw. Status, 2. Besitz, auch von Wissen und Erfahrungen, 3. Anerkennung bzw. Zuwendung und 4. angenehmen und schönen Gefühlen, und wir fürchten uns vor der Bedrohung oder dem Verlust dieser vier Erfahrungen, und das sind die restlichen vier Anliegen. Damit sind wir den größten Teil unserer Zeit beschäftigt. Und warum das alles? Weil wir uns selbst und damit andere nicht so recht mögen und weil wir unsicher und unklar sind. Die beiden hier angeführten Hinweise des Buddha verknüpfen die Ursache unserer Unsicherheit folgendermaßen: *Weil* wir unserer Tiefendimension nicht vertrauen, der Urintelligenz, die alles Leben trägt, können wir das Auf und Ab des Lebens nicht aushalten und flüchten uns in überzogene Erwartungen und falsche Ansichten, und damit ist unsere Enttäuschung programmiert. Es geht also darum, unsere Ansichten zu erkennen und zu hinterfragen. Dazu gehören allerdings ziemlich viel Mut und Ausdauer. Aus meiner eigenen Erfahrung mit mir selbst und in der Begleitung relativ stabiler und kreativer, meist hoch motivierter meditierender Menschen leite ich die These ab: Das können nur Erwachsene leisten, und auch nur dann, wenn sie großes Interesse daran haben. Ich glaube also nicht, dass die meisten Menschen ihren Ehrgeiz erforschen *wollen,* denn dazu gehören eine erwachsene Psyche, ziemlich viel Mut und Interesse – und Muße.

Es könnte allerdings sein, dass die Zunahme von Erschöpfung und Burnout, von Depression und Lebensangst dazu führt, dass sich immer mehr Menschen auf die Suche nach den Ursachen und Bedingungen dieser schmerzlichen Erfahrungen machen. Noch mehr Leistung und Anstrengung scheinen nicht die Lösung zu sein. Auch wenn viele Ratgeber daran glauben, ein paar gute Methoden führten direkt ins Glück einer *fröhlichen* Leistungsgesellschaft, in der »unkaputtbare« Menschen entspannt und wach rund um die Uhr vor sich hin leisten.

Ich möchte jetzt einige westliche Modelle vorstellen, die den Zusammenhang von mangelndem Selbstwertgefühl und überzogenem Leistungsdenken beschreiben und damit auch Wege aus diesem anstrengenden Lebensmodus aufzeigen.

Kontemplation als Korrektiv einer lebenstüchtigen Haltung

Die protestantische Ethik und die Verachtung der Muße

Der Soziologe Max Weber erinnert in seinem Klassiker *Die protestantische Ethik und der Geist des Kapitalismus* (Weber 2000) daran, dass das kontemplative Leben seit der Reformation als parasitär, wenn nicht sogar als verabscheuungswürdig gilt. Bis zur Reformation galt das kontemplative Leben – philosophieren und nachdenken, sich besinnen und beten – als das Höhere. Der Vorteil der neuen Haltung ist die Aufwertung des aktiven Lebens, d. h. der Arbeit, und damit die prinzipielle Wertschätzung des größten Teils der Menschheit, der von der Arbeit seiner Hände und seines Verstandes lebt. Der Nachteil ist, dass das kontemplative Leben in den Hintergrund rückt und damit seine Funktion als Korrektiv einer lebenstüchtigen Haltung verliert. Ich werde im siebten Kapitel über Muße das kontemplative Leben in Anlehnung an die Interpretation der politischen Philosophin Hannah Arendt genauer vorstellen, möchte aber hier die beiden Kernanliegen schon kurz nennen: *erstens* das Selberdenken und das Entdecken der Grenzen des Denkens, traditionell die Aufgabe der Philosophen, und *zweitens* das Überschreiten, das Transzendieren des Denkens, eine zentrale Aufgabe von Religion und Meditation. Und beides ist nur möglich im *zweckfreien* Ruhemodus. (Arendt 2002)

Wenn das kontemplative Leben nicht nur weniger *ge*achtet, sondern als parasitär *ver*achtet wird, neigen die meisten Menschen, die sich beruflich mit Philosophie, Religion und Meditation befassen, dazu, ihre »Gewerbe« nach den Regeln des aktiven Lebens zu »treiben«. Dann degeneriert Philosophie zu intellektueller Akrobatik und logischem Eiertanz, Religion wird gleichgesetzt mit Ritualen und Glaubenssätzen, und Meditationspraktiken verkommen zu Entspannungsübungen, Erleuchtungstechniken und spirituellen Wellness-Veranstaltungen. Vielleicht ist das Ausweichen in lineare fassbare Systeme und emotional angenehme Erfahrungen immer eine Gefahr, auch für ernsthafte Suchende, Lehrende und Übende eines kontemplativen oder religiösen Weges. Warum? Wir sind und bleiben Menschen und werden vermutlich immer in einer Gesellschaft und Kultur leben, die von Überlebenswillen und Gewohnheiten, von Vorlieben und Abneigungen und von Ansichten und Meinungen geprägt ist. Anders formuliert: Jeder religiöse und spirituelle Weg ist und bleibt eine weltliche Angelegenheit – genauso wie alle Institutionen und Schulen in allen Bereichen der Gesellschaft – und damit anfällig für allerlei menschliche Schwächen.

Zum kontemplativen Leben – im Sinne von Selberdenken und selbstständigem Erforschen und dem Entdecken und Überschreiten der Grenzen des Denkens – gehört eine erwachsene Psyche – und viel Mut und Selbstvertrauen. Wenn vor allem das aktive Leben zählt und das kontemplative Leben verachtet wird, kann das eine sogenannte »protestantische Blockade« vor dem Innehalten und Nachdenken erzeugen. Wir bleiben im zweckorientierten Leistungsmodus stecken, und das verhindert das Hinterfragen des Bestehenden. Wir bewegen uns im Bekannten und werden unfähig, Gegenentwürfe zum Bestehenden zu entwickeln. Wenn wir also lernen wollen, selber zu denken und die Grenzen des Denkens zu erkennen und zu überschreiten, müssen wir lernen, innezuhalten und in den Mußemodus umzuschalten. Was ich unter Muße verstehe, erfahren Sie im siebten Kapitel.

Minderwertigkeitsgefühle und hohe Ideale

Der Schweizer Psychiater C. G. Jung stellt in seinem Aufsatz *Nach der Katastrophe,* einer Analyse des deutschen Charakters von 1945, eine interessante These auf: Kollektive – und auch individuelle – Minderwertigkeitsgefühle werden mit hohen Idealen kompensiert. Das erzeugt eine innere Spannung, die sich als Leistungsbereitschaft äußert. (Jung 1981) Als ich das zum ersten Mal Mitte der 1980er-Jahre las, fühlte ich mich zutiefst erkannt und durchschaut. Ich habe damals begriffen, dass überzogenes Leistungsdenken mit einem tiefen Gefühl des Ungenügens zusammenhängt. Leider kann man das allgemein menschliche, kulturelle und individuelle Gefühl des Ungenügens nicht mit ein paar guten begrifflichen Einsichten und ein paar Wochen oder Jahren psychotherapeutischer Behandlung oder buddhistischer Meditation auflösen und in Zuversicht und Selbstvertrauen verwandeln.

Das ist eine Lebensaufgabe, der ich mich mit großer Hingabe und Freude seit Ende der 1970er-Jahre widme. Es ist allerdings nicht immer einfach, aber das hat der Buddha auch niemandem versprochen. Dass das Leben einfach sein soll und wir ein Recht auf Dauerglück haben, scheint mir eine kindliche Utopie zu sein. Sie ist allerdings weit verbreitet und wird von vielen Ratgebern aus allen gesellschaftlichen Bereichen immer wieder verkündet. Die eigene Unzufriedenheit zu spüren, sie zu erforschen, überzogene Erwartungen zu erkennen und loszulassen ist ein langer Weg. Er endet nie, führt aber zu einem Vertrauen, das uns hilft, mit dem Auf und Ab des Lebens mitfühlend und freundlich, gelassen und verantwortlich umzugehen, zum eigenen Wohl und dem aller. Zumindest ist das eine Vision, die uns inspirieren kann.

Mimetisches Begehren und der rote Faden

Wenn wir nicht wissen, was wir selbst wollen, wenn wir nicht unser eigenes Leben leben, sondern unhinterfragt die Werte von anderen, von Eltern und Gesellschaft übernehmen, schaden wir nicht nur uns selbst. Wir setzen dadurch möglicherweise eine Spirale der Gewalt gegen uns selbst und andere in Gang, die gefährliche soziale und politische Auswirkungen hat. Diesen Zusammenhang hat der französische katholische Ethnologe René Girard anhand der Bedingungen für Gewalt in der Geschichte der Menschheit untersucht. Eine seiner zentralen Thesen lautet: Wenn wir nicht wissen, was wir selber wollen, verfallen wir dem mimetischen, dem *nachahmenden Begehren,* von griechisch *mimesis*, Nachahmung. (Girard 2009) Diese Haltung ist für kleine Kinder angemessen, die ihre Eltern nachahmen und so ihre Fähigkeiten entwickeln. Wenn Heranwachsende aber nicht im Laufe der Pubertät oder später eigene Interessen entwickeln und ihre Fragen und Fähigkeiten entdecken, ahmen sie ihre Mitmenschen weiterhin nach und verfehlen ihr Leben. Sie leben »das Leben der anderen«, bleiben unsicher und verfallen dem Prinzip der Konkurrenz. Und das führt zu Gewalt gegenüber den Konkurrenten, zum Sündenbockprinzip und zum kollektiven Mord, den Girard als Gründungsszene der Kultur interpretiert.

Diese Art tödliche Konkurrenz, die Girard beschreibt, ist etwas anderes als spielerischer Wettbewerb, bei dem wir unsere Kräfte und Fähigkeiten gerne und voller Selbstvertrauen und Wertschätzung mit anderen messen. Man sagt, Konkurrenz belebe das Geschäft, aber das stimmt nur, solange unser Hauptinteresse darin besteht, unsere Arbeit gut zu machen und gute Produkte zu schaffen. Das trägt von allein zu einem guten Selbstwertgefühl bei, und das schützt vor den negativen Seiten der Konkurrenz. Wenn es beim Arbeiten nur noch um Geldverdienen geht, wird das Tun bloßes Mittel zum Zweck, und die Haltung der Wertschätzung für das Tun selber verschwindet. Auch mit bloßen Geld-Jobs leben wir »das Leben der anderen«, und das schneidet uns von unserer Kreativität ab und das trägt zu einem mangelnden Selbstwertgefühl bei und – fördert entweder Ehrgeiz und in der Folge Burnout oder das Gefühl des Versagens. Es gibt natürlich auch die Kunst des Geldverdienens mit einem Brot-Job, der uns den Rücken freihält, das zu tun, was wir gerne tun und gut können.

Ich möchte an dieser Stelle die Argumentationsfigur von Girard nicht weiterverfolgen, sondern nur das Element des nachahmenden, des mimetischen Begehrens weiterdenken. Wenn wir nicht wissen, was uns am Herzen liegt, können wir unsere spezifischen Gaben nicht entfalten und bleiben unsicher. Wenn wir unseren roten Faden nicht entdecken, spüren wir zwar irgendwie, dass etwas nicht stimmt, wissen aber nicht was. Statt nun aber selber zu denken, orientieren wir uns an dem, was andere haben, sind und denken, und ahmen sie nach. Wir bleiben im Modus des Vergleichens, neigen zu Neid und Eifersucht und strengen uns meist vergeblich an, das Niveau und den Status der anderen zu erreichen.

Aus Girards These des mimetischen Begehrens können wir einen Weg aus Konkurrenzdenken und Leistungsdruck ableiten. Wir suchen nach dem roten Faden unseres Lebens. Wir denken über unsere Prioritäten nach und versuchen herauszufinden, was uns am Herzen liegt. Wenn wir mehr und mehr das tun, was uns wichtig ist, haben wir es weniger nötig, uns mit anderen zu vergleichen, und können uns sogar mit ihnen über das freuen, was sie haben, sind und können. Nach buddhistischer Auffassung ist der nahe Feind der Mitfreude die Aufregung und der ferne Feind der Neid. Wir können Neid auflösen, wenn wir uns über andere freuen können. Das gelingt uns dann, wenn wir uns über das freuen, was wir selber haben, sind und können. Und dazu müssen wir zunächst unsere Aufmerksamkeit auf den Reichtum unseres eigenen Lebens richten, auf das, was da ist, gut funktioniert und klappt. Solange wir vor allem auf das achten, was schiefgeht oder was wir im Vergleich zu anderen nicht haben, bleiben wir im Hamsterrad des Vergleichens, von Neid und Leistungsdruck gefangen.

Ich bin nur o. k., wenn …

Warum tun wir so oft nicht das, was uns guttut, sondern geben auf oder setzen uns und andere unter Druck? Immer noch aussagekräftige Hinweise gibt der Psychologe und Transaktionsanalytiker Thomas

Harris: Ich bin o.k – Du bist o.k

Harris in seinem Klassiker *Ich bin o. k. Du bist o. k.* (1967), den ich alle paar Jahre wieder mit Gewinn lese. Darin beschreibt er drei Ichperspektiven und vier Haltungen zum Leben. Sein Ansatz hilft mir, meine Erfahrungen besser zu verstehen und die Fallen zu erkennen, in die ich im privaten und beruflichen Leben gerate, leider sogar manchmal durch die Lektüre und Praxis psychologischer Thesen und buddhistischer Lehren. Die drei *Ichperspektiven* sind: Eltern-Ich, Kindheits-Ich, erwachsenes Ich. Sie äußern sich hilfreich oder störend, je nach der Grundhaltung.

Harris beschreibt vier unterschiedliche *Haltungen* zum Leben: 1. Ich bin nicht o. k., weil ich klein und abhängig bin. Du bist o. k., d. h., die Eltern und die Welt sind o. k. Das führt zu Anpassung und Leistungsdenken, denn man muss beweisen, dass man o. k. ist. Das entspricht der normal neurotischen Einstellung. 2. Ich bin nicht o. k., du bist nicht o. k. Diese Haltung führt zu Verzweiflung und entspricht der depressiven Einstellung. 3. Ich bin o. k., du bist nicht o. k., d. h., die Welt ist schlecht. Diese Haltung führt zu Kriminalität und entspricht der psychopathologischen Einstellung.

Die 4. Haltung ist die interessanteste Haltung: Ich bin o. k., du bist o. k. Diese Haltung wird allerdings nach Harris niemandem in die Wiege gelegt. Für diese Haltung muss man sich immer wieder entscheiden. Das entspricht einer gesunden und erwachsenen Einstellung. Ich möchte hier vor allem auf die erste und die vierte Haltung eingehen, da die meisten Menschen mit der ersten Haltung leben und die vierte Haltung einen Ausweg aus Minderwertigkeitsgefühlen und überzogenem Leistungsdenken zeigt.

Die ersten drei Haltungen sind unbewusst. Menschen mit der zweiten und dritten Einstellung, depressiv und psychopathologisch, brauchen i. d. R. professionelle psychotherapeutische bzw. ärztliche Unterstützung und klare Regeln und Strukturen. Aus der Begleitung von Menschen, die gerne »buddhistisch« meditieren, leite ich folgende These ab: Hoch motivierte normal-neurotische Menschen können mit etwas Unterstützung durch Vorbilder und Lektüre die erste Haltung erkennen und sich immer wieder für die vierte Haltung entscheiden: Ich bin o. k. Du bist o. k. Mit dieser Haltung können wir die störenden Einflüsse von Kindheits-Ich und Eltern-Ich verringern und deren stärkende Seiten fördern. Je aufgewühlter und instabiler wir sind, desto eher fallen wir in alte Muster zurück. Das hat viel mit unseren drei Gehirnbereichen zu tun, und darauf gehe ich im fünften und neunten Kapitel ein.

Die drei *Perspektiven:* 1. *Kindheits*-Ich: Wenn wir emotional aufgeregt sind, spricht meist das Kindheits-Ich. Es gibt unterschiedliche Altersstufen, und es ist ein spannendes Abenteuer, sie kennenzulernen. Ich zähle hier einige mögliche Einstellungen auf: a. spontan, neugierig, spielen wollen, ausprobieren. b. rücksichtslos, überemotional, hier und jetzt alles sofort haben wollen. c. verlassen, ängstlich, mutlos, verzweifelt, vergleichen, brav sein wollen, Mamas und Papas Liebling sein wollen nach dem Motto: Kuck mal, was ich alles kann. Eine Frage, die das konstruktive Kindheits-Ich wecken kann: Macht es Spaß? 2. *Eltern*-Ich: Wenn wir streng und fordernd sprechen, spricht i. d. R. das Eltern-Ich: Mach dich nützlich. Kümmere dich. Stimmt das wirklich? Ist das auch genug? Reiß dich zusammen. Lern was. Tu was. Das ist nicht genug. Wie kann man nur so blöd sein. Eine Frage, die das positive Eltern-Ich stärkt, könnte sein: Tut es gut? Nährt es? 3. *Erwachsenes* Ich: Wenn wir wissen, wir und die anderen tun unser Bestes, spricht das erwachsene Ich: O. k., das Leben ist gemischt, ich tue mein Bestes. Ich kümmere mich um Körper, Seele und Geist und suche immer wieder die Balance. Ich moderiere zwischen Kindheits-Ich und Eltern-Ich und kümmere mich um meine Schwachpunkte. Ich mache Pause, und ich weiß: Ich kann nicht alles regeln. Eine Frage, die das Umschalten auf das erwachsene Ich fördert, könnte sein: Macht es Sinn?

Mein Fazit aus dem Ansatz von Harris ist, dass Leistungsdenken normal ist. Die normal-neurotische Einstellung der meisten Menschen ist: »Ich bin nur o. k., wenn …« Je nach Umfeld lernen wir ein bestimmtes Verhalten, auch wenn es wehtut. Solange wir so denken, werden wir uns an die Leistungsanforderungen unseres Umfeldes anpassen. Mit dieser Haltung sind wir den Ansprüchen unseres Umfeldes fast wehrlos ausgeliefert. Um zu erkennen, welche Perspektive wir gerade einnehmen und aus welcher Haltung heraus wir handeln, brauchen wir ein gewisses Maß an Ruhe. Wenn wir nicht ab und zu in den Ruhemodus umschalten, können wir unsere Erfahrungen nicht einschätzen und auch kein neues Verhalten einüben. (Siehe 7. Kapitel)

Siegermentalität und Leistungsdruck

Eine weitere Überlegung, warum wir uns oft mehr für unsere Ideale einsetzen, als uns guttut, hat mit unserem Erfolg zu tun. Die Generation der 1968er hat sich sehr für die Veränderung der Gesellschaft eingesetzt, für Mitbestimmung und die Lockerung von Grenzen, für das Hinterfragen von Geschlechterrollen und Familienmodell, für Gerechtigkeit und Umweltschutz, um nur einige der Bereiche zu nennen, in denen sich seit den 1970er-Jahren sehr viel verändert hat. Und das tun auch die nachfolgenden Generationen, die diese Werte teilen. Wenn man sich für etwas einsetzt und tatsächlich auch einiges bewirkt, fühlt man sich als Siegerin, als Sieger. Gerade Frauen meiner Generation haben viel erreicht, und wir freuen uns darüber. Allerdings können uns Siege auch verführen, nämlich dazu, uns mit der Siegermentalität zu identifizieren, und dann halten wir am Siegenwollen fest, auch wenn es unsere Kräfte übersteigt. Auch das Festhalten an einer Erfahrung von Erfolg verführt zu überzogenem Leistungsdenken.

Wege aus Ehrgeiz heraus

Meine Anfangsthese war: Wir neigen dann zu ungesundem Ehrgeiz und überzogenem Leistungsdenken, wenn wir mangelndes Selbstwertgefühl mit hohen Idealen und Ansprüchen kompensieren. Das machen wir unbewusst und automatisch, solange wir es nicht bemerken. Falls uns einige dieser hier vorgestellten Thesen einleuchten, sind wir vielleicht motiviert, unsere Erfahrungen genauer zu erforschen. Dazu jetzt einige *Übungen*.

Die acht weltlichen Anliegen

Wir denken an Phasen des Lebens, in denen wir zu viel gearbeitet haben. Welche Anliegen standen dabei im Vordergrund? Status, Besitz (auch von Wissen, Facebook-Freunden usw.), öffentliche Anerkennung? Wunsch nach Zuwendung? Für angenehme Gefühle sorgen? Diese Anliegen schützen? Angst vor dem Verlust von Status, Besitz, Anerkennung und Zuwendung oder von angenehmen Gefühlen?

Mimetisches oder nachahmendes Begehren

Wir denken an Phasen des Lebens, in denen wir zu viel gearbeitet haben. Welche Anliegen standen dabei im Vordergrund? Wir können uns dabei an den acht weltlichen Anliegen in der vorigen Übung orientieren. Waren das unsere *eigenen* Anliegen? Würden wir eigentlich lieber etwas *anderes* tun? Anders leben? Haben wir manchmal das Gefühl, »das Leben der anderen« zu leben? Woran merken wir das?

Prioritäten prüfen

Wir schreiben zehn Dinge auf, die uns am Herzen liegen, und dann zehn Dinge, die in der letzten Woche im Vordergrund standen. Je mehr sie miteinander zu tun haben, desto wohler fühlen wir uns, und umgekehrt. Je mehr Raum wir für das schaffen, was uns am Herzen liegt, desto leichter können wir unsere Verpflichtungen erledigen und Zeit für das Wesentliche finden.

Der rote Faden

Wir gehen in Schritten von je fünf Jahren rückwärts durch unser Leben und fragen uns: Was war vor fünf Jahren am wichtigsten für mich? Vor zehn, fünfzehn, zwanzig, fünfundzwanzig, dreißig Jahren? Wir gehen zurück bis in die Kindheit und fragen uns: Was war mir mit zehn, mit fünf Jahren wichtig? Gibt es Anliegen, die sich durchs ganze Leben ziehen? Wann kamen neue Anliegen ins Spiel? Hatten wir damals – vor zehn, zwanzig, dreißig Jahren – genügend Zeit für diese Anliegen? Dann fragen wir uns: Wie viel Raum sollen diese Anliegen in meinem Leben haben, wenn ich sechzig, siebzig, achtzig Jahre alt bin? Und schließlich: Was kann ich von meiner Seite aus heute, nächste Woche, nächstes Jahr usw. tun, um diesen Anliegen genügend Raum im Leben zu geben? Welche Menschen und Umstände unterstützen mich bereits dabei bzw. könnten mich in Zukunft unterstützen?

Etwas gut machen

Wir denken an Tätigkeiten, die wir gerne tun und die wir »gut« machen. Wir können wie in der vorigen Übung in Schritten von etwa fünf Jahren rückwärts durch unser Leben gehen und uns fragen: Was habe ich damals gerne gemacht, und was habe ich gut gemacht? In meinen Augen? In den Augen der anderen?

2 Burnout

Was ist Burnout? Ist es eine Form der Depression oder eine Reaktion auf zu viel Arbeit? Eine Ausrede oder eine körperlich und emotional sinnvolle Reaktion auf zu viele Ansprüche an uns? Ist Burnout eine Mischung aus alledem oder primär eine Erschöpfungsdepression? Ich möchte im Folgenden den Begriff umkreisen und das Erleben beschreiben, auf das diese Erklärungen hinweisen.

Burnout und Depression: Facetten einer Zeitkrankheit

Früher sprach man von Depression, heute spricht man von Burnout. Burnout hat keine klare Definition und eine vielfältige Symptomatik. Einige Symptome von Burnout und Depression überschneiden sich. Zuerst brennt man für etwas, dann arbeitet man zu viel und landet im Burnout. Wenn man das so sieht, interpretiert man Burnout als eine allgemeine Überforderung durch die Leistungsgesellschaft. Zwei Perspektiven liegen nahe. Wenn man Burnout vor allem als *gesellschaftliches* Problem interpretiert, brauchen wir entsprechende arbeitsrechtliche und sozialpolitische Maßnahmen. Wenn wir es vor allem als eine *Krankheit* betrachten und damit als medizinisches Problem, wird die Verantwortung an die Medizin delegiert.

Das Gros der Betroffenen und der Interpreten betrachten Burnout als Krankheit, und dazu gehören auch alle, die es als eine Variante der Depression betrachten. Es gibt aber auch Kritik an dieser Interpretation und viel Spott und Verachtung für die faule Ausrede »Burnout«. Gerade der inzwischen modisch gewordene Spott über Menschen, die sich erschöpft fühlen, drückt für mich ein Festhalten am Leistungsdenken aus und gehört damit zum Problem dazu. Im Folgenden möchte ich einige individuelle und kulturelle Bedingungen beleuchten, die bei dem komplexen Phänomen Burnout mitspielen. Mein Anliegen in diesem Kapitel besteht nicht darin, einen Überblick über den aktuellen Stand der Burnout-Diskussion zu geben, sondern ich möchte einige Ansätze nennen, die mir aufgrund meiner Erfahrung einleuchten und bei denen meditative Ansätze hilfreich sein können. (Wetzel 2013 c)

4 Varianten des Erschöpfungssyndroms

Der Münchner Verhaltenstherapeut Nico Niedermeyer (2013) beschreibt vier Varianten des Erschöpfungssyndroms mit ihren Hauptkennzeichen: 1. Echte Depression: die Verfassung wird nicht besser im Urlaub. 2. Echtes Burnout, d. h. Erschöpfung durch Arbeitsüberlastung: in diesem Fall tut Urlaub gut. 3. Zu hohe Ansprüche an sich selbst: nach dem Urlaub oder einer Kur geht alles weiter wie bisher, wenn man seine Ansprüche nicht hinterfragen und relativieren kann. 4. Geringe Belastbarkeit aufgrund einer Persönlichkeitsstörung: auch hier verändert Urlaub nicht viel. Hier braucht es eine psychotherapeutische bzw. psychiatrische Behandlung.

Michael Pawelzik (2013), Psychiater und Leiter der EOS-Klinik in Münster, nennt folgende Burnout-Faktoren: ineffiziente Stressregulierung, geringe Belastbarkeit, falsche Selbsteinschätzung, immer fit und »unkaputtbar« sein wollen, schlechte Einteilung der eigenen Kräfte und unklare Unterscheidung zwischen eigenen Bedürfnissen und den Ansprüchen anderer. Letzteres hängt für mich mit einem mangelnden Gespür für die körperliche Verfassung zusammen. Pawelzik kritisiert drei Elemente der, wie er es provozierend nennt, »naiven Identitätspolitik« unserer Zeit, die zu Burnout beitragen: überzogener und irregeleiteter Individualismus, naiver Hedonismus und das Fehlen eines überindividuellen Sinns. Was damit gemeint ist, werde ich gleich noch genauer erläutern. Die Resilienz-Forschung sieht das ähnlich. Sie nennt vor allem drei Faktoren, die unsere Widerstandskraft, unsere Fähigkeit, starke Belastungen gut zu verarbeiten, stärken: Freudfähigkeit, gute Beziehungen und Sinn. Mehr dazu im sechsten Kapitel.

Exploration und Commitment

Wie alle Einstellungen, Werte und Krankheiten tauchen auch Burnout-Symptome nicht plötzlich auf und auch nicht alle auf einmal. Sie entstehen in einem bestimmten Kontext und hängen mit bestimmten Einstellungen zusammen, die über den Kontext der Arbeitswelt hinausgehen. Sie sind zunächst nicht offensichtlich und zeigen sich nur hin und wieder. Zu einer Burnout-Gefährdung tragen folgende Faktoren bei: Wir denken und handeln eher in eingefahrenen Bahnen und sind emotional unflexibel, stellen übertrieben hohe Ansprüche an uns selbst und an andere und sind wenig bereit und fähig, unsere Ansichten und unser Verhalten zu beobachten und zu hinterfragen. Burnout-gefährdete

Menschen können sich nicht besonders gut auf kontinuierliche Beziehungen zu unterschiedlichen Menschen einlassen, und gerade die könnten uns motivieren, unser Leben auch einmal mit anderen Augen zu betrachten.

Vor allem in Städten verändern sich unsere Lebensumstände in einem Tempo, das wir kaum verkraften. Diese schnellen und vielen Veränderungen verunsichern viele Menschen und sie beeinträchtigen ihre Fähigkeit, sich zu entscheiden und sich auf kontinuierliche Bezüge im privaten und beruflichen Bereich einzulassen. Die Soziologie spricht inzwischen von (zu) viel »Exploration« im Sinne von Ausprobieren und (zu) wenig »Commitment« im Sinne von Verbindlichkeit, während es früher wenig »Exploration« und viel (auch erzwungenes) »Commitment« gab. Verstärkt wird dieser Trend durch die ökonomische Globalisierung, die ein hohes Maß – für viele ein Übermaß – an mobiler und beruflicher Flexibilität verlangt. (Seiffge-Krenke 2010)

Viele Menschen leiden unter der Qual der Wahl und erleben sie weniger als Freiheit denn als Überforderung und Desorientierung. Leider verstärken sich diese Faktoren gegenseitig. Freiheit ist nicht nur angenehm, sie führt auch zur Einsamkeit in den Städten und dem Gefühl der Isolierung und Desorientierung, und das macht Angst. Angst stört oder beschädigt das Selbstwertgefühl, verengt den geistigen Horizont und verringert das Vertrauen darauf, dass wir als Menschen immer und in jeder Situation unterschiedliche Optionen haben. Angst und Enge können eine unrealistische Leistungsbereitschaft verstärken. Wer aus Unsicherheit und Angst zu viel arbeitet, ist wenig in der Lage, das eigene Verhalten überhaupt zu bemerken und es dann zu hinterfragen, und so bleibt man im Kreislauf von Unsicherheit, Desorientierung, Überforderung und – überzogener Leistungsbereitschaft.

Reaktiver versus intentionaler Modus

Der Soziologe Armin Nassehi (2012) weist auf einen weiteren Faktor hin, der zu negativem Stress führt: das Überwiegen des reaktiven Modus im Verhältnis zum intentionalen Modus. In seinem Einführungsvortrag auf den Lindauer Psychotherapiewochen 2012 stellte er fest, dass der Arbeitsalltag vieler Menschen inzwischen überwiegend vom reaktiven Modus geprägt ist. Das lässt wenig Raum für den intentionalen Modus, in dem wir unsere Motive, Einstellungen und Absichten erkennen, überprüfen und verändern *wollen* und *können*. In vielen Bereichen werden die Entscheidungsspielräume immer enger, und wir haben kaum noch Zeit zu überlegen, warum und wie wir ein Projekt oder eine Arbeitsaufgabe strukturieren und kompetent und angemessen erledigen können.

Wir müssen in kurzer Zeit auf viele unterschiedliche und oft auch widersprüchliche Anforderungen reagieren – Stichwort Multitasking –, und das führt zu Dauerstress und geistigen, emotionalen und körperlichen Verspannungen. Die Erwartung, ständig erreichbar zu sein und sofort auf Anfragen antworten zu müssen, verstärkt die Neigung, im reaktiven Modus zu bleiben. Ob diese Haltung irgendjemand Nutzen bringt, ist sehr die Frage. Wer unter Druck steht, hat weniger Optionen und einen ziemlich engen Horizont, und das blockiert effizientes und intelligentes Arbeiten. Außerdem entspricht das Multitasking im reaktiven Modus einem Leben in Gefahr. Tiere in der Wildnis sind ständig auf der Hut, ob nicht von irgendwoher Gefahr droht. Wollen wir zurück zur ängstlichen Daueranspannung wilder Tiere? Oder wollen wir unsere geistigen und emotionalen Fähigkeiten nutzen, um ein Leben in Würde und mit Verantwortung für uns und die Welt zu führen?

Psychologie und Buddhismus sind sich vermutlich einig in der Einschätzung, dass wir unter Anspannung und Druck auf alte und älteste Verhaltensmuster zurückfallen. Wir schalten um auf den Überlebensmodus: Flucht, Angriff oder Totstellen. Wie bereits betont, dienen diese Modi bei tödlichen Gefahren unserem Überleben. Wir können auch dann schnell und effektiv handeln, wenn der Boden unter unseren Füßen wegbricht und wir nicht mehr »durchblicken«. Wenn es aber um komplexe Arbeitszusammenhänge oder Beziehungskonflikte geht sowie darum, unterschiedliche Folgen bestimmter Entscheidungen abschätzen zu müssen und zu können, braucht es »ruhig Blut«, einen wachen und entspannten Geist – und Klarheit über unsere Absichten, d. h. den intentionalen Modus. Und dieser entfaltet sich nur mit Zeit und Raum. Man braucht ein ziemlich dickes Fell oder sehr viel heitere Gelassenheit, wenn man unter unruhigen und hochkomplexen Arbeitsbedingungen nicht unter Druck geraten und wach und aufmerksam bleiben will.

Der Psychologe und Begründer der Logotherapie Viktor Frankl hat das Phänomen des Zeitdrucks sehr klar und elegant sinngemäß so auf den Punkt gebracht: Je weniger Sinn wir spüren, desto schneller eilen wir. (Frankl 2004) Was hat der Zeitdruck, unter dem so viele leiden, mit dem Fehlen von Sinn zu tun?

Ökonomisierung statt Wirtschaft

Die Ökonomisierung der Wirtschaft, die arbeitende Menschen weitgehend nur noch als Kostenfaktor betrachtet und alle Menschen auf Dauerkonsumenten reduzieren will, tut das Ihrige zum weit verbreiteten Sinnverlust dazu. Wie es dazu kommt, möchte ich kurz darstellen.

Die Globalisierung hat unsere Wirtschaft in den letzten vierzig Jahren sehr verändert. Traditionell galten Wirtschaft und Politik als ein Zweig der Ethik. Die Wirtschaft hat ursprünglich die Funktion, lebensnotwendige Güter in ausreichender Menge und möglichst guter Qualität zur Verfügung zu stellen. (Graeber 2012) Und Politik soll die Menschen zusammenbringen, damit sie miteinander aushandeln, wie sie ihre gemeinsame Welt gestalten wollen. (Arendt 2001)

Bei der ökonomischen Globalisierung scheint es allerdings weitgehend nur noch darum zu gehen, möglichst viel Geld zu verdienen. Ein Großteil der Werbung dient dazu, gelangweilte Menschen zum Kauf übertrieben teurer oder überflüssiger Produkte zu überreden oder hungrige, unzufriedene und unsichere Menschen zu verführen, billige Produkte von schlechter Qualität zu kaufen. Mit der Produktion und Verteilung lebensnotwendiger Produkte in guter Qualität Geld zu verdienen, ist sinnvoll, nützlich und völlig in Ordnung. Wenn aber Geldverdienen an erster Stelle steht, verlieren Produktion und Handel ihren kreativen Sinn. Und deshalb geht es immer weniger um sinnvolle und qualitativ gute Produkte, um menschenfreundliche Arbeitsbedingungen, um den Erhalt der Kreativität und Arbeitsfreude der MitarbeiterInnen. Das ist nicht nur anstrengend für die betroffenen Menschen und beleidigend für unseren Sinn für Schönheit und Qualität, sondern es zerstört den Sinn der Berufsarbeit. Und nicht nur das, denn diese Haltung beschränkt sich leider nicht auf den Bereich der Wirtschaft. Die umfassende Ökonomisierung vieler Lebensbereiche – Freizeit und Familie, allgemeine Bildung und Gesundheitswesen, berufliche Bildung und Weiterbildung, Medien, Kunst und Kultur – scheint einer der Hauptfaktoren für die Erosion von Sinn zu sein. (Schirrmacher 2013)

Die meisten Menschen wollen gerne »gut« arbeiten. Sie haben

Freude, wenn etwas gelingt, und sie freuen sich über die Anerkennung ihrer Arbeit und ihres Einsatzes. Wenn das nicht mehr zählt, werden Menschen unsicher, und auch das fördert die Bereitschaft, zu viel und auch Sinnloses zu tun. Oder aufzugeben, und das ist die andere Seite des Burnout, die Depression. In diesem Buch möchte ich vor allem die Bereitschaft, zu viel zu tun, beleuchten.

Wo stehe ich?

Viele Faktoren tragen mit zu dem bei, was wir ungenau und vorläufig Erschöpfungsdepression oder Burnout nennen. Herbert Freudenberger und Gail North (1992) unterscheiden in ihrem Klassiker *Burnout bei Frauen* zwischen Müdigkeit und Erschöpfung. Diese Unterscheidung kann eine erste Orientierung bieten, und die meisten TeilnehmerInnen bei Auftankkursen erkennen und verstehen sie sofort. Bei *Müdigkeit* nach viel Arbeit sind wir eher angenehm müde und freuen uns aufs Ausruhen, und nach einem freien Wochenende fühlen wir uns wieder voller Energie. Bei *Erschöpfung* nach zu viel Arbeit bzw. Anspannung sind wir eher unruhig und leicht irritierbar und fühlen uns zwei Tage nach dem Urlaub schon wieder am Rand unserer Kräfte. Wir können überlegen, wie das bei uns aussieht und welche weiteren Faktoren in unserem Leben – und für Menschen in unserem Umfeld – eine Rolle spielen.

Ich möchte im Folgenden einige Ansprüche untersuchen, die wir an uns und ans Leben stellen, und den kulturellen Kontext, in dem wir solche Ansprüche entwickeln und übernehmen. Einige Punkte habe ich schon im vorigen Kapitel unter dem Stichwort Ehrgeiz angesprochen. Dem will ich noch einige medizinische Erklärungen voranstellen, die auch mich immer wieder motivieren, innezuhalten und Raum für Spiel und Zerstreuung und für Muße zu schaffen.

Psychoneuroimmunologie von Belastung und Erholung

Der Psychologe Harald Walach (2011) beschreibt in seinem Buch *Spiritualität und Aufklärung* den Zusammenhang zwischen positivem und negativem Stress, Belastung und Erholung und unserem Selbstgefühl. Er weist zunächst auf den Zusammenhang von Weisheit, *sapientia*, und sinnlichem Schmecken, *sapere*, schmecken, verkosten, hin und definiert Erfahrung als ein ganzheitliches Erkennen mit kognitiven, affektiven und motivationalen Komponenten. (Wallach, S. 20 ff.) Damit wir unser Verhalten verändern können, müssen wir es verstehen und spüren und verändern *wollen*. Verstehen gibt eine erste Orientierung, Gefühle verankern Erfahrungen im Gedächtnis, und das Interesse an Prozessen fördert die Bereitschaft, etwas oder sich selbst zu verändern.

Wenn wir Burnout-Faktoren erkennen wollen, brauchen wir Zeit und Raum und eine wache und entspannte Verfassung. Was hindert uns daran innezuhalten, uns zu erholen und uns Zeit zu nehmen für einen genauen Blick auf uns und unser Leben? Ein Faktor ist, dass wir uns lieber stark und mutig fühlen wollen als ruhig und entspannt, denn das fühlt sich nicht so prickelnd und intensiv an. Walach beschreibt eindrücklich den Zusammenhang zwischen Selbstgefühl und unserem Verhältnis zu Belastung und Erholung. (S. 104 ff.) Da ich kein medizinisches Lehrbuch schreibe, nenne ich hier nur einige für unser Thema relevante Faktoren. Ich verwende die »wir«-Form, weil ich diese Informationen auch für mich für sehr wertvoll halte.

Bei großen Anforderungen und bei Gefahr schaltet unser System (glücklicherweise) in den Sympathikus-Modus um, und es werden u. a. vor allem Adrenalin und Endorphine ausgeschüttet. Wir haben kurzfristig mehr Energie und fühlen uns stark und mutig. Bei Rückgang der Belastung schalten wir in den Parasympathikus-Modus um, und die Kräfte lassen nach. Wir fühlen uns müde und vielleicht hungrig. Wenn wir uns dann Zeit zur Erholung lassen, entstehen sanftere Gefühle, und wir fühlen uns nicht mehr so stark und mutig. Interpretieren wir diesen ruhigeren Zustand – verursacht durch die verminderte Ausschüttung von Adrenalin und Endorphinen – als Langeweile oder sogar als unangenehm, kommt uns vielleicht eine nicht besonders gute Idee: Wir stürzen uns ins nächste Projekt. Mit der Zeit werden wir süchtig nach Adrenalin und Endorphinen.

Wenn wir schließlich richtig müde sind, uns aber wieder keine Ruhe gönnen und uns nicht erholen wollen, entstehen negative Affekte. Das ist noch unangenehmer als der abgedimmte Zustand der Erholung von Arbeit und Anstrengung. Und dann – stürzen wir uns sehr wahrscheinlich in die nächste Arbeit oder in ein aufregendes Freizeitvergnügen. Wie lange hält unser System das aus?

Das Umschalten in den Parasympathikus ist keine überflüssige Geschichte für faule oder ältere Leute. Warum nicht? Im Sympathikus-

Modus werden einige Prozesse, die in Momenten des positiven Stress bzw. der Gefahr nicht lebensnotwendig sind, kurzerhand abgestellt: Verdauung, Immunsystem und Schlafsystem. Wenn der Tiger auf uns zustürmt, sind Verdauung und Immunsystem Nebensache und Müdigkeit lebensgefährlich. Im Parasympathikus-Modus kann sich unser System regenerieren, und diese drei zentralen Prozesse funktionieren wieder.

Bei hohen Anforderungen sind zwischendurch kurze Ruhephasen gut, denn sie geben uns Kraft zum Weitermachen. Das wissen die Menschen im Prinzip, und auch deshalb gibt es eine gesetzlich vorgeschriebene und meist kurze Mittagspause. Machen wir eine längere Pause, schaltet unser System um in den Parasympathikus-Modus, und wir werden richtig müde bzw. wir *spüren* unsere Müdigkeit. Wir brauchen den regelmäßigen, am besten täglichen, Wechsel dieser beiden Modi, sonst werden wir krank. Walach nennt die drei typischen Zeitkrankheiten, die er für eine Folge des fehlenden Parasympathikus-Modus hält: Bluthochdruck, Immunschwäche, Schlafstörungen. Es geht nicht darum, sein Leben zu verschlafen und die Tage im Bett zu verbringen. Es ist der Wechsel von Belastung und Erholung, der uns guttut.

Da im Leben der meisten Menschen lebensgefährliche Situationen nicht an der Tagesordnung sind, könnten wir uns eigentlich regelmäßiges Innehalten leisten. Warum tun wir das nicht? Meine These ist: Leistungsmenschen lieben den Sympathikus-Modus mit seinem kraftvollen Lebensgefühl und vernachlässigen den Parasympathikus-Modus mit seinen subtilen und sanften Stimmungen. Und sie tun das, weil dahinter ein mangelndes Selbstwertgefühl steckt. Einige Faktoren, die zu diesen Mechanismen beitragen, habe ich im ersten und im dritten Kapitel beschrieben.

Die Psychologen Germer, Siegel und Fulton (2009) beschreiben in ihrem Buch *Achtsamkeit in der Psychotherapie* den gleichen Zusammenhang unter dem Stichwort Flucht-Kampf-System. (S. 254 ff.) Mein Fazit: Unter Dauerstress regredieren wir auf alte und älteste Muster: Kampf oder Flucht oder Ignorieren. Der Buddha nennt das Gier, Hass und Verblendung.

Ein buddhistischer Blick auf Burnout: Die Faulheit der Geschäftigkeit

Eine spezielle Mischung aus Gier, Hass und Verblendung ist die ständige Geschäftigkeit aus innerer Unruhe. Sie gilt im Buddhismus als eine besonders schwere Art von Faulheit. (Gampopa 1996; Wetzel 2010, S. 130 ff.) Als ich diese buddhistische These 1981 zum ersten Mal hörte, war ich platt. Da ich als leistungsbereites Schwarzwaldmädel – Sie kennen den Spruch: Mir kenne alles außer Hochdeutsch – auch mit Anfang dreißig auf keinen Fall faul sein wollte, traf mich diese These mitten ins Herz. Sie stammt aus dem Kontext der Bodhisattva-Lehren. Bodhisattvas sind der Idealtypus der Menschen, die sich unverdrossen und geduldig, gut gelaunt, heiter und gelassen und mit großer Energie für das Wohl aller Wesen einsetzen wollen und das auch können. Die Quelle dieser scheinbar unerschöpflichen Energie ist ihre Freude am heilsamen Tun! Das ist eine sehr interessante These, die wohl den meisten einleuchtet. Wenn uns eine Tätigkeit Spaß macht, haben wir mehr Energie, als wenn sie uns langweilt oder nervt.

Was blockiert Energie? Die buddhistischen Lehren nennen vier Bedingungen: Müdigkeit nach sehr viel Arbeit und drei Arten der Faulheit: Abwehr, mangelndes Selbstvertrauen und Geschäftigkeit. Müdigkeit nach viel Arbeit: Wenn man viel gearbeitet hat, soll man ausruhen. Wenn man das über lange Zeit nicht tut, hat man immer weniger Energie und wird schließlich krank. Das wusste man schon vor über zweitausend Jahren im alten Indien, und die buddhistische Tradition erinnert uns daran. Es wäre vielleicht an der Zeit, das heute endlich auch zu beherzigen. Wir sind aber nur dann bereit uns auszuruhen, wenn wir bemerken, dass wir müde sind. Wenn wir unsere Verfassung nicht gut spüren können, hilft uns die regelmäßige Übung der Achtsamkeit für die vier Bereiche: körperliches Befinden, Grundgefühle und emotionale Reaktionen, Grundstimmungen und Gedanken. (Siehe 1. Kapitel) Achtsamkeit bedeutet schlicht bemerken, was geschieht: ich bin müde, und erinnern, was heilt: ausruhen. Selbst der Philosoph der Pflicht, Immanuel Kant, empfahl nach schwerer geistiger und körperlicher Arbeit Spiel und Zerstreuung zur Regeneration der Kräfte. (Arendt 1998)

Abwehr: Wir wissen vermutlich alle, wie schnell wir ermüden, wenn wir keine Lust haben, eine Arbeit zu erledigen. Falls wir eine ungeliebte Aufgabe nicht an willige und kompetente Menschen delegieren können, hilft nur Einsicht in die Notwendigkeit. Manchmal können wir eine unangenehme Arbeit auch gemeinsam erledigen, und dann neutralisiert die Freude am Beisammensein manchmal die Abwehr. Mangelndes Selbstvertrauen: Ich finde es hochinteressant, dass dieser Zusammenhang schon vor über zweitausend Jahren erkannt und wichtig genommen wurde. Auch damals gab es schon Menschen, die wenig Selbstvertrauen hatten. Die Erklärung gibt einen Hinweis, wie wir die Kausalkette des Selbstzweifels unterbrechen können. Was hilft, wenn wir Aufgaben, die uns überfordern, nicht delegieren können? Man kann andere um Rat und Hilfe bitten, aber auch das will gelernt sein. Mich motiviert manchmal allein die These, dass mangelndes Selbstvertrauen ein Ausdruck von Faulheit sein könnte. Dann rede ich mir gut zu, packe die Aufgabe an und bin oft erstaunt, dass sie gar nicht so schwer ist. »Fortgesetzte Hinwendung« gilt als Heilmittel für die Faulheit des mangelnden Selbstvertrauens.

Geschäftigkeit: Nach buddhistischer Auffassung ist eine Person mit einem übervollen Terminkalender, ohne Zeit für Spiel und Zerstreuung, für Ruhephasen und unbeschwerte Begegnungen faul. Warum? Sie hat keine Energie und keine Zeit für die *wesentlichen* Dinge des Lebens. Keine Zeit, sich über ihre Motive, Absichten und Prioritäten klar zu werden, auf ihr Befinden zu achten, sich und anderen zuzuhören und angemessen darauf zu reagieren. Keine Zeit zum Nachdenken und dafür, die Folgen ihres Handelns abzuschätzen. Keine Zeit, ihr Verhalten – mit »Körper, Rede und Geist«, in »Gedanken, Worten und Werken« – zu beobachten, zu überprüfen und vielleicht zu verändern.

Die Vermutung liegt nahe, dass hinter ständiger Geschäftigkeit Unruhe und Unsicherheit lauern und die Angst vor unstrukturierter Zeit. Denn im Nichtstun könnten die Dämonen lauern. Die Angst vor der Faulheit scheint tief verwurzelt, und das nicht erst seit der Reformation. Die Vorläufer der fleißigen Protestanten waren die Benediktinermönche im 7. Jahrhundert, die mit dem geregelten Tagesablauf des »ora et labora«, Gebet und Arbeit, in ihren Klöstern Vorbildfunktion für viele hatten. Es waren übrigens auch Benediktiner, die die Uhr erfanden. Es passt dazu, dass in der Liste der Sieben Todsünden in diesem benediktinischen 7. Jahrhundert das Laster der *Traurigkeit* durch das Laster der *Trägheit* ersetzt wurde. (Dirks 1952) Die Bedeutung von Angst und Unsicherheit als Quelle der übertriebenen Bereitschaft zur ständigen

Geschäftigkeit betont auch der Tiefenpsychologe Erich Fromm. Er führt sie auf das Gefühl der Ohnmacht und Isolation zurück, das seit dem Zerfall der mittelalterlichen Welt- und Gesellschaftsordnung das Lebensgefühl vieler Menschen auch heute noch, vielleicht sogar noch stärker, prägt. (Fromm 1984)

Die Müdigkeitsgesellschaft: Burnout als Widerstand

Der koreanische Philosoph Byong-Chul Han (2011) stellt in seinem kleinen Büchlein *Die Müdigkeitsgesellschaft* eine interessante These auf. Er interpretiert Versagen und Burnout als eine Form des Widerstands gegen eine überzogene Leistungsgesellschaft. Han lebt seit vielen Jahren in Deutschland, hat in Freiburg promoviert, lehrte lange an der Hochschule für Gestaltung in Karlsruhe und unterrichtet jetzt an der Hochschule der Künste in Berlin.

Han interpretiert einige zentrale Konflikte unserer Umbruchzeit als Folgen des Übergangs von einer Gehorsams- zu einer Leistungsgesellschaft. Die Leistungsgesellschaft hat sich seit der protestantischen Reformation nach und nach, gegen viele Widerstände in westlichen Gesellschaften, mehr oder weniger durchgesetzt. (Weber 2000) Sie ist prägend für die USA, Nord- und Mitteleuropa und vor allem für Deutschland, und inzwischen auch für Hans Heimatland Südkorea und andere asiatische Tigerstaaten. Sind sie dem mimetischen Begehren nach westlichen Werten erlegen oder entspricht das der konfuzianischen Seite Südostasiens? Der Philosoph fragt nach den Widerstandsformen der Menschen, die mit einer bestimmten Gesellschaftsform nicht einverstanden sind.

Es ist relativ einfach, sich gegen die Regeln einer Gehorsamsgesellschaft zu wehren, denn der Feind, die Regeln und die Menschen, die diese Regeln einfordern, sind im Außen zu finden. Han beschreibt zwei Formen des Widerstands gegen die Gehorsamsgesellschaft: Rebellen oder Revolutionäre wehren sich eher kollektiv und oft im Namen neuer, anderer Werte. Kriminelle ignorieren die Spielregeln und »drehen ihr Ding«, manchmal auch zusammen mit anderen, aber nicht im Namen neuer Werte. Hannah Arendt interpretiert die Kant'sche Form der goldenen Regel, den kategorischen Imperativ, als »natürliche« Ethik. Darunter versteht sie Regeln, gegen die Diebe und Mörder zwar verstoßen, aber sie kennen die Regel und wollen nicht, dass ihr eigenes Verhalten zur Regel wird. Auch professionelle Diebe sind empört, wenn jemand ihr Auto oder nur ihre Geldbörse stiehlt. Auch Auftragskiller finden es inakzeptabel, wenn ihre Angehörigen oder die Mitglieder ihrer Gang umgebracht werden. Das finden auch sie nicht gut, und solche Taten werden i. d. R. hart bestraft. Warum, weil sie die Regel »du sollst nicht töten« generell akzeptieren, aber für sich eine mehr oder weniger begründete Ausnahme in Anspruch nehmen. (Arendt 1998)

Wie wehren sich nun Menschen gegen die Anforderungen einer Leistungsgesellschaft, in der die Ansprüche in ihnen selbst sitzen? Byong-Chul Hans These finde ich sehr spannend. Er interpretiert Versagen und Burnout als *Widerstandsformen* gegen die Leistungsgesellschaft und plädiert für Innehalten und Freundlichkeit für sich und andere. Es macht Mut und fördert Selbstvertrauen, wenn wir das Gefühl zu versagen als Widerstand deuten. Und vielleicht gibt uns das die Kraft, wiederholte Erschöpfungszustände schon *vor* einem Burnout als Widerstand gegen überzogene Leistungsansprüche in uns selbst anzuerkennen und – innezuhalten statt weiter zu leisten. Das Problem ist, dass wir in Phasen der Erschöpfung wenig fähig sind, neue Schritte zu wagen. Für manche scheint die Burnout-Erfahrung der notwendige Schock zu sein, der ein Umdenken einleiten kann.

Han vermutet, dass ein Grund für unsere Unruhe und Hektik die Tatsache ist, dass wir kaum mehr Dinge tun, die man per se nicht beschleunigen *kann*. Ich interpretiere das so: Wir brauchen mehr Feste und Rituale, wir sollten mehr singen und tanzen, Karten spielen und spazieren gehen usw. Wir sollten mehr Dinge tun, deren Beschleunigung sinn- und nutzlos ist. Solches Tun heilt uns. (Han 2013)

Auch aus buddhistischer Sicht wirken bei Burnout viele unterschiedliche Faktoren mit. Ich nenne vor allem die, die mir einleuchten und deren Beschreibung zugleich Hinweise gibt, wie man einige Bedingungen besser verstehen und verändern kann. Gute Erklärungen spielen eine wichtige Rolle bei der Veränderung von Verhalten. Allerdings sollten wir uns dabei immer wieder klarmachen, dass eine Erklärung bestimmte Zusammenhänge oder Ereignisse nicht primär rechtfertigen will oder soll, sondern vor allem darauf hinweisen soll, wie man eine Kausalkette unterbrechen kann. (Diamond 2006, S. 21) Wenn ich in diesem Buch Burnout in bestimmte Bedingungskontexte stelle, dann genau aus diesem Grund. Ich mache damit keine Schuldzuweisungen, sondern ich will dazu inspirieren, schädliche Kausalketten zu bemerken und zu verstehen und sie nach Möglichkeit zu unterbrechen.

Ich werde im sechsten und vor allem im achten Kapitel genauer darauf eingehen, was wir tun können, wenn wir uns häufig müde oder erschöpft fühlen, und was wir vorbeugend tun oder lassen können, um uns vor einem Burnout zu schützen. Die Übungen in diesem Kapitel sollen Ihnen vor allem helfen, Ihre Haltung zu sich selbst, zu Beziehungen und zum Arbeiten zu untersuchen.

Weitere Übungen zur Burnout-Prophylaxe und -Behandlung und hilfreiche Erklärungen zu seinen Entstehungsbedingungen finden Sie in Michael Harrers Buch *Burnout und Achtsamkeit,* das ich leider erst nach Abdruck des Manuskripts entdeckte. (Harrer 2013)

Übungen

Beziehungen
Mit welchen Menschen kann ich mich gut entspannen? Mit wem kann ich gut Energie tanken? Wer inspiriert mich?

Freude am Tun
Welche Tätigkeiten mache ich gerne? Was gibt mir Kraft? Womit kann ich gut auftanken und mich regenerieren?

Meine Symptome
Wie gut funktionieren Verdauung, Immunsystem und Schlaf? Wie lange brauche ich, um mich nach einer anstrengenden Arbeitsphase zu erholen? Wie lange hält die Erholung nach dem Urlaub oder nach einem freien Wochenende an?

Wollen und reagieren
Wir schauen einen normalen Arbeitstag der letzten vier Wochen etwas genauer an. Wie oft bin ich im *intentionalen* Modus und habe genug Zeit, meine Arbeit in Ruhe zu planen und durchzuführen? Bin ich motiviert und interessiert an meinem beruflichen Tun? Wie oft bin ich im *reaktiven* Modus? Wie oft muss ich erreichbar sein? Wie könnte eine gute Balance zwischen intentionalem und reaktivem Modus für mich aussehen?

Erholung und Belastung

Wir schauen uns eine normale Woche der letzten zwei, drei Monate an. Wie häufig, in Stunden und pro Woche, war die Belastung hoch, normal oder gering? Halte ich meine Pausen ein und wie verbringe ich sie? Wie wichtig sind mir Spiel und Zerstreuung? Wie sieht für mich ein entspannter Abend aus? Bin ich eher allein oder zusammen mit vertrauten Menschen? Wie könnte eine gute Balance zwischen Belastung und Erholung aussehen?

Faulheit

Wir schauen uns eine normale Woche in den letzten zwei, drei Monaten an. Welche Arten der Faulheit fallen mir auf? In welchen Bereichen gibt es Abwehr? Im Beruf, zu Hause, mit Freunden? Wo taucht die Faulheit des mangelnden Selbstvertrauens auf? Und wie oft bin ich im Griff der Faulheit der Geschäftigkeit? Was steckt dahinter? Unruhe? Angst vor Strukturlosigkeit? Langeweile? Was tue ich, wenn ich bemerke, dass ich müde bin? Mache ich eine Pause, ruhe ich mich am Abend aus? Wie habe ich in den letzten vier Wochen Müdigkeit überspielt, stattdessen Kaffee oder etwas Aufputschendes getrunken und weitergearbeitet?

Erste Hilfe

Denken Sie an zwei, drei typische Belastungssituationen, die Sie gut gemeistert haben, und notieren Sie jeweils zwei, drei Hilfsmittel, die Ihnen helfen, sich zu entspannen und wieder Kraft zu tanken. Stellen oder hängen Sie eine Karte mit diesen Hinweisen gut sichtbar auf – und setzen Sie Ihre eigenen Vorschläge um, wenn Sie »in Not« sind.

Wie entspannen Sie? Wie tanken Sie Energie?

Was könnte Sie daran erinnern und dazu motivieren, immer wieder einmal kurz innezuhalten und eine Pause einzulegen? Aufstehen, aus dem Fenster schauen, sich ein wenig recken und strecken?

Was motiviert Sie, sich nach arbeitsintensiven Phasen einen entspannenden freien Abend zu gönnen? Sich mit einer Freundin zum Spazierengehen oder Tanzen verabreden? Schwimmen gehen? Fahrrad fahren? Lesen?

3 Schmerz und Leid

Ich stelle in diesem Kapitel Thesen aus dem Buddhismus und einige psychologische Überlegungen zum Thema Leiden vor. Ich unterscheide dabei unterschiedliche Dimensionen von Leiden: Schmerzen gehören zur conditio humana, wir sollten daher mit ihnen rechnen. Der Buddhismus spricht hier vom *natürlichen* Leiden, das zum Leben gehört. Leiden im engeren Sinn oder *zusätzliches* Leiden entsteht, wenn wir das natürliche Leiden für ungerecht halten und es ablehnen. *Traumatisches* Leiden blockiert unsere Entwicklung. Es entsteht, wenn wir Leiden nicht verarbeiten können. Da ich weder Ärztin noch Psychologin bin, will und kann ich keine medizinisch oder psychologisch fundierten Aussagen zum Thema Trauma machen. Ich beziehe aber einige allgemeine Überlegungen des Trauma-Forschers und Begründers des Somatic-Experience-Ansatzes Peter Levine mit ein, die dazu beitragen können, mit unterschiedlichen Formen und Intensitäten des Leidens konstruktiv umzugehen. Vielleicht können die folgenden Thesen Menschen aus Heilberufen und sogar Betroffenen Anstöße geben, alltägliches und besonders schweres Leiden auf seine komplexen Bedingungen neu, anders oder vertieft zu hinterfragen und vielleicht sogar anders damit umzugehen. Anstoß zu diesem Kapitel waren zwei Tagesseminare in der Ärztekammer Bremen 2011 und 2012, organisiert vom Arbeitskreis Psychotraumatologie.

Angst und Wut

Peter Levine (2012) beschreibt in seinem Buch *Sprache ohne Worte* den komplexen Zusammenhang zwischen einer gefährlichen Situation und unseren Reaktionen in einfachen Worten. Seine Erklärungen haben mir sehr geholfen, mich und andere besser zu verstehen und mein Verhalten zu überprüfen. Wenn wir in eine gefährliche oder als lebensbedrohlich eingeschätzte Situation geraten, haben wir zwei wunderbare und meist sehr effektive Überlebensprogramme zur Verfügung: Flucht oder Angriff. Und wenn das nicht gelingt, greift die dritte Strategie: Schreckstarre. Wenn es uns möglich scheint, setzen wir klare

Grenzen, wehren uns gegen Übergriffe oder greifen an. Wenn uns das gelingt, fühlen wir uns gut, und das fördert Selbstvertrauen in die eigenen Kräfte, in unsere Selbstwirksamkeit. Schätzen wir die Situation als *zu* gefährlich ein, flüchten wir. Wenn uns das gelingt, fühlen wir uns ebenfalls gut, denn wir sind der Gefahr entkommen. Wir wissen dann, dass wir auch mit sehr schwierigen Situationen umgehen können, und zwar durch Flucht. Angst und Wut sind nach Levine dagegen *sekundäre* Emotionen, die entstehen, wenn Flucht oder Angriff fehlschlagen. Wir reagieren mit Angst, wenn die Flucht nicht gelingt, und mit Wut, wenn wir uns nicht gut schützen oder verteidigen können. (S. 116–117)

Wenn wir uns gegen etwas wehren – gegen Ansprüche und Vorschriften, Erwartungen und Forderungen, Angriffe und Vorwürfe – und es nicht schaffen, die für uns angemessenen Grenzen zu setzen, werden wir wütend. Wir holen uns dann neue Energie durch Ärger und Wut. Wir alle können vermutlich Situationen erinnern, in denen wir uns wunderbar kraftvoll fühlten, weil wir wütend waren. Die Kraft der Wut gründet allerdings nicht in Selbstvertrauen und Mut, sondern sie ist reaktiv, und damit abhängig von Umständen und von anderen. Manchmal hilft diese zusätzliche Kraft, die nötigen Grenzen zu setzen und uns vor Überforderung zu schützen. Vielleicht ist das gemeint, wenn manche von produktiver Wut oder sinnvoller Aggression sprechen. (Kast 2012 a) Ich halte diese Begriffe nur für bedingt richtig, denn Wut ist nach diesem Ansatz und auch für den Buddhismus eine *sekundäre* und reaktive Emotion mit wenig Spielraum für Überlegung und Rücksicht, Einfühlung und kluges Handeln.

Im Buddhismus geht man davon aus, dass hinter jeder Wut Ohnmacht steht. Wut kann als »Notfallmaßnahme« in Extremsituationen sehr hilfreich sein, sie kann aber Selbstvertrauen und Selbstwirksamkeit nicht auf Dauer ersetzen und sollte das auch nicht. Wir verletzen andere vor allem dann, wenn wir wütend sind, denn Wut blockiert eine differenzierte Einschätzung der Situation. Scheint uns eine Situation *zu* gefährlich, versuchen wir zu flüchten. Wenn uns das nicht gelingt, weil wir festgehalten werden – durch körperliche Gewalt oder Pflichtgefühl, durch moralischen Druck oder Angst vor Liebesentzug usw. –, entsteht Angst. Bleibt die Situation bedrohlich, fühlen wir uns gefangen, und wenn die Angst unerträglich wird, schalten wir ab, und dann greift die dritte Überlebensstrategie, die Schreckstarre. Wir stellen unsere Gefühle ab, stellen uns tot bzw. dissoziieren und fliehen emotional-geistig aus der Situation.

Nach diesem Ansatz können wir aus der Erfahrung von Wut, Angst und Starre oder Gefühlsarmut auf Gefahrensituationen schließen, die uns überfordert haben. Die buddhistische Tradition empfiehlt, Thesen wie diese anhand »ungefährlicher« kleiner Alltagsbeispiele zu überprüfen und so mit der Zeit den Mut und die Kraft zu entwickeln, schwierige Umstände besser zu verstehen und vielleicht sogar zu meistern, allein oder mit Unterstützung von anderen. Zur Verarbeitung traumatischer Erfahrungen – lange zurückliegenden oder aktuellen, aus der Kindheit oder nach einem Zugunglück, einem Überfall oder Unfall – brauchen wir in der Regel professionelle Begleitung. Bei kleineren Herausforderungen können uns *sekundäre* Emotionen und Reaktionen gute Hinweise darauf geben, wovor wir fliehen und wogegen wir uns wehren wollen. Dazu gibt es Übungen am Ende des Kapitels. Dieser Ansatz kann uns auch Mut machen, uns nicht jedem Konflikt auszusetzen, sondern unsere Stärken und Schwächen realistischer einzuschätzen. Je nachdem, ob wir eher dazu neigen, uns zu überfordern oder zu unterfordern, können wir das tun, was Selbstwirksamkeit und Selbstvertrauen stärkt.

Manchmal ist es am besten, sich einer überfordernden oder schädlichen Situation zu entziehen und zu »flüchten«, und manchmal ist es besser, klare Grenzen zu setzen und »anzugreifen«, bevor wir uns völlig überfordert fühlen und zusammenbrechen, wütend werden oder uns emotional völlig verschließen. Angst und Wut können gute Ratgeber sein. Sie sind ein Aufschrei unserer inneren Weisheit, die uns bei Gefahr Flucht oder Angriff empfiehlt. Das Sprichwort »Wer nicht hören will, muss fühlen« enthält eine tiefe Einsicht. Man muss es nicht als Leitmotiv einer Strafpädagogik interpretieren. Man kann diesen Satz auch so verstehen: Wer nicht auf die leisen und frühen Signale der unangenehmen Grundgefühle *hört* – als emotionale Färbung oder körperliche Empfindung – und eine Überforderung nicht im Ansatz spürt, wird durch heftige Gefühle darauf hingewiesen. Wut und Angst spüren wir leichter, weil sie sich auch massiv körperlich äußern. Heftige Emotionen können wir nicht so gut ignorieren wie den leisen Impuls zu flüchten oder den vielleicht verbotenen Impuls, Grenzen zu setzen, sich zu wehren oder anzugreifen. Da nicht jeder Schmerz und jedes Leid traumabedingt ist, ist es angebracht, genauer hinzuschauen.

Die vier edlen Wahrheiten

Wie viel Leiden ist normal?

Zu Beginn des ersten Kapitels habe ich das Modell der Vier Edlen Wahrheiten des Buddha erwähnt. Ich möchte es hier als Rahmen nutzen, um unterschiedliche Arten von Leiden und seinen Kontext zu beschreiben: 1. Es gibt Leiden. 2. Leiden hat Ursachen. 3. Leiden kann aufhören und 4. Es gibt einen Weg zum Ende Leiden. An diesem Modell lässt sich das pragmatische Anliegen des Buddha gut verstehen. Er will Menschen dabei unterstützen, mit dem alltäglichen Leiden, mit dem, »was der Fall ist«, konstruktiv umzugehen. Der Buddha hat viele Fragen – nach dem Beginn des Universums und den Feinheiten des bedingten Entstehens bzw. des Karma-Gesetzes, nach dem Einfluss eines Buddha auf die Welt und nach der Bedeutung tiefer Sammlung – nicht beantwortet, da er sie nicht für »heilsrelevant« hielt.

Er wanderte nach seinem Erwachen über vierzig Jahre durch Nordindien und sprach mit Menschen aus allen Schichten der Bevölkerung über ihre Nöte. Er hörte sich ihre Sorgen und Fragen an und gab ihnen einfache oder komplexe Hinweise, wie sie ihr alltägliches Leiden verringern oder ganz auflösen können, und wo das nicht möglich war, lehrte er sie, nicht daran zu verzweifeln. Wenn man Leiden nicht auflösen kann, kann man zumindest etwas daraus lernen. Man kann einige Ursachen und Bedingungen erkennen und sich bemühen, diese in Zukunft nach Möglichkeit zu vermeiden.

Natürliches und zusätzliches Leiden

Schon die begriffliche Unterscheidung zwischen natürlichem und zusätzlichem Leiden kann einen Großteil des zusätzlichen Leidens verringern. Der Buddha nennt acht Arten von natürlichem Leiden, die auch heute noch einleuchten: Geburt, Alter, Krankheit, Tod sind die ersten vier. Verlieren, was man liebt; nicht bekommen oder erleben, was man will; bekommen oder erleben, was man nicht will, und schließlich nie sicher sein vor diesen Leiden, auch wenn im Augenblick gerade alles gut läuft. Dass Gebären und Geborenwerden nicht nur Glück, sondern auch Leiden ist, weiß jede Mutter. Kaum jemand freut sich über Altern und Krankheit, Sterben und Tod. Und wir leiden, wenn wir verlieren, was wir lieben, nicht bekommen, was wir möchten und bekommen, was wir nicht möchten. Mit etwas Lebenserfahrung dämmert uns schließlich, dass wir nie sicher sind vor künftigem Leiden, selbst wenn jetzt gerade alles in Ordnung ist. Diese acht Arten des Leidens gehören zum Leben dazu, und sie betreffen alle Menschen mehr oder weniger. Sie sind keine Unfälle, die wir durch Umsicht und kluge Strategien völlig vermeiden könnten.

Traditionell unterscheidet der Buddhismus drei *Ebenen* von Leiden: 1. Das Leiden des *Leidens:* Das sind unangenehme Gefühle, die durch körperliche oder emotional-geistige Erfahrungen entstehen, oder das *natürliche* Leiden, das zum Leben gehört. 2. Das Leiden des *Wandels:* Manche Erfahrungen sind zwar angenehm, wie z. B. Essen oder Trinken, entpuppen sich aber bei genauerem Hinschauen als Nachlassen eines vorherigen unangenehmen Gefühls, von Hunger oder Durst. Außerdem finden wir in der Regel keine einzige Erfahrung auf Dauer angenehm. Wir wollen Abwechslung und langweilen uns schnell. 3. *Alles-durchdringendes* Leiden: Auch wenn gerade alles gut läuft, sind wir nie sicher vor Leiden, denn wir haben weder uns noch die Welt je völlig im Griff. (Wetzel 2013 a, S. 93 ff.)

Auf einer ganz tiefen Ebene bedeutet der Begriff Leiden, *duhkha*, also, dass uns keine Erfahrung jemals völlig zufriedenstellt, *weil* Erfahrungen per se unbeständig und nie völlig zu kontrollieren sind. Denn auch wir selbst, die anderen und die Welt unterliegen dem Wandel, und niemand hat das im Griff, kein Gott und kein Karma-Gesetz, weder Psychologie noch Philosophie, weder Politik noch Wirtschaft, weder Wissenschaft noch Religion. Leben ist ein Wagnis, und unsere Erfahrungen hängen nicht nur von uns ab, sondern von einem komplexen Geflecht von Bedingungen. Die Alten nannten das Schicksal, und wir sprechen von Glück oder Pech.

Der Grundgedanke hinter diesen Thesen vom Leiden ist: Mit diesen Arten von Leiden sollten wir rechnen. Wir können alles tun, was ethisch und sozial vertretbar und vereinbar mit den Menschenrechten und der Menschenwürde ist, um das natürliche Leiden zu minimieren und sozialverträglich zu gestalten. Viele Erfindungen und sozialpolitische Strukturen der Moderne dienen diesem Zweck. Aber wenn sie uns oder uns nahestehende Menschen treffen, sollten wir das akzeptieren. Der Buddha behauptet nicht, dass diese Erfahrungen angenehm sind oder uns nicht mehr berühren sollten, wenn wir meditieren. Wir sollten sie aber als Teil des Lebens annehmen und in unser Leben integrieren, unterstützt durch Einsicht und Mitgefühl. (Siehe 4. und 5. Kapitel)

Zusätzliches Leiden entsteht auf unterschiedliche Weise. Wir leiden noch mehr, wenn wir das natürliche Leiden ablehnen und unklug damit umgehen. Da wir in der Regel mit anderen Menschen zusammen leben und arbeiten, tragen wir alle auf vielfältige Weise dazu bei, uns das Leben nicht nur leichter, sondern auch schwerer zu machen. Wir schaffen uns und anderen zusätzliches Leiden, wenn wir natürliches Leiden ablehnen oder leugnen, dramatisieren oder anderen Menschen oder den Umständen die Schuld daran geben. Die meisten Menschen lehnen auch das natürliche Leiden ab, und manche Klagen über das Leben klingen so, als hätten wir bei der Geburt eine Garantie auf ein Leben ohne Leiden erhalten. Wenn wir unser heutiges Leben im wohlhabenden Mitteleuropa mit anderen Ländern und anderen Zeiten vergleichen, geht uns vielleicht mit der Zeit auf, dass wir auf »Fünf-Sterne-Niveau« leiden. Wie wir konstruktiv mit Leiden umgehen können, wird klarer, wenn wir uns mit seinen Ursachen beschäftigen.

Ich will es anders haben, als es ist

Als Ursachen von Leiden gelten Begehren und Unwissenheit. Diese Hinweise werden oft falsch verstanden und tragen dazu bei, den Buddhismus als weltfeindlich oder pessimistisch einzuschätzen. Welche Art von Begehren, Verlangen oder Durst, *trshna*, ist die Ursache von Leiden? Es geht hier nicht um den schlichten Wunsch, glücklich zu sein und frei von Leiden, und auch nicht darum, sich an angenehmen und schönen Menschen, Dingen und Umständen zu erfreuen. Diese Wünsche sind in Ordnung. Es geht um etwas anderes. Schauen wir uns zunächst die Ursache des *zusätzlichen* Leidens an. Das ist der Wunsch, es möge *anders* sein, als es ist. Ja, sollen wir denn einfach die Hände in den Schoß legen und warten, bis das Leiden von allein aufhört? Nein, auch darum geht es nicht.

Wie schon gesagt, können wir alles, was ethisch und sozial vertretbar ist, tun, um Leiden im Vorfeld zu verhindern, es zu verringern oder ganz aufzulösen. Das klappt aber nur, wenn wir das aktuelle Leiden zur Kenntnis nehmen, verstehen, wie es *entstanden* ist, und *wie* wir es verringern oder auflösen können. Wenn wir das nicht verstehen und es trotzdem ablehnen, entsteht zusätzliches Leiden. Diese Überlegung wirkt für mich oft wie ein Eimer kaltes Wasser: ernüchternd. Wenn ich meine Kopfschmerzen oder den Ischias-Anfall, meine schlechte Laune die 3 Gifte: Gier – Hass – Verblendung

oder den blöden Streit, den Zeitdruck oder die Erinnerung an ein traumatisches Erlebnis zur Kenntnis nehme, erkenne ich meist sehr schnell, dass ich nicht genau weiß, welche Faktoren genau mitspielen. Ich bemerke, was geschieht – dieser und jener Schmerz und mein unvollständiges Wissen oder auch Nichtwissen, wie es dazu kam –, und erinnere, was hilft und heilt. Das ist Achtsamkeit. Mehr kann ich nicht tun. Schon wenn ich den unangenehmen Gefühlen ein wenig Raum gebe, sie sein lasse, mir sogar erlaube, mich darüber zu ärgern oder verzweifelt zu sein, nimmt der Druck ab und es geht mir etwas besser. Dann entsteht Raum, und ich kann mich selbst trösten oder mich von anderen trösten lassen.

Im Griff von Gier, Hass und Verblendung

Falls ich wieder einmal glaube, andere Leute seien »schuld« an meiner aktuellen schlechten Verfassung, mache ich mir Folgendes klar: Die drei giftigen Einstellungen haben nicht nur mich im Griff, sondern auch meine Mitmenschen. Die drei Gifte werden traditionell Gier, Hass und Verblendung genannt, und ich übersetze sie oft mit Habenwollen, Nichthabenwollen und Ignorieren. Es »gibt« sie in insgesamt 84 000 Varianten, wie die buddhistische Tradition in weiser Kenntnis der Unterschiedlichkeit und Komplexität der Menschen es bildhaft beschreibt, und zwar je 21 000 Varianten jeder einzelnen giftigen Einstellung und dazu noch 21 000 Mischvarianten aus allen drei Haltungen. Wenn ich bedenke, dass unter den Menschen, die ich persönlich kenne, aus meiner Sicht niemand erleuchtet oder heilig ist, bin ich immer wieder erstaunt, wie gut die Welt funktioniert.

Wie können wir erwarten, dass es eine Welt ohne Gewalt und Betrug, ohne Verschwendung und Arroganz, ohne Jammern und Klagen geben sollte, wenn wir alle mehr oder weniger im Griff von Gier, Hass und Verblendung stecken? Wir wünschen uns vielleicht eine heile Welt, in der alle Menschen sozial und beruflich kompetent sind, ausgeschlafen und entspannt, konfliktfähig und rücksichtsvoll, kreativ und dialogisch, außerdem natürlich klug und zugleich natürlich, intelligent und emotional offen, zurückhaltend und spontan, gut erzogen, faszinierend usw. Auch wenn wir uns das von Herzen wünschen, sollten wir eigentlich wissen, dass das nicht mehr als ein schöner Traum ist. Wir können uns schlicht und einfach fragen, ob wir selbst diesen Kriterien auf unserer Wunschliste genügen und wie viele Menschen wir kennen, die sich so verhalten, und sei es nur manchmal.

»Die Menschheit« hat sich inzwischen, in Gestalt wohlmeinender und einflussreicher Einzelner und Gruppen, auf einen Katalog von Menschenrechten verständigt, und engagierte Personen aus unterschiedlichen Kulturen begegnen sich in den Vereinten Nationen und in anderen internationalen Gremien und verhandeln über eine bessere Welt. Doch es besteht eine große Diskrepanz zwischen klugen und menschenfreundlichen Ideen und dem konkreten Verhalten. Sobald konkrete und lebenswichtige Interessen von Gruppen und Einzelnen ins Spiel kommen, setzen sich meist nicht die hehren Ideen durch, sondern viel eher Gier, Hass und Verblendung.

Diese Einstellungen vergiften unser Leben und sie zeigen sich in vielen Varianten. Gier steckt hinter Bedürftigkeit und Konsumverhalten, hinter Unruhe und dem Drang nach Zerstreuung. Hass äußert sich als Abneigung und Verachtung, als Machtspiele und Rechthaberei, als Mobbing, Grausamkeit und Rücksichtslosigkeit. Verblendung steckt hinter all diesen Haltungen, denn die Hauptverblendung ist der Glaube, wir seien grundsätzlich nicht in Ordnung, und die anderen natürlich auch nicht. Weil wir nicht wissen oder glauben, dass wir grundsätzlich in Ordnung sind – und *alle* Menschen Menschenwürde besitzen oder, religiös formuliert, Kinder Gottes sind bzw. alle Wesen, ja sogar die Tiere Buddha-Natur haben –, fühlen wir uns unsicher, abgetrennt und isoliert, ungenügend und ängstlich. Dann entwickeln wir, kollektiv und individuell, aufgeblasene oder unterwürfige, verzerrte und falsche Selbstbilder und verteidigen sie mit aufgewühlten Emotionen und eingefahrenem Verhalten. Der Buddha nennt das Samsara, den Kreislauf der sich ständig wiederholenden Probleme. Solange wir uns nicht sicher und angenommen fühlen, führt unser Verhalten zu zusätzlichem Leiden für uns und andere.

Hört Leiden jemals auf?

Solange wir uns ungenügend und unsicher, getrennt und isoliert fühlen von der Welt und den anderen Menschen, misstrauen wir uns und anderen und leiden vor uns hin, immer wieder unterbrochen von angenehmen Erfahrungen, die aber nie dauern und nie wirklich zufriedenstellen. Um Leiden aufzulösen, müssen wir darauf vertrauen, dass wir

Vertrauen, dass wir grundlegend in Ordnung s.

grundlegend in Ordnung sind. In religiöser Sprache heißt das: Wir sind alle Kinder Gottes. Wir haben alle Buddha-Natur. In der Sprache des Humanismus heißt das: Wir haben alle prinzipiell die Fähigkeit, uns vernünftig, menschlich und solidarisch, mitfühlend und freundlich, heiter und gelassen zu verhalten. Nach diesem Ansatz hört das zusätzliche Leiden auf, wenn wir nicht mehr aus Gier, Hass und Verblendung handeln, sondern uns von Freundlichkeit, Mitgefühl, Freude und Gleichmut leiten lassen. Das wird möglich, wenn wir auf das grundlegende »Gutsein« oder die »Gutheit«, engl. *goodness,* von uns selbst und von allen Wesen vertrauen. Und das wird möglich, so die »Frohe Botschaft« des Buddha, wenn wir uns auf den Weg machen, Gier, Hass und Verblendung in uns selbst zu erkennen und aufzulösen. Das soll keine Aufforderung zu Naivität und Vertrauensseligkeit sein, sondern uns dazu inspirieren, auf die guten Seiten von uns und anderen zu vertrauen und sie gezielt anzusprechen und zu fördern.

Der Weg ist das Ziel

Welche Bedingungen braucht es, damit sich diese Fähigkeiten entfalten können? Wenn westliche Menschen diese Botschaft hören, geraten sie leicht in zwei Fallen. Sie fordern, dass sich zuerst »die« Gesellschaft verändern muss, damit sich »die« Menschen verändern können, oder sie träumen von einer heilen Welt und schließen messerscharf: Erst wenn jeder einzelne Mensch darauf vertraut, dass er oder sie o. k. ist, und aus diesem Vertrauen lebt, wird die Welt gut und gerecht. Ganz so schlimm ist es nicht.

Die Einschätzung des Buddha ist anders und sehr herausfordernd. Selbst wenn wir einfach nur ein gutes Leben führen wollen, müssen wir die drei Gifte weitgehend bemerken, durchschauen und auflösen. Das kann man niemandem vorschreiben, das »muss« man selbst wollen. Nur wenn wir uns mit Leib und Seele für die Erforschung unserer Motive und Meinung, unserer emotionalen Muster und Verhaltensweisen interessieren und dieser Erforschung einen großen Teil unseres Lebens widmen, trägt diese Arbeit Früchte. Solange wir aus und mit Gier, Hass und Verblendung für eine bessere Welt kämpfen, kommt nur noch mehr Gier, Hass und Verblendung dabei heraus. Diese Einsicht lehrt mich Geduld mit mir selbst und mit den politischen Bewegungen, die sich für eine bessere Welt einsetzen. Aber es gibt auch Hoffnung.

Politische Erfahrung und Soziologie lehren, dass es etwa fünf Prozent einer politischen Einheit, z. B. einer Gemeinde oder eines Landkreises, eines Bundeslandes oder eines Staates, braucht, die sich für eine politische oder soziale Veränderung oder eine neue Vision einsetzen, damit eine politisch relevante Bewegung entsteht. Das gilt als Hintergrund der Fünfprozentklausel bei den Wahlen. Beeindruckende Beispiele dafür sind u. a. die Arbeiter- und die Frauenbewegung, die Grüne Partei und vielleicht auch schon die Hospiz-Bewegung.

Bezogen auf das Thema Leiden, Gewalt und Ungerechtigkeit bleiben uns bis zu dem Zeitpunkt, an dem der Wind der Veränderung aus der Gesellschaft weht und sich neue politische und soziale Strukturen herausbilden, nur zwei Alternativen. Wir können an der Stumpfheit und Dummheit der Menschen verzweifeln oder uns bemühen, Gier, Hass und Verblendung in uns selbst zu erkennen und zu verringern. Der langen Rede kurzer Sinn: Wenn wir wollen, dass es weniger Gier, Hass und Verblendung in unserer Gesellschaft gibt, müssen wir diese Haltungen in uns selbst erkennen, verstehen und abbauen, und das ist nicht leicht. Wenn wir das wirklich begreifen, erwarten wir nicht *mehr* von den anderen, als wir selber tun können. Und wir verstehen, dass die vielen Menschen, die sich nicht für innere Prozesse interessieren und im Griff von Gier, Hass und Verblendung stecken, nicht wissen, was sie tun, wenn sie Gewalt ausüben und sich und anderen Leid zufügen. Die westliche Tiefenpsychologie nennt dieses herausfordernde Unterfangen, das Aufspüren und Bearbeiten von Gier, Hass und Verblendung in uns selbst seit C. G. Jung die Arbeit mit dem Schatten. (Kast 2013 b)

Leiden, Gewalt und die drei Gehirnbereiche

Warum gibt es so viel Gewalt, Grausamkeit und Lieblosigkeit auf der Welt? Warum tun sogar Menschen, die sich um ein ethisches und politisch korrektes Leben bemühen, so häufig nicht das, was sie richtig finden? Die Frage ist alt, und wir müssen sie auch uns selbst immer wieder stellen, wenn wir wieder einmal erkennen, dass wir genau das nicht tun, von dem wir wissen, dass es uns guttäte. Wir wissen so viel und handeln viel seltener danach, als gut für uns und unsere Mitmenschen ist. Einige sehr überzeugende Teilantworten auf diese alte Frage kommen heute aus der Gehirnforschung. Viele Menschen glauben zwar nicht mehr an Gott und Transzendenz, aber an die Thesen aus den Naturwissenschaften glauben selbst sehr kritische Menschen gerne. Ich möchte hier ein paar Thesen aus den Neurowissenschaften vorstellen, die mich motivieren, immer wieder innezuhalten und zu verstehen, warum »wir« Menschen einander Gewalt antun und auch wider besseres Wissen Raubbau mit unseren Kräften treiben. Sie helfen mir auch, mir und anderen genau das immer wieder zu verzeihen.

Ich fasse hier sehr kurz einige Thesen des Hirnforschers Gerhard Roth zusammen, die mir für unser Thema wichtig scheinen. In seinem Buch *Aus Sicht des Gehirns* (2003) beschreibt er ausführlich drei Gehirnbereiche, die bei unserem Handeln mitspielen: Stammhirn, limbisches System und Neokortex. In aller Kürze: Das Stammhirn sorgt für unser Überleben, das limbische System steuert die Gefühle, und der Neokortex, das neue Gehirn, befähigt uns unter anderem zum Denken, dazu, unser Verhalten zu beobachten, komplexe Zusammenhänge zu erkennen und die Folgen unseres Verhaltens abzuschätzen, Mitgefühl zu empfinden und Neues zu wagen. Die klare und erschütternde These von Roth lautet: Der Neokortex hat leider keinen direkten Zugriff auf unser Verhalten, das haben nur limbisches System, d.h. unsere Gefühle, und Stammhirn, alte Gewohnheiten und biologisch älteste Überlebensprogramme. Das ist eine schlechte Nachricht, insbesondere für sehr kluge Leute, die genau wissen, was richtig ist. Das ist die erste Begründung, warum wir so oft nicht das tun, was wir für richtig halten. Wir haben nur dann eine Chance, kluge und gute Gedanken auch umzusetzen, wenn wir unsere hehren Ideale und schönen Ansichten und Einsichten *emotional bejahen*. Und das geschieht im limbischen System, nicht im Neokortex.

Wenn ich mir diese Zusammenhänge klarmache, wundere ich mich nicht mehr, warum es so viel Gewalt gibt in unserer Welt. Wir können die These vom zusätzlichen Leiden mit dem Hinweis auf die Gehirnforschung erweitern. Der Buddha geht davon aus, dass sich Menschen letztlich nur individuell darum bemühen können, Gier, Hass und Verblendung zu durchschauen und soweit möglich aufzulösen. Denn das muss man selbst tun, und wir tun es nur, wenn wir das aus ganzem Herzen wollen und dabei durch plausible Begründungen, wohlwollende und interessierte Mitmenschen und eine gute Begleitung unterstützt werden. Die Gehirnforschung sagt uns auch, dass die Neokortex-Fähigkeiten nur im Ruhe-Modus aktiviert und gefördert werden können. Wenn wir emotional aufgewühlt sind, unter Druck stehen, müde sind oder Angst haben, fallen wir auf alte und älteste Verhaltensmuster zurück.

Die meisten Menschen interessieren sich nur wenig oder gar nicht für Selbsterkenntnis, sondern wollen ihre eigenen Interessen und die ihrer Angehörigen oder ihrer Bezugsgruppen fördern. Demokratische Gesellschaften haben sich zwar darauf geeinigt, dass sie Veränderungen nur durch Aushandeln und nicht mit Gewalt durchsetzen wollen, aber das bedeutet noch lange nicht, dass wir das alle und jederzeit wollen und können. In Umbruchzeiten verlieren Menschen ihre Orientierung, und viele neigen dann dazu, auf alte Sitten und Werte zurückzugreifen. Persönlich durch Regression auf alte Verhaltensmuster und politisch und religiös auf traditionelle und eher autoritäre Vorstellungen. Viel zusätzliches Leiden entsteht durch die Kollision moderner und traditioneller Werte und durch regressives und aggressives Verhalten von Menschen, die ihre Orientierung verloren haben.

Es gibt natürliches und zusätzliches Leiden, und wir sollten mit beiden Arten von Leiden rechnen. Wir müssen lernen, natürliches Leiden anzunehmen und gut damit umzugehen. Wir können zusätzliches Leiden nicht durch kollektive Beschlüsse abstellen, sondern wir müssen uns selbst darum bemühen. Durch unser Vorbild können wir vielleicht andere Menschen dazu inspirieren, die Spuren von Gier, Hass und Verblendung zu erkennen und zu überwinden. Und wir können uns für gesellschaftliche Strukturen einsetzen, die Menschen ein Leben mit weniger Angst und Sorgen ermöglichen. Wenn das aber nicht ergänzt wird durch die Arbeit an uns selbst, durch die Untersuchung der »inneren Globalisierung« durch Gier, Hass und Verblendung, nützt das nur begrenzt.

Die Übungen in diesem Kapitel sollen uns zunächst dabei unterstützen, uns den Leiden unseres Lebens zu stellen und sie in aller Ruhe zu untersuchen. Eine große Rolle spielen dabei unsere Erwartungen und Befürchtungen und die emotionalen Reaktionen auf Enttäuschungen. Welche Faktoren uns dabei unterstützen, mit Leiden gut umzugehen und nicht traumatisch darauf zu reagieren, davon handelt das nächste Kapitel über Resilienz.

Übungen

Leiden annehmen

Zunächst formulieren wir ein aktuelles *Problem*: »Du lehnst mich ab. Du redest so viel. Du nervst mich. Du siehst mich nicht.« Dann fragen wir uns: Wo spüre ich das im *Körper?* Wir spüren die Körperempfindungen und atmen einige Momente, ohne sie zu verlieren. Dann fragen wir uns: Welches *Gefühl* steht dahinter? *Ein Hinweis:* Schuldzuweisungen an andere sind *sekundäre* Gefühle. Dahinter steckt ein nicht wahrgenommenes *primäres* Gefühl, das sich nur auf uns selbst bezieht: Ich fühle mich einsam, traurig, wütend, unsicher ... Wir benennen es und spüren es bewusst im Körper: Da sind Trauer, Wut, Einsamkeit ... Wir *öffnen* uns für das Gefühl und fragen es: »Gefühl, was brauchst du? Erlaubnis, Raum, Mitgefühl?« Wir geben dem Gefühl, was es braucht. Eine andere Erklärung dieses Schrittes ist: Die erwachsene Seite gibt dem verletzten inneren Kind, was es jetzt braucht: Trost, Raum, Anerkennung des Schmerzes usw. Dann machen wir uns *klar:* Das ist *ein* Gefühl unter vielen. Wir haben es nicht immer. Es wird auch nicht ewig andauern. Wir *stabilisieren* diese Einsicht, indem wir das Problem noch einmal kurz anschauen und dabei unseren Atem spüren. Dann fragen wir uns: Welche *Sehnsucht* steht hinter dem Gefühl? Gesehen werden wollen? Verbindung, Harmonie, Klarheit spüren wollen? *Inspiriert von Safi Nidiaye (2005)*

Aufhänger, Stimmung, Hintergrund

Wir denken an einen Konflikt der letzten Tage. Wir fragen uns: Was war der Auslöser? Wie habe ich reagiert? In welcher Verfassung bzw. Stimmung war ich unmittelbar davor? Entspannt und wach? Aufmerksam und gelassen? Wütend, unter Druck, unsicher? Was hatten wir von uns und den anderen erwartet? Welche Muster wurden ausgelöst? Wie alt sind wir, wenn wir so reagieren? *Eine ausführlichere Fassung finden Sie im zehnten Kapitel.*

Die folgenden Übungen finden Sie im zehnten Kapitel:

Natürliches und zusätzliches Leiden

Täuschungen und Enttäuschungen

Angst und Flucht

Ohnmacht und Wut

Teil II: Ressourcen

In den ersten drei Kapiteln habe ich Erfahrungen beschrieben, die vielen Menschen das Leben schwer machen. Wenn eine Gesellschaft vor allem Wettbewerb und Konkurrenz, Leistung und ständige Verfügbarkeit als zentrale Werte sieht, fühlen sich viele Menschen unter Druck und entwickeln ungesunden Ehrgeiz, arbeiten zu viel und wissen nicht mehr recht, wie man sich erholt, entspannt und Kraft schöpft. Überzogener Ehrgeiz verhindert und behindert die Entfaltung unserer Fähigkeiten und kann zu Burnout in all seinen Schattierungen führen. Arbeiten wir zu viel oder zu angestrengt und sind wir häufig erschöpft und niedergeschlagen, vernachlässigen wir unsere Beziehungen, und vieles, was uns guttut, kommt zu kurz. Wir sind dann wenig in der Lage, klug und angemessen mit dem natürlichen Leiden umzugehen, das zum Leben gehört, und schaffen uns noch jede Menge zusätzliches Leid. Die Übungen am Ende der jeweiligen Kapitel haben dazu ermuntert, gezielt über unsere Erfahrungen nachzudenken und zu schauen, wo wir stehen.

Im zweiten Teil möchte ich über zentrale Ressourcen sprechen, die uns als Menschen prinzipiell zur Verfügung stehen und die wir auch gezielt fördern können, um so einen Weg aus überzogenem Ehrgeiz, Erschöpfung und selbst verursachtem Leid heraus zu finden: Achtsamkeit, Mitgefühl, Resilienz oder die Fähigkeit, schwierige Erfahrungen zu verarbeiten, und schließlich Muße, eine Zeit frei von äußeren und inneren Zwängen. Ich gehe davon aus, dass allen Menschen diese Schätze mehr oder weniger zur Verfügung stehen, dass wir diese Schätze aber erkennen und wertschätzen müssen, damit wir auch bereit sind, sie zu heben. Und das geht nicht von allein, das »müssen wir wollen«, und zwar von ganzem Herzen.

4 Achtsamkeit

Ich brauche keine Millionen, mit fehlt kein Pfennig zum Glück.
Ich brauch nur 'n bisschen Muße und Musik, Musik, Musik.

Ich liege gern in der Hängematte der Achtsamkeit.
Brauch dazu keine Millionen, nur ein Stück Gelassenheit.

Meditations-Vers von Agnes Pollner

Achtsamkeit ist »in«. Der Begriff ist heute in aller Munde, und verschiedene psychotherapeutische Schulen haben den Nutzen von »Achtsamkeit« und »Achtsamkeitsübungen« entdeckt. Nicht immer verstehen sie darunter das Gleiche. Das bekannteste achtsamkeitsbasierte Verfahren, MBSR (mindfulness-based stress reduction, Stressbewältigung durch Achtsamkeit) geht auf die buddhistische Praxis der Achtsamkeit zurück. (Kabat-Zinn 1991) Bei der weltweiten Vermittlung dieses Ansatzes und daraus entwickelter weiterer Verfahren wie MBCT (mindfulness-based cognitive therapy) u. a. wird der Begriff »Achtsamkeit« allerdings unterschiedlich tief und weit interpretiert. Auch im Buddhismus wird Achtsamkeit, je nach Kontext, unterschiedlich erklärt. Ich beziehe mich in diesem Kapitel und im ganzen Buch auf die buddhistische Achtsamkeitspraxis und werde unterschiedliche Aspekte ausführlich erläutern und auf einige Missverständnisse eingehen.

Was ist Achtsamkeit? Bevor ich einige mögliche Bedeutungen erläutere, eine erste These: Achtsamkeit und Muße gehören zusammen. Achtsamkeit kann sich nur im Ruhe-Modus, in einer Haltung der Muße entfalten, im Unruhe-Modus klappt das nicht. Auch Informationen *über* Achtsamkeit können wir wie alles Neue *nur* im Ruhe-Modus aufnehmen. Das könnte ein wichtiger Hinweis für alle sein, die etwas Neues lehren oder lernen wollen, d. h. für den ganzen Bereich der schulischen und außerschulischen Bildung. Wie Muße und Achtsamkeit im Einzelnen zusammenhängen, werde ich vor allem im siebten Kapitel ausführlicher beschreiben. Hier eine kurze Definition: Muße ist eine Einstellung, eine zweckfreie Haltung oder Verfassung, in der wir frei sind von *äußeren* Verpflichtungen und auch relativ frei von *inneren* Zwängen. D.h., wir haben Zeit und wollen in dieser Zeit gerade nichts anderes tun als das, was wir gerade tun: spazieren gehen, abspülen, miteinander reden usw. Wir brauchen also Muße, wenn wir Achtsamkeit systematisch üben wollen, und das können wir mit einer einfachen Tätigkeit unserer Wahl wie atmen, gehen, den Körper spüren usw.

Bemerken, was geschieht, und erinnern, was heilt

Achtsamkeit hat zwei Bedeutungsnuancen: *bemerken*, was geschieht, und *erinnern*, was heilt. Die beiden Nuancen lassen sich ableiten vom Pali-Begriff *sati*, der primär für Bemerken steht, und vom entsprechenden Sanskrit-Begriff *smrti*, der ebenfalls bemerken bedeutet, aber auch erinnern. Es gibt eine ganze Literaturgattung im indischen Sanskrit, die *smriti*, das Erinnerte. *Smriti* sind die Texte der Tradition, die auf *sruti*, das Gehörte, die Offenbarungen der Veden, zurückgehen. Für die Fähigkeit zu bemerken, was jetzt in diesem Augenblick geschieht, wird auch der Begriff Aufmerksamkeit, *manaskara*, verwendet, wörtlich Geist, *manas*, machen, *kara*, frei übersetzt: *bewusst* werden. Ich möchte an dieser Stelle unterschiedliche Intensitäten oder Bedeutungsebenen von Achtsamkeit erwähnen, da es einige ungenaue Vorstellungen darüber gibt, die uns in die Irre führen und unter Druck setzen können. Der *erste* Aspekt der Achtsamkeit, die bloße Aufmerksamkeit, *manaskara*, kann zwar bemerken, was geschieht, kann aber die Wahrnehmungen nicht beurteilen. Bloße Aufmerksamkeit ist sehr wertvoll, denn z.B. Sinneswahrnehmungen zu *bemerken* entspannt und beruhigt. Aufmerksamkeit ist daher eine wichtige Voraussetzung für und ein wichtiges Element der Achtsamkeitspraxis. Allerdings verändert uns bloßes Bemerken nicht, weil Verstehen fehlt.

Den *zweiten* Aspekt der Achtsamkeit nenne ich »*erinnern*, was heilt«. Das weist auf den Erkenntnis- oder Weisheitsaspekt der Achtsamkeit hin und beschreibt zugleich auch die Haltung voll entfalteter Achtsamkeit. Sie kann Erfahrungen beurteilen oder einschätzen, bemerkt aber Urteile und erkennt sie als Gedanken und kann sie daher einschätzen und überprüfen. Was uns dann tatsächlich heilt, ist die Haltung, mit der wir achtsam denken und fühlen, sprechen und handeln.

Luise Reddemann nennt das zärtliche Achtsamkeit, ein wunderschöner Begriff, den sie von Daniell Hell übernommen hat. (Reddemann 2012) Diese Art der Achtsamkeit geht, buddhistisch interpretiert, einher mit vier heilenden oder heilsamen Haltungen. Die buddhistische Tradition nennt sie »himmlische« Haltungen oder »göttliche« Verweilungen, *brahmavihara,* bzw. unermessliche Haltungen, *apramana,* und dazu gehören Freundlichkeit, Mitgefühl, Freude und Mitfreude und schließlich Gleichmut oder Gelassenheit.

Diese vier Haltungen kennzeichnen Menschen, die sich mit allem und allen verbunden fühlen. Sie sind spontaner Ausdruck der Einsicht und des Vertrauens in Buddha-Natur, in die Tiefendimension unseres Geistes. Wenn wir sie in uns erkennen, entdecken wir sie gleichzeitig auch in anderen, und diese Einsicht, diese Weisheit manifestiert sich als spontane Freundlichkeit allen gegenüber, als Mitgefühl und Freude über uns und andere und – als Gleichmut oder heitere Gelassenheit. Jede dieser vier heilenden Haltungen kann sich allerdings nur dann voll entfalten, wenn die anderen drei Haltungen im Hintergrund mitschwingen. Fehlen sie, zeigt sich etwas anderes, nämlich ihre »nahen und fernen Feinde«, wie die Tradition das nennt. Die vier heilenden Haltungen selbst haben kein Gegenteil, denn sie sind spontaner Ausdruck von Vertrauen in unsere innere Weisheit, die die Tradition Natur des Geistes oder Buddha-Natur nennt.

Im vierten Kapitel werde ich die Haltung des Mitgefühls im Kontext dieser vier heilenden Haltungen vorstellen und dann auch auf die nahen und fernen Feinde eingehen. Wir können uns den vier heilenden Haltungen durch systematisches Üben annähern, solange wir die Natur des Geistes noch nicht erkannt haben, und dabei von den wohlwollenden und freundlichen Haltungen lernen, die wir manchmal in unseren Beziehungen erleben, im eigenen Verhalten und in dem von anderen.

Die vier Bereiche der Achtsamkeit

Achtsamkeit wird dann fruchtbar, wenn wir liebevoll und mitfühlend, mit Freude und Wertschätzung hinschauen und -spüren und gleichzeitig gelassen bleiben. Wir erforschen mit dieser freundlich-gelassenen Haltung die vier Bereiche: 1. Körperempfindungen, 2. Grundgefühle und emotionale Reaktionen, 3. Grundstimmungen und 4. Gedanken. Wir bemerken sie, mit einiger Übung, wenn sie auftauchen – meist jedoch vermutlich eher ein paar Stunden später, wenn wir eine Pause machen, oder im Rahmen einer Meditationsübung – und erinnern, was heilt und hilft, und zwar uns und anderen.

1. *Körperempfindungen:* Wenn wir *körperliche* Schmerzen oder Spannungen bemerken, verändern wir unsere Körperhaltung oder machen eine Pause, essen oder trinken etwas oder bewegen uns ein wenig. Das ist der erste Bereich der Achtsamkeit.

2. *Grundgefühle und emotionale Reaktionen:* Wir achten auf Grundgefühle – angenehm, unangenehm, weder-noch oder neutral – und auf unsere emotionalen Reaktionen darauf – Festhalten, Abwehr und Desinteresse und ihre Varianten – und lernen zu überprüfen, ob diese Reaktionen dieser Situation angemessen sind oder eher zu einer Kindheitserfahrung passen. Wir denken beispielsweise im Freiraum einer thematischen Meditationsübung über einen kleinen Konflikt nach und versuchen die aufgewühlten Reaktionen mit einer der vier heilenden Haltungen zu ersetzen. Auf *unangenehme* Gefühle können wir mit Mitgefühl oder Gelassenheit reagieren und auf *angenehme* Gefühle mit schlichter Freude und Dankbarkeit. Vielleicht probieren wir auch einmal aus, die angenehmen Erfahrungen gedanklich mit anderen zu teilen, denn wir wissen ja: geteilte Freude ist doppelte Freude. Mit etwas Übung können wir situativ auftauchende emotionale Reaktionsmuster und die zugrunde liegenden angenehmen, unangenehmen und neutralen Gefühle immer häufiger bemerken und müssen sie nicht blind oder zwanghaft ausagieren, sondern können innehalten und sie überprüfen und andere Haltungen ausprobieren.

3. *Grundstimmungen:* Es braucht viel Übung und Interesse, den dritten Bereich der Achtsamkeit, die länger anhaltenden Grundstimmungen, zu bemerken, die unseren Blick auf die Welt färben: Trägheit, Sturheit und Rechthaberei. Habenwollen und Begehrlichkeit. Nichthabenwollen, Ärger und Nörgeln. Zweifel, Unentschlossenheit und Entscheidungsunfähigkeit. Und schließlich ein weiterer Dauerbrenner unserer Zeit: Ängste und Sorgen. In der Regel rechtfertigen wir diese Haltungen mit unseren Lebenserfahrungen und objektivieren sie als Urteile über uns und die Welt. Manche halten das für ihren Charakter, und andere sprechen von Weltanschauung oder Lebenseinstellung. Wie auch immer wir das objektivieren, wir erkennen unsere Einstellungen oft nicht als eigene Haltungen, sondern denken, das Leben sei so. Typische Gedanken sind dann: Ich habe einfach recht. Ich habe nicht

genug. Die anderen sind unausstehlich. Es gibt einfach zu viele Möglichkeiten und ich kann mich nicht entscheiden. Leben ist lebensgefährlich.

4. *Gedanken:* Der vierte Bereich der Achtsamkeit sind die vielen *Gedanken* und Urteile über uns und die Welt. Die Krönung der Achtsamkeitspraxis ist die Fähigkeit, Gedanken als Gedanken zu erkennen. Alle Gedanken sind Vorschläge und keine Abbilder der Wirklichkeit. Ich werde im Laufe des Buches immer wieder auf die vier Bereiche der Achtsamkeit zurückkommen, denn der Schlüssel zu einem guten Leben liegt in der Fähigkeit zu *bemerken,* was geschieht, jetzt in diesem Augenblick – körperliches Befinden, Grundgefühle und emotionale Muster, Grundstimmungen und Gedanken –, und wenn wir bemerken, was geschieht, dann das zu *erinnern,* was heilt und hilft. Dazu müssen wir uns selbst einigermaßen gut kennen und unsere vielfältigen Erfahrungen so weit verdaut und verarbeitet haben, damit wir immer besser wissen, was uns guttut. Und dann brauchen wir noch den Mut, das, was wir als heilsam und hilfreich erkennen, auch umzusetzen.

Drei oder vier Dimensionen von Achtsamkeit

Der Buddhismus spricht von gewöhnlicher und von *rechter* Achtsamkeit, und die beiden unterscheiden sich durch die Haltung, mit der wir sie üben. Solange es uns primär um unseren eigenen Vorteil oder den unserer Lieben und Nächsten geht, handelt es sich um gewöhnliche Achtsamkeit. Mit rechter Achtsamkeit wollen wir herausfinden, was uns und andere auch langfristig guttut. Was mit *rechter* Achtsamkeit alles möglich ist, will ich hier kurz beschreiben.

Wenn wir mit der Ausrichtung der Achtsamkeit auf diese vier Bereiche – Körper, Gefühle und emotionale Reaktionen, Grundstimmungen und Gedanken – vertraut sind, können wir eine sehr interessante Erfahrung machen. Wir entdecken sehr unterschiedliche Intensitäten oder Varianten von Achtsamkeit. Man kann dabei drei oder vier Dimensionen der Achtsamkeit unterscheiden:

1. *Bloße Aufmerksamkeit:* Sie bemerkt bloß und kann nicht urteilen, *manasikara.*

2. *Unterscheiden:* Bemerken im weiteren Sinne oder erinnern, was heilt. Das bedeutet unterscheiden können zwischen heilsamen und unheilsamen Einstellungen.

3. *Zeugenbewusstsein:* Wir »liegen in der Hängematte der Achtsamkeit« und schauen dem inneren Kino zu, ohne uns groß aufzuregen über das, was da geschieht. Das ist dann zum einen Ausdruck einer freundlichen Achtsamkeit und zugleich eine tiefere Art von Achtsamkeit. Die indische Tradition nennt das nicht urteilendes Gewahrsein, inneren Beobachter, Zeuge oder Seher, *sakshi.* Dieses nicht urteilende Gewahrsein *kann* klar und sinnvoll urteilen, kann aber auch die Urteile als Gedanken erkennen, sie überprüfen und je nachdem danach handeln oder sie loslassen. Manche verwechseln das mit bloßer Aufmerksamkeit, *manasikara,* die *nicht* urteilen *kann.* Das wäre aber ein großer Fehler, denn dann würden wir sozusagen nur die erste Etage des Hauses der Achtsamkeit bewohnen und die übrigen Stockwerke ignorieren. Oder wir würden im Restaurant immer nur Gerichte auf der ersten Seite der Speisekarte bestellen, weil wir nicht weiterlesen. Man könnte sagen, dass die Erfahrung des nicht urteilenden Gewahrseins möglich wird, wenn wir uns nicht mehr mit dem identifizieren, was geschieht, sondern mit der Achtsamkeit selbst. Manche halten das für den Gipfel der Erfahrungen und für das Ziel des Weges. Es geht aber noch weiter. Dieser Hinweis soll Sie nicht unter Druck setzen, sondern will Ihnen einen Horizont zeigen, der Sie auf Ihrem Weg inspirieren kann.

4. *Tiefes Vertrauen:* Wenn wir immer wieder in der »Hängematte der Achtsamkeit« ruhen, geht uns irgendwann auf, dass das, was wahrgenommen wird, und das, was wahrnimmt, nicht zweierlei »Dinge« oder Substanzen oder Kategorien sind, sondern ein unteilbares Ganzes. Wir entdecken Nicht-Dualität, die Erfahrung der Nicht-Zweiheit, der Nicht-Getrenntheit oder der essenziellen Verbundenheit mit allem, was ist und was lebt. Wenn wir das tief verstehen und diese Erkenntnis stabil geworden ist, kann man das »Erwachen« nennen.

Exkurs: Materialismus oder Idealismus?

Die Einsicht in Nicht-Zweiheit oder tiefer Verbundenheit hat viele Folgen, und zwar auf unterschiedlichen Ebenen und in unterschiedlichen Bereichen: spirituell und geistig, emotional und körperlich. Spirituell als tiefes Vertrauen ins Leben, geistig als offener Blick auf die Welt, emotional als die vier heilsamen Haltungen und körperlich als ethisches Verhalten. Ich möchte hier kurz auf die wunderbare geistige Fähigkeit eingehen, unterschiedliche Perspektiven gleichzeitig halten zu können. Sie ist eine der zentralen Voraussetzungen, um mit einer komplexen Welt mit unterschiedlichen kulturellen Werten, Normen und Lebensformen umgehen zu können.

Normalerweise neigen Menschen zu zwei Extremen, wenn sie über sich und die Welt nachdenken. Entweder erforschen wir die *äußere* Welt und vergessen den Beitrag, den unsere geistige oder innere Haltung ausmacht, oder wir erforschen den »Weltinnenraum« und vernachlässigen die äußere Welt. Der westlich-wissenschaftliche Ansatz neigt dazu, alle Erfahrungen auf materiell und »wissenschaftlich« fassbare Daten zu reduzieren, und das nennt man Materialismus. Manche Hirnforscher glauben tatsächlich, dass das Gehirn denkt, und stellen sich darunter ein Neuronenfeuer vor. Das macht auch einen gewissen Sinn, denn man kann sich schließlich nicht selbst beim Denken zuschauen. Man kann immer nur die Prozesse im Gehirn von anderen mithilfe von Geräten beobachten, die letztlich nicht mehr als eine Erweiterung der fünf Sinne sind. Die westlichen Forscher bemerken allerdings nur selten, dass ihre These einer objektiven Welt aus materiellen Bestandteilen keine Erfahrung, sondern eine Schlussfolgerung, eine Arbeitshypothese und damit ein geistiges Produkt ist.

Untersuchen Menschen mit meditativen Methoden ihre inneren Prozesse, wie das vor allem in Asien jahrtausendelang sehr geschätzt wurde, stellen sie fest, dass sie die objektive Welt nicht beweisen können, da alle Erfahrungen auf geistigen Prozessen beruhen. Sie reduzieren dann die ganze Welt auf geistige Prozesse und bemerken nicht, dass das ebenfalls keine Erfahrung sondern auch nur eine Schlussfolgerung ist. Der japanische Zenmeister Yasutani Roshi sagte dazu in den 1970er-Jahren: »Von welcher Dimension, Nur-Geist oder Nur-Materie auch immer du sprichst, nur das Etikett ändert sich und es bleibt das gleiche Ding«. (Yasutani 2010, S. 82) Es geht also immer um die *eine* Welt, die wir wissenschaftlich-materiell und geistig-meditativ erforschen können. Die beiden Zugänge schließen sich nicht aus und sie widersprechen sich auch nicht, sondern sie ergänzen sich. Diese Einsicht wird allerdings nur möglich, wenn wir ganz tief begreifen, dass *alle* Vorstellungen nur Vorstellungen sind, nicht mehr und nicht weniger. Wir können also leicht feststellen, ob wir die Relativität aller Vorstellungen und tiefe Verbundenheit entdeckt und tief verstanden und in unser Leben integriert haben. Wenn es uns gelingt, *beide* Perspektiven auf die Welt und das Leben gleichzeitig zu akzeptieren, die materielle oder wissenschaftliche Perspektive und die geistige oder meditative. Wenn es uns gelingt, mehr als eine Perspektive »auszuhalten«. Mein tibetischer Lehrer Lama Thubten Yeshe brachte diese Sicht so auf den Punkt: Weisheit beginnt da, wo wir eine Sache aus mehr als einer Perspektive betrachten können. Solange wir Partei ergreifen für eine einzige Perspektive oder einen der beiden extremen Ansätze – Materialismus oder Idealismus –, haben wir die Ganzheit des Lebens nicht erkannt und bleiben in Widersprüchen gefangen

Wie zu Beginn dieses kleinen Exkurses schon betont, können wir leicht überprüfen, ob diese tiefe Einsicht in Nicht-Getrennheit, in die Ganzheit des Lebens, in Buddha-Natur »da« ist, denn sie manifestiert sich als tiefes Vertrauen ins Leben und als die vier unermesslichen Haltungen: Freundlichkeit, Mitgefühl, Freude und Mitfreude und heitere Gelassenheit. Aber auch das gilt im Buddhismus noch nicht als das Ende des Weges, denn Erwachen ist »nach oben offen«, und wer weiß, redet nicht, denn »davor kehren die Worte um«, wie es in den Upanischaden, den heiligen Texten der indischen Kultur, heißt. Erwachen ist kein bestimmter, fassbarer und beschreibbarer Zustand, den man irgendwann erreicht und dann »hat« und den man anderen zeigen und beweisen könnte. Erwachen ist ein Grenzbegriff für Dimensionen von Leben, die man mit Worten nicht fassen kann, weil sie komplexer sind als Begriffe und Vorstellungen. Bevor sich die Einsicht in Buddha-Natur als die vier unermesslichen Haltungen manifestiert, können wir Mitgefühl gezielt einüben, und davon handelt das nächste Kapitel.

Probieren Sie einige der hier vorgeschlagenen Übungen aus und bauen Sie eine oder zwei in Ihren Alltag ein. Regelmäßiges Üben wirkt Wunder, denn es bedeutet ein unkompliziertes Innehalten im Alltagstrott. Sie spüren sich ein wenig, entspannen ein bisschen und schöpfen Kraft. Unter dem Stichwort informelle Übungen schlage ich einfache Dinge vor, die wir alle bereits können. Die Grundübungen stammen aus der buddhistischen Tradition.

Informelle Übungen zum Einsteigen

Mit den Armen schwingen

Stehen Sie stabil auf der Erde und schwingen Sie die Arme locker für fünf bis zehn Minuten vor und zurück. Die Übung bringt verbrauchte Energie »sofort« zurück.

Den Atem spüren
Spüren Sie im Sitzen, Stehen oder Liegen für drei bis fünf Minuten Ihren natürlichen Atemrhythmus.

Treppensteigen mit Ja-Danke
Wenn Sie regelmäßig Treppen steigen, verbinden Sie das mit Ja-Danke im Rhythmus der Schritte.

Zum Fenster hinausschauen
Schauen Sie ab und zu für ein, zwei Minuten im Sitzen oder Stehen zum Fenster hinaus, falls möglich in die Weite, in den Himmel, über den Dächern der Stadt oder auf einen Baum.

Gehen im Park mit Ja-Danke
Gehen Sie ab und zu auf dem Weg zur Arbeit, in der Mittagspause oder nach der Arbeit durch eine kleinen oder großen Park, an einem Fluss entlang oder durch Straßen mit Bäumen und sagen Sie innerlich Ja-Danke im Rhythmus des Gehens.

Grundübungen

Im Sitzen und Gehen: Ja zum Leben – Danke fürs Leben
Wir können immer wieder innehalten, uns hinsetzen und für ein paar Minuten im Rhythmus des Atems diese Sätze sprechen. Wir können beim Gehen diese Sätze innerlich sprechen. Dankbarkeit ist ein schneller und einfacher Weg zu mehr Ausgeglichenheit und Wohlbefinden.

Sternstunden oder Freude als Weg
Wir denken an kleine Momente des Wohlbefindens von heute oder gestern, untersuchen die Bedingungen, die dabei mitgespielt haben, und entscheiden uns dafür, in den nächsten Tagen das zu tun, was solche Momente fördert, bzw. das zu lassen, was sie verhindert. Freude erleben ist das wirksamste Heilmittel für Kummer und Sorgen.

Einfach sitzen
Wir setzen uns stabil, aufrecht und bequem auf einen Meditationssitz am Boden oder auf einen Stuhl und tun einfach zwanzig Minuten

das, was wir tun, und zwar in aller Ruhe. Wenn wir den Atem spüren, ist das in Ordnung. Wenn wir planen oder denken, etwas erinnern, jammern oder uns freuen, ist auch das in Ordnung. Wir nehmen das, was wir bemerken, freundlich und aufmerksam zur Kenntnis. Diese Übung kann eine tief greifende Veränderung unserer Haltung zum Leben bewirken, denn wir lernen zwanzig Minuten ohne Druck mit dem zu sein, was geschieht. Wir bemerken, was uns beschäftigt, ohne gleich darauf reagieren zu müssen.

Die folgenden Übungen finden Sie im zehnten Kapitel:
Den Körper spüren
Aufhänger, Stimmung, Hintergrund
Ich brauche keine Millionen …
Wertschätzung für mich und andere

5 Mitgefühl

Mögen alle Wesen Glück erleben und die Ursachen von Glück.
Mögen alle Wesen frei sein von Leid und den Ursachen von Leid.
Mögen alle Wesen das höchste Glück
der Befreiung und des Erwachens erleben.
Mögen alle Wesen in Gleichmut ruhen,
ohne Anhaftung an angenehme und
ohne Abwehr gegen unangenehme Gefühle.

Wunschgebet des Mahayana

Als wichtige Ergänzung zur Entwicklung von Achtsamkeit wird im Buddhismus die Pflege heilsamer Gefühle empfohlen. Heilsame Gefühle gelten als besonders geeignetes Mittel, um das Leben der Einzelnen und Zusammenleben mit anderen Menschen im privaten Bereich und in der Gesellschaft als Ganzer zu erleichtern und zu bereichern. Verena Kast spricht von erhebenden Gefühlen, die unser Selbstwertgefühl regulieren und unsere Beziehungen fördern. (Kast 2012 b, 2013 a) Mitgefühl gilt als eine der vier heilsamen Haltungen, Pali *brahmavihara*, wörtlich »Wohnort des (indischen Gottes) Brahma«. Das könnte man auch als himmlische Gefühle übersetzen. Die vier sind, hier mit den relativ bekannten Pali-Begriffen: Freundlichkeit oder Liebe, *metta*, Mitgefühl, *karuna*, Freude und Mitfreude, *mudita*, und Gleichmut oder heitere Gelassenheit, *upekkha*.

Alle vier Haltungen gelten im Buddhismus als Ausdruck tiefer Weisheit. Wir können sie auch Weisheit des Herzens nennen.

Was ist mit den Begriffen Weisheit und Herz gemeint? Die zweite Verszeile gibt die Definition von Mitgefühl und auch zwei klare Hinweise: *Mögen alle Wesen frei sein von Leid und den Ursachen von Leid.* Mitgefühl ist der Wunsch, dass alle Wesen frei werden von Leiden *und* von seinen Ursachen. Der erste Teil ist einfach zu verstehen. Der Wunsch nach Freiheit von Leid ist Ausdruck eines offenen Herzens, einer freundlichen und mitfühlenden Haltung für uns und andere. Wir wollen nicht leiden und wünschen das in der Regel auch niemand anderem. Und wenn wir oder andere leiden, wollen wir diese Erfahrung beenden. Der zweite Teil des Wunsches weist auf ein Problem hin. Leiden tut weh, fällt aber nicht vom Himmel, sondern es hat *Ursachen*.

Die aufrüttelnde These ist nun: Es reicht nicht, das aktuelle Leiden zu verringern oder momentan aufzulösen. Wie im dritten Kapitel ausführlich beschrieben, können wir Leiden nur dann tatsächlich beenden, wenn wir seine *Ursachen* erkennen und nicht mehr schaffen. Und das ist nicht einfach. Zu buddhistischem Mitgefühl gehört also neben dem einfühlsamen Spüren des Leidens auch die *Einsicht* in seine Ursachen und Bedingungen. Einige Bedingungen können wir erkennen und dann auch Leiden verringern. Da Leben aber sehr komplex ist und bei jeder Erfahrung unfassbar viele Bedingungen mitwirken, die sich auch noch ständig verändern, können wir nie alle Bedingungen erkennen und daher auch nicht alles aktuelle Leiden auflösen und es künftig vermeiden.

Die erste Einsicht, die sich hieraus ergibt, ist: Bei buddhistisch verstandenem Mitgefühl geht es nicht primär um den Wunsch, dass niemand mehr leiden möge – Ich will ein Leben ohne »Aua« und für alle, und zwar sofort –, sondern darum, die *Bedingungen* von Leiden zu verstehen und gut mit dem unvermeidbaren Leiden umgehen zu lernen. Diese Verszeile ist Teil eines Wunschgebetes, das viele Mahayana-Buddhisten jeden Tag rezitieren. Es soll uns daran erinnern, dass Glück und Leid sehr komplexe Erfahrungen sind. Das hilft uns vielleicht, mit Geduld Tag für Tag unser Bestes zu tun und nicht zu verzweifeln, wenn es uns mal wieder nicht gelingt, Leiden zu verringern und Glück zu vermehren. Ich werde später darauf eingehen, wie die vier Wünsche zusammenhängen und wie sie einander stärken.

Vier Aspekte des Mitgefühls

Ich möchte jetzt vier Aspekte von reifem Mitgefühl, von Mitgefühl in einem umfassenden, weiteren Sinn beschreiben: Einfühlung, Unterscheidung, Mitgefühl im engeren Sinn und Freundlichkeit. Sie können dazu beitragen, einige Fallen zu vermeiden, in die Menschen leicht geraten, wenn sie bei sich oder anderen Leiden erleben. Zwei Aspekte, Einfühlung und Unterscheidung, stammen aus der westlichen Psychologie und zwei aus dem Buddhismus: Mitgefühl im engeren Sinn, Pali *karuna*, und Freundlichkeit, Pali *metta*. Ich möchte die vier Aspekte zunächst am Mitgefühl mit dem Leiden von *anderen* erläutern.

1. *Einfühlung:* Einfühlung ist ein Resonanzphänomen. Das bedeutet, ich kann nur Mitgefühl im o. g. Sinn entwickeln, wenn ich dein Leiden *spüre*. Und ich kann dein Leiden nur spüren, wenn ich gleichzeitig mein entsprechendes Leiden spüren kann. Sonst gerate ich in die Falle der Arroganz und Distanz, in die Falle des »heilen« Helfers, der »den armen anderen« hilft. Ich verwende lieber den alten Begriff der Einfühlung statt des modischen Begriffs Empathie, denn der Begriff Einfühlung wurde von dem deutschen Philosophen Wilhelm Dilthey (1833–1911) in seiner Schrift zur Hermeneutik (1900) eingeführt und 1909 von dem amerikanischen Psychologen Edward B. Titchener mit *empathy* übersetzt. (Rifkin 2010, S. 22)

2. *Unterscheidung:* Einfühlung ist wichtig, aber genauso wichtig ist es, klar zwischen deinem und meinem Leiden unterscheiden zu können. Identifikation mit dem Leiden von anderen hilft weder ihnen noch uns, und Konfluenz, das Ineinanderfließen von deinem und meinem Leiden, ebenso wenig. Ich betone diesen Punkt, weil Einfühlung oft mit Konfluenz oder Identifikation verwechselt wird. (Staemmler 2009)

3. *Mitgefühl:* Das ist nach buddhistischer Auffassung der Wunsch, Leiden und seine Ursachen zu erkennen und zu verringern. Zu vollständigem oder reifem Mitgefühl gehört schließlich noch eine weitere Haltung, und zwar 4. *Freundlichkeit:* Das ist der Wunsch, Glück und seine Ursachen zu erkennen und zu vermehren. Dieser vierte Aspekt liegt mir auch sehr am Herzen, denn er macht deutlich, dass wir Leiden erst dann tief verstehen und verringern können, wenn wir auch Glück und »erhebende« (Kast 2012 b) oder heilsame, heilende Emotionen verstehen und fördern können.

Die Quelle entdecken

Wie entsteht Mitgefühl und was ist seine Quelle? Alle vier heilsamen oder heilenden Haltungen gelten als Ausdruck des unbedingten Vertrauens in unsere Tiefendimension. Buddhisten nennen diese Dimension Buddha-Natur, Christen sprechen von Christusbewusstsein oder vom Heiligen Geist in uns, manche nennen es das wahre Selbst oder tiefe Weisheit, und der deutschstämmige Psychologe E. H. Erikson nannte es Urvertrauen. Viele Menschen entdecken diese Tiefendimension in Zeiten der Not, und sie hilft uns, nicht zu verzweifeln, wenn wir nicht mehr weiterwissen. Wie auch immer die Menschen diese Dimension beschreiben oder erklären, unser Leben scheint leichter zu werden, wenn wir nicht nur auf unser Wissen und Können vertrauen, sondern auch auf rational nicht genau fassbare Kräfte: innere Weisheit, Intuition oder Körperweisheit.

Der Buddhismus interpretiert die vier heilenden Haltungen einerseits als spontanen Ausdruck des Vertrauens in diese Tiefendimension und andererseits als Übungsweg, um diese Dimension zu entdecken. Wir üben mit einem vorläufigen Verständnis dieser Haltungen, und so werden sie immer mehr Teil unseres bewussten und unbewussten Wesens. Und schließlich erleben wir sie als selbstverständlichen, spontanen Ausdruck unserer tiefen Verbundenheit mit allem, was ist.

Wir können diese Tiefendimension in jeder Erfahrung entdecken, und zwar auf dreierlei Weise: durch Offenheit, Klarheit und Feinfühligkeit. (Shikpo 1999) Das sind drei Weisen, wie wir dieses Vertrauen erleben. Wir entdecken sie, wenn wir mit Herz und Verstand leben und mit beiden Augen schauen, mit dem Auge der Liebe und mit dem Auge der Weisheit. Dann bemerken wir, dass wir »mehr erleben, als wir begreifen«, wie es der Quantenphysiker Hans-Peter Dürr in seinen Büchern immer wieder sehr anschaulich beschreibt. Jede Erfahrung ist mehr, als wir darüber wissen und sagen können.

Wir ahnen die Grenzen unseres Verstehens und vielleicht sogar die tiefe Verbundenheit von allem. Das ist die *Offenheit* jeder Erfahrung. Und doch begreifen wir genug, um uns in der Welt zu orientieren. Jede Erfahrung – ob wir mit den Sinnen wahrnehmen oder Erfahrungen benennen und interpretieren – sagt uns etwas über uns oder die Welt. Das ist *Klarheit*. Und schließlich berührt uns jede Erfahrung, selbst die Erfahrung von Distanz und Fremdheit. Wir erleben Glück und Leid und fühlen uns lebendig. Das ist *Feinfühligkeit*. Je häufiger wir die Offenheit, Klarheit und Feinfühligkeit unserer Erfahrungen bemerken und wertschätzen, desto mehr vertrauen wir dem, was größer ist als unser bewusstes Erleben. Und das ist der Raum, in dem alle Erfahrungen Platz haben, sein dürfen und angenommen werden können. Mit Vertrauen und Raum können wir angemessen umgehen mit dem, was ist.

Mitgefühl im Vierertakt

Jede der vier heilenden Haltungen kann sich erst dann voll entfalten, wenn die drei anderen Haltungen im Hintergrund mitschwingen. Mitgefühl heilt uns und andere erst dann, wenn es mit Freundlichkeit, Freude und Gleichmut einhergeht.

Fehlt auch nur eine dieser Haltungen, empfinden wir statt Mitgefühl nur enges, ängstliches Mitleid, und das schlägt bei Enttäuschung um in Grausamkeit. Mitleid gilt als der nahe Feind des Mitgefühls. Als *naher* Feind, weil man sie so leicht verwechselt, und als *Feind*, weil man mit Mitleid das, was man eigentlich will, das Verringern von Leiden, nicht erreicht, sondern es verstärkt. Mitleid verkleidet sich sozusagen als Mitgefühl und tut so, als ob es uns helfen wollte, und dabei führt es uns in die Irre, in noch mehr Leiden. Grausamkeit gilt als der *ferne* Feind. Grausamkeit ist unser Feind, weil sie sehr offensichtlich nicht nur den anderen, sondern auch uns selbst verletzt, und sie gilt als *ferner* Feind, weil sie sehr weit entfernt ist von Mitgefühl. Mitgefühl selbst hat kein Gegenteil, denn diese kraftvolle und mutige Haltung ist ein spontaner Ausdruck von tiefem Vertrauen in unsere innere Weisheit. Was in Grausamkeit umschlägt, ist enges, ängstliches Mitleid.

Ohne *Freundlichkeit* für uns und andere werden wir sentimental und traurig, wenn wir krank sind oder etwas Kostbares verlieren, oder werden wütend auf die, die daran schuld sind. Ohne *Freude* über positive Erfahrungen und Bedingungen, die trotz allem Kummer immer wieder und immer noch da sind, fixieren wir uns auf die Krankheit oder den Verlust, jammern und sorgen uns übermäßig oder werden neidisch und eifersüchtig, weil anderen scheinbar alles Gute wahrscheinlich unverdient in den Schoß fällt. Und ohne *Gleichmut*, ohne das tiefe Wissen um die Komplexität des Lebens und die Universalität von Leiden, suchen wir nach eindeutig fassbaren Schuldigen für unser Unglück, machen uns Sorgen, verzweifeln oder werden wütend oder wir verschließen unser Herz mit Gleichgültigkeit.

Es ist, wie es ist: Gleichmut und die drei Daseinsmerkmale

Wenn wir mit dem Herzen, mit den Augen der Liebe, sehen, spüren wir Freundlichkeit, Mitgefühl und Freude. Wenn wir mit dem Auge der Weisheit, d. h. mit offenen Augen, uns und die Welt betrachten, entdecken wir Gleichmut oder Gelassenheit. Wenn wir unsere Erfahrungen genau anschauen, ahnen wir, dass das Leben komplex ist und Leiden zum Leben gehört. Nur ein kindliches Gemüt träumt von einer heilen Welt ohne Streit und Widersprüche. Und nur erwachsene, reife Menschen können es aushalten, dass sich Menschen, Umstände und Dinge immer wieder verändern und wir unser Leben nie ganz in den Griff bekommen. Gleichmut entsteht, wenn wir das immer tiefer verstehen.

Im Buddhismus gilt die Einsicht in die drei Daseinsmerkmale – Leiden, Unbeständigkeit und Nicht-Ich oder Nicht-Kontrollierbarkeit – als Tor zu Gleichmut und als wichtiger Schritt zur tiefen Weisheit.

1. *Leiden:* Wie schon im dritten Kapitel betont, gehört ein gewisses Maß an Leiden zum Leben. Dieses natürliche Leiden hängt damit zusammen, dass sich alles immer wieder verändert und wir unser Leben nie ganz in den Griff bekommen.

2. *Unbeständigkeit:* Eigentlich wissen wir, dass alle Erfahrungen und Umstände, alle Dinge und Beziehungen unbeständig sind und sich immer wieder verändern. Auch wir verändern uns jeden Tag und wir werden nicht ewig leben. Theoretisch ist uns das klar, aber wenn der PC abstürzt oder das Auto nicht durch den TÜV kommt, wenn unsere Firma schließen muss oder eine geschätzte Kollegin kündigt, ärgern wir uns. Wenn ein naher Mensch uns verlässt, schwer krank wird oder stirbt, bricht für viele schon eine Welt zusammen. Wie viel mehr bricht zusammen, wenn wir die grundsätzliche Unbeständigkeit *aller* Lebensbedingungen entdecken. Das zu akzeptieren ist nicht leicht. Wir brauchen alle ein gewisses Maß an äußerer und vor allem innerer Kontinuität und Stabilität, um uns sicher zu fühlen. Aber die Welt ist kein *völlig* sicherer Ort, und sie war es auch nie. Gleichmut oder Gelassenheit nehmen zu, je tiefer wir begreifen, dass das einzig Beständige der Wandel ist und je mehr wir dieses Faktum emotional annehmen und in unser Leben integrieren können.

3. *Nicht-Kontrollierbarkeit:* Der traditionell verwendete Begriff für das dritte Daseinsmerkmal, »Nicht-Ich«, Pali *anatta*, wird in der Regel missverstanden und als Leugnen von Identität, als Fehlen eines funk-

tionalen Ich oder als Selbstaufgabe interpretiert. Der Buddha meinte damit schlicht und einfach das Fehlen einer auffindbaren Instanz in uns oder in der Welt, die alle Erfahrungen besitzt und daher kontrollieren kann. Und das kommt der modernen Interpretation von komplexer Kausalität sehr nahe. Der Buddha betonte den Wert der Selbstständigkeit, und besonders das regelmäßige Üben, das Hinterfragen unserer Motive und das Nachdenken über unsere Prioritäten dienen der Stärkung von Selbstvertrauen, Entscheidungsfähigkeit und Selbstwirksamkeit.

Wir geben uns große Mühe, unser Leben in den Griff zu bekommen, und manchmal gelingt es uns auch. Verglichen mit früheren Zeiten leben Menschen im Mitteleuropa so sicher wie noch nie. Kleine und große Lebenskrisen zeigen uns allerdings nachdrücklich, dass es nicht immer klappt. Es nützt nicht viel, wenn wir dann anderen Menschen und äußeren Umständen die Schuld geben, denn dadurch verschwindet die Krise nicht. Es nützt auch nichts, uns selbst zu beschuldigen. Wir können alles versuchen, was in unserer Macht steht und niemandem schadet, um unser Leben gut zu gestalten. Die These des Buddha lautet: Je mehr wir erkennen und akzeptieren, dass das Leben unbeständig und nicht völlig kontrollierbar ist, desto weniger leiden wir. Oder positiv formuliert: Wir leiden weniger und leben leichter, wenn wir begreifen, dass das Leben komplex ist und wir nie alle Bedingungen, die uns beeinflussen, verstehen und in den Griff kriegen werden. Einsicht in die drei Daseinsmerkmale schenkt uns ein gewisses Maß an Gleichmut und vielleicht sogar – mit der Zeit – heiterer Gelassenheit.

Drei Ebenen des Leidens und die drei Daseinsmerkmale

Die drei Daseinsmerkmale stehen in enger Beziehung zu drei Ebenen von Leiden, die wir alle kennen. 1. Das Leiden des *Leidens:* Das sind unangenehme Gefühle, die durch körperliche oder emotional-geistige Erfahrungen entstehen, oder das natürliche Leiden, das zum Leben gehört. 2. Das Leiden des *Wandels* oder der *Veränderung:* Manche Erfahrungen sind zwar angenehm, wie z. B. Essen oder Trinken, entpuppen sich aber bei genauerem Hinschauen als Nachlassen eines vorherigen unangenehmen Gefühls, von Hunger oder Durst. Außerdem finden wir in der Regel keine einzige Erfahrung auf Dauer angenehm. Wir wollen Abwechslung und langweilen uns schnell. Und alle Erfahrungen dauern nicht an, denn Leben ist komplex und alles verändert sich. 3. Das *allesdurchdringende* Leiden: Auch wenn gerade alles gut läuft, sind wir nie sicher vor Leiden, denn wir haben weder uns noch die Welt je völlig im Griff. Dieses Leiden bezieht sich auf die letztliche Unkontrollierbarkeit aller Erfahrungen. (Wetzel 2013 a, S. 93 ff.)

Die Empfehlungen des Buddha zum Umgehen mit den drei Daseinsmerkmalen, diesen drei fundamentalen Gesetzen des Lebens, hören sich einfach an, sind aber eine Lebensaufgabe: Wer Unbeständigkeit und das Fehlen völliger Kontrolle nicht akzeptieren kann, leidet in Samsara, dem Kreislauf, des sich ständig wiederholenden Leidens, und wer beides akzeptieren kann, wird frei von Leid und lebt im Nirvana. (Okumura 2010, S. 25) Die drei Daseinsmerkmale plus die Vision des Nirvana nennt die Tradition die Vier Siegel. Wenn eine Lehre diese vier Aspekte betont, gilt sie als buddhistisch. Wenn auch nur ein Aspekt fehlt, ist sie nicht buddhistisch, auch wenn sie das behauptet.

Gleichmut entsteht durch Einsicht in die drei Daseinsmerkmale. Er kann sich aber nur voll entfalten, wenn die anderen drei Haltungen im Hintergrund mitschwingen. Gelassenheit gibt es nur, wenn wir auch Freundlichkeit und Mitgefühl für uns selbst und für andere empfinden können und wenn wir fähig sind, uns über das zu freuen, was in unserem Leben funktioniert. In Mitteleuropa gibt es viele gute Lebensbedingungen, auch dann, wenn die eine oder andere Säule unseres Lebens wankt. Ohne die drei Haltungen im Hintergrund gibt es keine Gelassenheit, sondern wir verbarrikadieren uns hinter einer Mauer aus Gleichgültigkeit, die uns vor Leiden schützen soll. Manchmal gelingt das auch für eine Weile, aber wir schneiden uns dadurch auch ab von freundlichen Gefühlen, die durch Verbundenheit und Zugehörigkeit entstehen. Und meist dauert es nicht allzu lange, bis unsere Gleichgültigkeit umschlägt in Unruhe und Sorgen.

Freundlichkeit

Auch Freundlichkeit braucht einen Hintergrund, nämlich Mitgefühl, Freude und vor allem Gelassenheit. Oft wird der Pali-Begriff *metta* mit Liebe übersetzt, aber das scheint mir nicht zutreffend. Wir können nicht alle Menschen oder gar alle Wesen *lieben*. Den Begriff Liebe verwenden die meisten Menschen eher für eine besondere Beziehung. Um jemanden zu lieben, müssen wir ihn oder sie kennen und schätzen.

Im englischen Sprachraum kann man alles Mögliche »lieben« – *I love icecream* –, aber im Deutschen scheint mir die Übersetzung »Freundlichkeit« angemessener, zumal die Pali-Begriffe *mitra, mitri* Freund, Freundin und *mitrata* Freundschaft bedeuten. Ich halte es nicht für erstrebenswert, alle Menschen *lieben* zu können. Ich finde es schon sehr herausfordernd, allen Menschen mit Achtung zu begegnen. Mir scheint auch die häufig verwendete Formulierung »liebende Güte« für Metta nicht angemessen, denn nur Menschen können lieben. Eigenschaften wie Freundlichkeit oder Güte können nichts *tun*, also auch nicht lieben. Vielleicht passt Herzensgüte als Übersetzung für Metta sprachlich besser, inhaltlich geht es um eine *allgemeine* Freundlichkeit, nicht um eine emotional stark besetzte Haltung.

Freundlichkeit kann sich erst dann voll entfalten, wenn im Hintergrund Mitgefühl, Freude und Gelassenheit mitschwingen. Ohne diese drei Haltungen hängen wir unser Herz an Menschen, Dinge und Umstände. Wir idealisieren sie und reden uns eine Beziehung und den neuen Arbeitsplatz, die Fortbildung und die neue Meditationstechnik schön. Und wenn sie dann unsere Erwartungen nicht erfüllen, sind wir enttäuscht und ärgern uns. Nicht Liebe und Hass sind der Stoff unserer Dramen – in Oper und Schlager, in Romanen und im Alltag –, sondern Anhaftung und Hass. Der nahe Feind der Freundlichkeit ist Anhaftung, und sie schlägt um in Ärger, Wut und manchmal sogar Hass, wenn wir enttäuscht sind. Hinter jeder Enttäuschung steht eine Täuschung. Das zumindest verrät uns der Begriff sehr klar. Wir können nur ent-*täuscht* werden, wenn wir uns getäuscht haben. Das kann eine interessante Einsicht sein, die unser Leben einfacher und leichter gestaltet. (Siehe 3. Kapitel)

Freude und Mitfreude

Was ist der Unterschied zwischen Freundlichkeit, Freude und Mitfreude? Der Begriff Freundlichkeit steht für eine offene Haltung des grundsätzlichen Wohlwollens allen gegenüber. Bei Freude geht es um die Fähigkeit, sich über das, was da ist, tatsächlich zu freuen, um einen offenen Blick auf gute Bedingungen, auf das, was funktioniert, uns unterstützt und nährt. Erst wenn wir uns über unser eigenes Glück freuen können, können wir uns auch ehrlichen Herzens am Glück von anderen erfreuen. Das nennt man im Buddhismus *Mitfreude,* ein etwas sperriger Begriff, der sich in buddhistischen Kreisen aber eingebürgert hat und viel verwendet wird.

In dem zu Beginn des Kapitels zitierten Wunschgebet des Mahayana lenkt die dritte Verszeile über die Freude unseren Blick auf das höchste Glück: Befreiung und Erwachen. Unter Befreiung versteht der Buddhismus nicht in erster Linie Freiheit von *äußeren* Zwängen, sondern das Freisein von *inneren* Zwängen, von leidverursachenden Einstellungen und angstgesteuerten reaktiven Emotionen. Drei »giftige« Haltungen stehen dabei im Zentrum: zwanghaftes Festhalten, Abwehren und Ignorieren, oder in traditionellen Begriffen: Gier, Hass und Verblendung. Sie sind vermutlich Ausdruck unserer archaischen Überlebenstriebe: Hunger und Sexualtrieb, Angriff und Flucht bei Gefahr und schließlich Erstarren, falls alle Strategien scheitern. Eine Variante des Ignorierens ist das uns allen bekannte und höchst schädliche Verdrängen unangenehmer Empfindungen, Gefühle und Gedanken.

Zum vollständigen Erwachen gehört neben der Befreiung von *inneren* Zwängen, von den Geistesgiften in all ihren Schattierungen, auch die Einsicht in die tiefe *Verbundenheit* mit allem, was ist und was lebt, die Erfahrung der *Nicht-Getrenntheit,* der All-Einheit. Im vollständigen Erwachen entdecken wir, dass wir auf eine geheimnisvolle Art und Weise mit allem verbunden sind. Mit der Haltung der Freude und Mitfreude wünschen wir uns und anderen nicht nur ein gutes Leben, sondern die Entfaltung des vollen menschlichen Potenzials, und das beginnt mit seelischem Reifen und gipfelt für den Buddhismus in Befreiung und vollständigem Erwachen. Je mehr wir uns das für uns selbst wünschen, desto mehr vertrauen wir darauf, dass das nicht nur für uns, sondern für alle möglich ist. Auch wenn wir ahnen, dass das ein längerfristiges Projekt ist. Und dieses Projekt reicht weiter als alle sozialen Utopien und Weltverbesserungsideen.

Auch Freude und Mitfreude können sich nur voll entfalten mit den drei anderen heilenden Haltungen im Hintergrund. Wir brauchen uns und anderen gegenüber ein grundsätzliches Wohlwollen, tiefes Mitgefühl für Blockaden und Leiden und ein hohes Maß heiterer Gelassenheit und tiefen Gleichmuts. Sie entfalten sich spontan, wenn wir sehr tief verstehen, dass jeder Mensch im eigenen Tempo reift. Wir können niemanden dazu zwingen, sich erwachsen und ausgeglichen zu verhalten, und schon gar nicht dazu, die eigenen reaktiven Muster zu erforschen oder gar abzubauen. Wir können andere Menschen nur durch unser eigenes Leben inspirieren und ihnen bestenfalls ein gutes Vorbild sein. Das gilt für Kinder und für Angehörige, für Freunde und Nachbarinnen, Arbeitskollegen und Bekannte.

Wir können die vier wunderbaren heilenden Gefühle – Freundlichkeit, Mitgefühl, Freude und Gelassenheit – nur entfalten, wenn wir das wollen, und dazu können wir weder uns noch andere zwingen. Auch diese Einsicht fördert Gleichmut und Gelassenheit – und die Freude über jeden kleinen Fortschritt auf dem Weg.

Aufregung und Idealisieren

Der nahe Feind der Freude sind Aufregung und aufgedrehte Begeisterung. Wir neigen dazu, wenn wir uns selbst nicht besonders mögen und die guten Bedingungen, die da sind, für selbstverständlich halten, ignorieren oder nicht wertschätzen. Dann suchen wir unser Glück primär im Außen, denn wir fühlen uns zu kurz gekommen. Wir suchen nach Dingen und Umständen, Menschen und Kenntnissen, die uns das geben sollen, was uns fehlt, nämlich Würde und Lebensfreude. So verirren wir uns im Quartett der nahen Feinde: Wir halten Menschen, Dinge und Umstände mit Anhaftung fest, bemitleiden uns, wenn wir nicht genug bekommen, und geben anderen die Schuld, dass unser Leben nicht so läuft, wie wir es wollen, und das ist das Gegenteil von Gleichmut.

Wenn die idealisierten Umstände, Dinge und Menschen dann nicht halten, was wir von ihnen erwarten, schlagen unsere aufgedrehte Begeisterung und Aufregung um in Neid und Eifersucht. Weil wir nicht wirklich wissen, was wir wollen, schielen wir auf das, was andere erleben, besitzen, wissen und sind. Wir vergleichen uns mit anderen und ziehen dabei in der Regel den Kürzeren, denn es wird immer Menschen geben, die hübscher oder klüger, erfolgreicher, reicher und gesünder, spiritueller und beliebter sind als wir. Über Neid und Eifersucht haben wir schon im ersten Kapitel unter dem Stichwort Ehrgeiz einiges gehört.

Ja-Danke

Auch Dankbarkeit ist eine himmlische, eine heilende Haltung. Sie wird in dem Wunschgebet nicht eigens erwähnt. Für mich gehört sie aber dazu. Einerseits zur Freundlichkeit und andererseits zur Freude. Für mich ist Dankbarkeit der schnellste Weg zur Freude. Dankbarkeit entsteht ganz leicht, wenn ich an Fähigkeiten denke, die ich von und mit bestimmten Menschen gelernt habe: lesen, schreiben, basteln, nachdenken, meditieren, zeichnen, singen, Gitarre spielen usw. Wenn ich mich in meiner Wohnung umschaue und all die Dinge sehe, die mich inspirieren und mein Leben erleichtern und verschönern – Möbel und Kleider, Bücher und Musik, technische Geräte usw. –, spüre ich tiefe Dankbarkeit.

Eine kleine Übung fördert Dankbarkeit auf allen Ebenen und in allen Situationen. Der vietnamesische Zen-Meister Thich Nhat Han hat sich eine einfache Geh-Meditation ausgedacht, die auch Kinder gerne machen. Er empfiehlt im Rhythmus des Gehens »Ja – Danke« zu sagen oder in der ausführlichen Fassung »Ja zum Leben – Danke fürs Leben«. Ich übe das seit Ende der 1990er-Jahre beim Gehen, und zwar ohne die Schritte mit dem Atem zu synchronisieren. Ich übe das auch gerne im Sitzen und dann im Rhythmus des Atmens. Wir brauchen weder im Gehen noch im Sitzen über die Begriffe »Ja – Danke« nachzudenken. Die Worte sind mit Bedeutung geladen, und unsere Aufmerksamkeit richtet sich mit der Zeit von allein auf das, wofür wir dankbar sind und wozu wir Ja sagen. Es geht nicht darum, an die schlimmsten Erfahrungen des Lebens zu denken und sich dann verpflichtet zu fühlen, dazu »Ja – Danke« zu sagen. Ja zu allen Erfahrungen sagen zu können, kann die Frucht einer langjährigen Übung sein. Das kann man nicht erzwingen oder fordern. Das stellt sich spontan ein und mühelos, wenn die rechte Zeit dafür gekommen ist.

Das Gehen mit »Ja – Danke« wird leicht zu einer schönen Gewohnheit, denn die Worte hellen unsere Stimmung auf und öffnen uns für die vielen guten Bedingungen, die es im Leben gibt. Und das Atmen mit »Ja – Danke« beruhigt uns schon allein dadurch, dass wir für einige Momente oder Minuten nicht an Sorgen und Probleme denken, zumindest nicht ständig bzw. gezielt oder zwanghaft.

Der Weg der Faulpelze zum Erwachen

Dankbarkeit hängt eng zusammen mit Mitfreude, mit der Freude, die Anteil nimmt am Glück von anderen. Dazu fällt mir eine kleine Geschichte ein. Im Herbst 1977 nahm ich an meinem ersten längeren Meditationskurs in der tibetischen Tradition teil, am legendären Novemberkurs im Kloster Kopan in Nepal. Die Mittagspause verbrachten wir bei schönem Wetter gerne auf der großen Wiese neben der Meditationshalle, damals ein großes Zelt für die rund hundertundfünfzig TeilnehmerInnen des Kurses aus aller Welt. Wenn das Wetter besonders schön war, nahmen nicht alle an den Gesprächsgruppen um 15 Uhr teil, sondern viele blieben auf der Wiese liegen.

Mein »Herzenslehrer« Lama Thubten Yeshe hatte mitbekommen, dass sich einige Leute über die »Faulpelze« ärgerten, die nicht am Programm teilnahmen, sondern sich einen schönen Nachmittag in der Sonne machten. In einer der abendlichen Frage-und-Antwort-Sitzungen am Abend klärte er uns mit einem verschmitzten Lächeln über Neid und Mitfreude auf. Er sagte: »Einige von euch ärgern sich über die Leute, die lieber in der Sonne sitzen, als sich in der Meditationshalle über die Vorträge des Tages auszutauschen. Wenn sich nun die Leute, die draußen auf der Wiese in der Sonne liegen, über diejenigen freuen, die in der Halle diskutieren, dann schaffen sie viel mehr ›heilsames Karma‹ als diejenigen, die in der Halle diskutieren und sich über die Leute in der Sonne ärgern.« Er gab uns dann folgenden guten Rat, den ich seither gerne beherzige: »Wenn ihr keine Lust habt, systematisch zu meditieren, könnt ihr euch auch auf eine Wiese oder auf ein Sofa legen und euch über die guten Taten eurer Mitmenschen freuen. Das ist der schnellste Weg zum Erwachen: Die Freude über das Gute, das andere Menschen tun.«

Anfangs hatte ich immer wieder Zweifel, ob das stimmt. Aber mit der Zeit stellte ich fest, dass es mir tatsächlich leichter fällt, arroganten Stolz über meine guten Taten zu entwickeln und mich über die Faulheit anderer zu ärgern, als mich von Herzen über die guten Taten anderer zu freuen. Ich stelle auch fest, dass es mir viel leichter fällt, die guten Taten von anderen zu bemerken, seit ich auf diese Neigung achte. Eine wunderbare Nebenwirkung der Übung der Mitfreude ist: Ich bemerke auch häufiger meine Fähigkeiten und guten Seiten und das, was in meinem Leben gut läuft.

Wie alt bin ich gerade? Und wer spricht?

Ich gehe davon aus, dass wir die vier himmlischen Haltungen oder heilenden Gefühle nur entwickeln können, wenn wir emotional »erwachsen« sind. Der Psychologe Thomas Harris beschreibt in seinem Klassiker *Ich bin o. k. Du bist o. k.* (2007) in Anlehnung an Freuds Es, Ich und

Über-Ich drei Ich-Perspektiven: Kindheits-Ich, erwachsenes Ich und Eltern-Ich. Kindheits- und Eltern-Ich können ihre positive Wirkung erst dann entfalten, wenn wir primär aus einer erwachsenen Haltung heraus leben. Ohne die Moderation durch unsere erwachsenen Anteile lassen wir uns von kindlichen Ängsten und Wünschen und von überzogenen Erwartungen, Vorwürfen und Vorurteilen elterlicher Konventionen terrorisieren, einengen und blockieren. (Harris 2007)

Wir entdecken die vier himmlischen Haltungen also nur dann, wenn wir sie mit einer emotional erwachsenen Haltung einüben. Üben wir sie aus einer kindlichen Perspektive, geraten wir eher in die Falle der nahen Feinde: nämlich klebrige Anhaftung, sentimentales Mitleid, idealisierendes Aufgedrehtsein und ängstliche oder verschlossene Gleichgültigkeit. Verstehen wir sie als Ansprüche oder Forderungen, d. h. als Über-Ich-Ansagen, geraten wir, wenn wir sie nicht gleich perfekt leben können, leicht in die Falle der fernen Feinde: Wir werden wütend, wenn Leute unsere Freundlichkeit nicht dankbar bemerken und aufmerksam vergelten. Wir ärgern uns über Leute, die weiter leiden, weil sie unsere klugen Ratschläge nicht annehmen oder umsetzen, und denken vielleicht: »Dann bleib doch in deinem selbstgebastelten Leiden stecken!« Das ist eine Form von Grausamkeit. Wenn wir glauben, wir *müssten* uns über die guten Bedingungen anderer Leute freuen, werden wir leicht scheinheilig und raspeln Süßholz, auch wenn uns nicht danach ist. Und insgeheim oder offen beneiden wir andere um ihr scheinbar leichtes Leben und sind eifersüchtig, wenn sie mehr Aufmerksamkeit bekommen als wir.

Wir entdecken die Fallen der nahen und fernen Feinde schneller und leichter, wenn wir uns in einer emotional aufgewühlten Verfassung zwei Fragen stellen: Wie alt bin ich gerade? Und: Wer spricht? Wenn ich nur an die erste Frage denke, muss ich meist schon grinsen, denn ich spüre eine kindlich frustrierte Energie. Die Frage ist schon der erste Schritt in eine schöpferische Distanz zu meiner Aufregung und gibt mir den Raum, genauer hinzuschauen, welche Muster diese Situation gerade auslöst. Wenn ich innerlich streng und angespannt bin, fällt mir meist die zweite Frage ein: Wer spricht? Und in der Regel finde ich eine Über-Ich-Stimme, die einfach genau weiß, was richtig ist und mir in der Regel nur einen schlechten Rat gibt: »Reiß dich doch endlich mal ein bisschen am Riemen und stell dich nicht so an«, oder: »Sei nicht so egoistisch!«

Ich arbeite seit Jahren mit diesen beiden Fragen, wenn ich emotional aufgewühlt bin, und stelle fest, ich lache häufiger und nehme diese Stimmen nicht mehr ganz so ernst. Eine erfreuliche Nebenwirkung, und zwar völlig ohne Risiko, geht damit einher. Ich habe wieder mehr Kontakt zu meinen positiven kindlichen Seiten und bin neugieriger und lebenslustiger. Auch meine freundliche und sorgende Elternseite hat mehr Raum, und ich muss nicht überall und in allen Situationen das Rad neu erfinden, sondern kann mich über die Lebenserfahrung anderer und die »Weisheit der Tradition« freuen.

»Woher kommt dieser Schmerz?«
Der Weg zu allumfassendem Mitgefühl

Mitgefühl kann sich nur entfalten, wenn wir uns aus einer erwachsenen Perspektive in das Leid von anderen einfühlen, und gleichzeitig klar zwischen unserem eigenen Leiden und dem der anderen unterscheiden können. Und – wenn im Hintergrund drei weitere himmlische Haltungen mitschwingen: Freundlichkeit, Freude und Gleichmut.

Ich möchte zum Abschluss die mögliche Größe und Weite des Mitgefühls an einer kleinen Geschichte verdeutlichen. Sie stammt aus China und dient in japanischen Zen-Retreats als paradoxe Übungsaufgabe, als Koan. (Maezumi 2002, S. 169) Koans könnte man die Kurzbeschreibungen einer Erleuchtungserfahrung nennen. Sie sollen uns aus unserem linearen Denken herausschleudern und unser Herz für die Verbundenheit mit allem, was ist und lebt, öffnen.

Die Geschichte: Ein Mann wird, nach chinesischer Auffassung erst relativ spät, mit Anfang dreißig Mönch. Nach zwei Jahren intensiver Übung im Kloster schickt ihn sein Meister auf eine Pilgerreise zu einem anderen Kloster. Nach zwei Tagen Wanderung durch hohe Berge stößt er sich den Fuß sehr schmerzhaft an einem Felsen. Er schreit vor Schmerz und brüllt in den Himmel: »Woher kommt dieser Schmerz?« Und mit diesem Schrei erwacht er. Er dreht sich sofort um und kehrt zurück zu seinem Meister. Er begrüßt ihn lachend und sagt: »Wozu soll ich pilgern? Buddha Shakyamuni ist überhaupt nicht gestorben. Ich gehe Hand in Hand mit ihm und allen Meistern und sitze mit ihnen in Meditation.« Sein Meister bestätigt seine Erleuchtung, und sie leben friedlich bis zum Ende ihrer Tage.

Was ist da geschehen? Worin bestand seine Erleuchtung? Was hat er mit seinem Schrei erkannt? Ich interpretiere die Geschichte so: Statt nach einer linearen Erklärung zu suchen – Dieser blöde Felsen! Ich bin zu blöd, um zu wandern! Warum ist der Weg nicht besser ausgebaut? Warum hat mich mein Meister auf diese blöde Pilgerreise geschickt? – erkennt er in diesem Augenblick die *Universalität* des Leidens. Leiden gehört zum Leben. Solange man einen Fuß hat und solange es Felsen gibt, kann man sich den Fuß an einem Felsen stoßen. Und er erkennt die *Komplexität* des Lebens. Es gibt so viele Bedingungen, die bei jeder Erfahrung mitspielen, dass man sie nie alle erkennen und kontrollieren kann. Er stellt seinen Schmerz in einen universellen Kontext: Es gibt Leiden. Leiden kommt vor, und zwar bei allen Menschen und bei allen Lebewesen. Und er erkennt sein Leiden als Ausdruck einer komplexen Wirklichkeit, die niemand ganz fassen kann. Er versteht also zwei wesentliche Dinge: Leiden kommt vor und Leben ist komplex. Das erlöst ihn von Selbstmitleid und Schuldzuweisungen und öffnet sein Herz für allumfassendes Mitgefühl mit allen Wesen. Und genau diese Einsicht – in die Universalität des Leidens und in die Unfassbarkeit des Lebens –, das ist Erwachen.

Der Weg zum Erwachen, der Weg zu allumfassendem Mitgefühl ist ein Weg der zärtlichen Achtsamkeit. So nannte es Luise Reddemann in einem unserer gemeinsamen Seminare im Mai 2010 in Zürich. Zärtlichkeit ist für mich das Herz der Achtsamkeit, und diese Art von Achtsamkeit geht für mich einher mit den vier himmlischen Haltungen. Achtsam sein bedeutet, wir *bemerken*, was geschieht, und wir *erinnern*, was heilt. Wir leben mit allen Sinnen und nehmen unsere Erfahrungen wahr und an, mit Freundlichkeit und Mitgefühl, mit Freude und Gleichmut. Dann fühlen wir uns verbunden mit allem, was ist und lebt, und das verringert unser Leid und das der anderen. Das lehrt ein Sprichwort: Geteiltes Leid ist halbes Leid. Wenn wir unser Leid mit allen Wesen teilen, leiden wir subjektiv weniger und damit auch objektiv.

Übungen

Die vier himmlischen Gefühle

Nehmen Sie sich für jeden Schritt dieser Übung 3–5 Minuten Zeit. Lesen Sie zunächst den ganzen Vers und bewegen Sie dann eine Zeile ein paar Minuten im Herzen. Nach drei, vier Minuten fragen Sie sich:

Was ist mir aufgefallen? Was hat mich besonders berührt? Die vierte Zeile ergänze ich hier mit dem inspirierenden Begriff der heiteren Gelassenheit. Die Kurzfassung kann man auch singen, als Lied oder sogar als Kanon.

Lange Fassung:
Mögen alle Wesen Glück erleben und die Ursachen von Glück.
Mögen alle Wesen frei sein von Leid und den Ursachen von Leid.
Mögen alle Wesen das höchste Glück der Befreiung
    und des Erwachens erleben.
Mögen alle Wesen in Gleichmut ruhen, ohne Anhaftung
    an angenehme und ohne Abwehr gegen unangenehme Gefühle,
    in heiterer Gelassenheit.

Kurzfassung:
Mögen die Wesen / nur Glück erleben /
frei sein von Leid / voller Freud / in Gleichmut ruh'n.

Mitgefühl

Denken Sie an eine Person oder eine Gruppe von Personen, die Ihr Mitgefühl weckt. Entwickeln Sie Mitgefühl in vier Schritten:

Resonanz: Kennen Sie diese Art von Leiden? Denken Sie daran und spüren Sie es mit Körper, Herz und Geist. Spüren Sie das Leid, indem Sie mitschwingen, in Resonanz gehen.

Unterscheiden: Machen Sie sich klar: Ich bin nicht diese Person. Sie leidet an ihrem und ich an meinem Leiden. Das schützt vor Identifikation und Konfluenz, dem Verwischen von Grenzen.

Mitgefühl: Mögest du frei sein von Leiden und von seinen Ursachen: Angst und Verzweiflung, Wut und Schuldzuweisungen u.a. Und wenn Leiden nicht verringert werden kann, mögest du einen Weg finden, nicht an deinem Leiden zu verzweifeln, sondern daraus zu lernen, wie Leiden entsteht.

Freundlichkeit: Mögest du Glück erleben und seine Ursachen: Freundlichkeit, Mitgefühl, Freude und Gelassenheit.

Wie alt bin ich, wenn ich wütend bin?

Denken Sie an eine kleine Situation, in der Sie sich geärgert haben. Was war der Auslöser? Wie haben Sie reagiert? In welcher Stimmung waren Sie unmittelbar davor? Was haben Sie erwartet? Welches Muster wurde getriggert? Wie alt sind Sie, wenn Sie so reagieren? Diese Gefühle und Reaktionen sind vielleicht völlig angemessen für dieses Lebensalter. Wenn wir fragen: »Wie alt bin ich, wenn ich wütend (verletzt, traurig, einsam usw.) bin?«, wechseln wir von der Kindheits-Perspektive in die Erwachsenen-Perspektive. So lernen wir unser inneres Kind zu trösten und zu stärken.

Wer spricht?

Wenn wir bemerken, dass wir uns hart behandeln und unter Druck setzen, können wir uns fragen: Wer spricht? Falls wir dann die Stimme einer Autoritätsperson aus der Kindheit erkennen, können wir sie liebevoll zur Kenntnis nehmen und ihr klar sagen: Danke für deinen Rat. Ich werde ihn aber nicht beherzigen, sondern selber schauen, was hier angemessen ist.

Die folgenden Übungen finden Sie im zehnten Kapitel:
Woher kommt dieser Schmerz?
Freude und Mitfreude
Freundlichkeit für mich und andere
Dankbarkeit
Gelassenheit

6 Resilienz

Resilienz von lat. *resilo* bedeutet sinngemäß »zurückspringen« oder »abprallen« und weist auf die Fähigkeit hin, bedrohliche Erfahrungen zu überleben und zu bewältigen *und* darüber hinaus auch, sich mit einer Situation, für die es keine Lösung gibt, abzufinden. (Reddemann, Stasing 2013, S. 24, S. 28) Die moderne Resilienzforschung untersucht, warum und wie manche Menschen schweres Leiden besser verarbeiten können als andere. Vor allem drei Faktoren tragen dazu bei: Freude, Beziehungen und Sinn. (Reddemann 2006) Diese Faktoren sind Ausdruck von inneren und äußeren Lebensbedingungen, die in der Moderne gefährdet scheinen.

Freude

Wir achten heutzutage mehr auf Leiden, Beziehungsnetze sind instabiler, und wir teilen kaum noch einen gemeinsamen Sinnzusammenhang miteinander. Daher scheinen die Chancen für die Erfahrung von Freude abzunehmen, wir müssen uns aktiv um kontinuierliche Beziehungen kümmern und unserem Leben selbst Sinn geben. Ohne Freude ist das doppelt schwer, und wir stehen vor einer großen Aufgabe. Gute Bedingungen für genügend Widerstandskraft im Leiden zu schaffen ist nicht einfach, aber möglich. Denn »wo Gefahr ist, wächst das Rettende auch«, weiß unser Dichter Hölderlin, und noch immer gehören solche Gedanken zu unserem Kulturkanon.

Viele Menschen haben heutzutage ein geschärftes Bewusstsein für Leiden und neigen dazu, vor allem auf das zu achten, was schiefgeht und wehtut, auf Lieblosigkeit, Ungerechtigkeit und Gewalt. Weil ihnen ihre Mitmenschen und die Welt im Ganzen am Herzen liegen, schauen sie vor allem auf Leid und Schmerz. Die Schattenseiten des Lebens sind für Menschen in heilenden und helfenden und sozialen Berufen Alltag, und Medizin, Psychotherapie und Sozialarbeit orientieren sich daher weitgehend am Modell der Krankheit und nicht an einer Vision von Gesundheit und Vorsorge.

Auf Mangel, Gefahr und Schmerz zu achten ist sinnvoll und notwendig, denn sie können unser Leben bedrohen, und jedes Lebewesen will überleben. Auf Gefahren zu achten dient daher dem Überleben. Wenn wir aber primär auf Mangel, Leid und Schmerz schauen und Spiel und Zerstreuung, Freude und Glück vernachlässigen, bewirken wir das genaue Gegenteil. Wenn wir uns vor allem um vergangenes, aktuelles und mögliches Leiden sorgen, schützen wir uns aber nicht davor, sondern ziehen es eher noch an. Die Resilienzforschung hat das wieder entdeckt, was uns Lebenserfahrung und Lebensklugheit immer schon lehren: Wir können mit Leiden besser umgehen, wenn wir das Leben auch genießen können, wenn wir fähig sind, auch die kleinen Freuden des Alltags wertzuschätzen. Luise Reddemann betont in unseren gemeinsamen Kursen immer wieder diese drei Faktoren, die unsere Widerstandskraft im Leiden stärken. Freude, Beziehungen und Sinn hängen zusammen und sind doch auch unterschiedliche Tore zu Schaffenskraft und Lebensfreude. (Reddemann, Wetzel 2011) Ich stelle im Folgenden meine Gedanken zu diesen drei großen Ressourcen vor und beziehe mich dabei auf buddhistische Ansätze und auf Überlegungen aus unserer Kultur.

Freude und Präsenz

Jedesmal, wenn wir uns freuen, sind wir im Kontakt mit einem fast unerschöpflichen Reservoir an Energie und Lebenskraft. Nach buddhistischer Auffassung ist Freude – wie auch Dankbarkeit und Liebe, Mitgefühl, Herzensfrieden und Gelassenheit – Ausdruck unserer tiefsten oder höchsten Weisheit. Schon wenn wir uns an kleinen Ereignissen, Umständen und Dingen freuen können, spüren wir die Verbundenheit mit der Lebenskraft in allem und in allen. Es geht dabei nicht um Aufregung und dramatische Begeisterung, nicht um spirituelle Ekstasen und Sternstunden des Lebens, sondern um die schlichte Fähigkeit, sich auf kleine Momente des Wohlbefindens und der Freude einzulassen. Daraus entstehen tiefe Freude und das Maß an heiterer Gelassenheit, das wir brauchen, um mit allen Erfahrungen gut umzugehen, auch mit Leiden, und zwar ohne daran zu verzweifeln.

Für den Buddhismus ist die Quelle von Energie und Lebenskraft die Freude am heilsamen Tun. Sich freuen können bedeutet nicht egozentrisches Vergnügen ohne Rücksicht auf andere, sondern die Freude der

Wertschätzung und des Respekts für uns und andere und die Welt. Der Buddhismus geht davon aus, dass Freude spontan entsteht, wenn wir uns auf eine Situation einlassen, weil wir sie bejahen. In diesem Sinn ist Freude Ausdruck von Präsenz, von Dasein, von Hingabe an das, was wir bejahen. Diese Interpretation weist uns darauf hin, dass Freude nicht in den Dingen und Umständen, in den Menschen und Tätigkeiten verborgen liegt und in uns hineinspringt, wenn wir ihnen begegnen. Wir müssen sie auch nicht aus den Dingen herauslocken und können sie nicht nur dann spüren, wenn wir etwas ganz Bestimmtes erleben. Freude scheint in uns auf, wenn wir uns für etwas oder für jemanden öffnen. Freude ist Ausdruck von Offenheit und Hingabe, von Sammlung und Bejahung dessen, was wir gerade erleben. Wenn wir mit Freude vertraut sind, ist sie Ausdruck unserer Haltung zum Leben. Große Freude weckt die Haltung des Ja und Danke, was auch immer geschieht. Bevor wir die ganz große Freude entdecken, die nicht nur das Erleben von Glück, sondern auch die Integration von Leid mit einschließt, können wir die kleinen und großen Freuden des Lebens genießen lernen.

Vier Ebenen des Glücks

Es gibt unterschiedliche Arten des Glücks, und die buddhistische Nonne Ayya Khema (1997) hat sie in vier Ebenen zunehmender Subtilität eingeteilt, die aufeinander aufbauen: 1. Sinnesfreuden, 2. ein offenes Herz, 3. Sammlung und 4. Einsicht. Einsicht gilt als die höchste Ebene des Glücks, weil sie uns ermöglicht, zusätzliches Leiden abzubauen und natürliches Leiden als Teil des Lebens zu integrieren. Teil vieler Therapieansätze, auch einiger bekannter Trauma-Therapien, ist inzwischen die Schulung der fünf Sinne, denn sie sind Ausgangspunkt jeder Freude, allerdings auch Tor zu Langeweile und Leiden. Sie schenken uns die Freude am Sehen, Hören, Riechen, Schmecken und Spüren. Wenn wir begreifen, dass Sinnesfreuden kein andauerndes Glück schenken und mehr vom Gleichen nicht mehr Glück bedeutet, sind wir auf einem guten Weg. Dann achten wir auch auf kleine Freuden und entdecken die große Chance, die im Maßhalten liegt. Nicht nur geteilte Freude schenkt doppelte Freude, sondern auch seltene Freuden. Wie bei allem, was man lernen kann, muss man ausprobieren, wie viel zu viel, ausreichend oder zu wenig ist.

Die Freuden des offenen Herzens dauern länger an. Sie entstehen in Beziehungen mit mehr oder weniger Kontinuität und sind dann schon spürbar, wenn wir nur an diesen Menschen denken. Die buddhistische Tradition beschreibt das offene Herz mit vier Haltungen, die wir schon aus dem fünften Kapitel kennen: Freundlichkeit, Mitgefühl, Freude und Gleichmut. Auch wenn es eine große Bandbreite und viele Abstufungen dieser Haltungen gibt, öffnen schon kleine Anflüge von Freundlichkeit unser Herz. Ich »muss« mich einfach freuen, wenn ein Berliner Busfahrer einen freundlichen Gruß knurrt oder mich mufflige Teenies in der S-Bahn in ein Gespräch einbeziehen. Wir können diese Haltungen gezielt einüben und werden mit einer reichen Ernte kleiner Sternstunden belohnt, wenn wir anfangen, auf geeignete Anlässe zu achten.

Eine große Quelle der Freude ist Sammlung. Wenn wir selbstvergessen im Garten arbeiten oder an einen Beitrag schreiben, schwimmen, tanzen oder singen, ein Kreuzworträtsel lösen oder unsere Lieblingssendung im Fernsehen schauen, erleben wir natürliche Sammlung. Je mehr Sinne einbezogen sind, je vertrauter das Tun und je größer unser eigener Beitrag dazu ist, desto leichter fällt uns die Sammlung. Im ersten Abschnitt dieses Kapitels über Freude habe ich davon gesprochen, dass die Essenz von Freude Präsenz ist. Sinnesobjekte sind wichtige Aufhänger oder Auslöser für Freude, aber die Freude selbst entsteht durch die Fähigkeit, uns auf ein bestimmtes Erleben einzulassen und dabei zu bleiben.

Freude ist Sammlung, und Sammlung ist eine besonders stabile Form der Freude, denn sie braucht mit der Zeit immer weniger Aufhänger. Es reicht dann schon, an bestimmte Dinge, Umstände und Menschen zu denken – und das Herz öffnet sich. Diesen Umstand nutzen die Sammlungsübungen der spirituellen Traditionen. Sie sind das Glück der Tagträumer und künstlerisch tätiger Menschen. Hobbys schenken Seelenfrieden und fördern das Gefühl der Selbstwirksamkeit. Auch das gilt als wunderbare Nebenwirkung von Sammlung. Sammlung fördert das Gefühl der Selbstwirksamkeit und löst so Selbstzweifel auf, weil wir praktisch erkennen, dass wir bei einer Sache bleiben können.

Die höchste Freude ist die Freude der Einsicht, denn sie führt nicht nur zu Dankbarkeit und Wertschätzung für das Gute und Schöne im Leben, sondern sie macht es möglich, auch schwierige Erfahrungen zu verarbeiten und Leiden zu integrieren.

Buddhistische Erkenntnis lehrt zweierlei: genau hinschauen und Erwartungen und Vorstellungen hinterfragen. Sie lehrt uns, komplexe Zusammenhänge in kleine Portionen aufzuteilen, z. B. in die vier Bereiche der Achtsamkeit. (4. Kapitel) Ein Problem scheint riesig, solange wir es als *ein* kompaktes Etwas sehen: Ich verliere meine Arbeit. Meine Beziehung geht in die Brüche. Mein Kind bleibt sitzen. Das Haus wird ein halbes Jahr lang saniert. Ich habe Krebs. Wenn wir genauer hinschauen, entdecken wir viele unterschiedliche Erfahrungen, die uns Ansatzpunkte geben, wo wir selbst etwas tun können, wo wir Hilfe und Unterstützung brauchen und wo wir einfach Geduld üben müssen – oder nur mit viel Humor weiterkommen.

Die Kontingenz des Lebens, die Tatsache, dass viele Umstände des Lebens nicht erklärbar sind, oder anders formuliert, nicht allein von uns abhängen, hat seit jeher Menschen dazu angeregt, sich Gedanken über das Leben zu machen. So sind Religionen und Philosophien, Weltanschauungen, Lebensweisheiten und Klugheitslehren entstanden. Die Grundidee aller Klugheitslehren ist sehr einfach zu beschreiben, aber schwer zu leben: Wenn wir uns über das freuen, was gelingt, und akzeptieren lernen, dass wir das Leben nie völlig in den Griff bekommen, leben wir leichter und gelassener.

Das lehrte auch der Buddha mit den Drei Daseinsmerkmalen: Leiden, Unbeständigkeit und »Nicht-Ich« oder Nicht-Kontrollierbarkeit. Das bedeutet, keine Erfahrung stellt völlig zufrieden, alle Erfahrungen sind unbeständig, und wir besitzen sie nicht und können sie daher nicht völlig kontrollieren. Einsicht ist das höchste Glück, wenn wir das verstehen und annehmen. Das Wunderbare an Einsicht ist, dass wir sie selbst gewinnen können und sie uns dann auch dauerhaft beruhigt und wohltut. Das »Dumme« an Einsicht ist, dass man sie weder erzwingen noch sich oder anderen vorschreiben kann. Einsichten und Erkenntnisse kann man zwar in der dritten Person behaupten – So ist es! – und in der zweiten Person, im Gespräch, in der Begegnung von Lehrenden und Lernenden vermitteln, sie muss aber in der ersten Person, in uns selbst, nachvollzogen werden, wenn sie uns beruhigen und Glück schenken soll.

Die Welt ist in dem Zustand, in dem sie ist, weil man die vielen richtigen und klugen Einsichten wohlmeinender und guter Menschen nicht per Dekret in alle Menschen hinein»beamen« kann. Die universellen Menschenrechte sind Orientierung für viele Menschen, aber nicht sehr viele halten sich daran. Das liegt aus buddhistischer Sicht an dem hohen Maß von Gier, Hass und Verblendung in uns allen. Leider können wir andere Menschen nicht zu einem ethischen und verantwortlichen Verhalten zwingen oder sie dazu überreden. Wir können sie nur durch unser eigenes Leben, durch unser Vorbild überzeugen, wenn wir sie mit Leib und Seele, mit Herz und Verstand erreichen, und selbst das garantiert noch lange nicht, dass sie verstehen und annehmen *können*, was wir ihnen sagen.

Freude ist der erste Resilienzfaktor. Nur wenn wir fähig sind, uns über das zu freuen, was gut ist in unserem Leben und in der Welt, beruhigen wir uns so weit, dass wir unser Verhalten mit Körper, Rede und Geist beobachten, seine Folgen abschätzen und langfristig auch verändern können. Eine große Quelle von Freude und Vertrauen, aber auch von Enttäuschungen und Leid, sind unsere Beziehungen, und damit kommen wir zum nächsten Resilienzfaktor: verlässliche und tragfähige Beziehungen.

Die folgenden Übungen finden Sie im zehnten Kapitel:
Sternstunden
Die Vier Ebenen des Glücks
Freude und Mitfreude
Was weckt Energie?

Beziehungen

In der Moderne und Postmoderne werden die Lebensentwürfe immer vielfältiger, und Beziehungsnetze lösen sich auf, alte Sicherheiten verschwinden, und wir scheinen immer weniger Einfluss auf die Gestaltung unserer sozialen und politischen Lebensverhältnisse zu haben. Wie können wir die Freiheit nutzen, die unsere Zeit bietet, und gleichzeitig das Gefühl der Zugehörigkeit und den lebendigen Austausch in tragenden Verbindungen mit anderen Menschen fördern? Dazu brauchen wir Handwerkszeug, mit dem wir uns und andere besser verstehen lernen. Wir brauchen verlässliche Beziehungen zu anderen Menschen wie die Luft zum Atmen, damit wir uns selbst in ihrem Spiegel genauer erkennen können und um eine relative Geborgenheit im Unbeständigen zu finden.

Tragfähige Beziehungen sind kein Luxus, sondern eine Notwendigkeit, wenn wir mit den Herausforderungen unserer Zeit konstruktiv umgehen wollen. Sie bieten uns Trost, Schutz und Unterstützung bei der Verarbeitung des natürlichen Leidens und des zusätzlichen, menschengemachten und strukturellen Leidens. Wir können die vielfältigen Leiden des Lebens nur begrenzt allein verarbeiten und konstruktiv nutzen. Wir müssen unseren eigenen Anteil dabei leisten, aber wir brauchen auch andere Menschen dazu. Menschen, die uns trösten und begleiten, mit eigenen Mustern konfrontieren und so helfen, andere Perspektiven kennenzulernen, die unser Leid in einen größeren Zusammenhang stellen: psychologisch und kulturell, sozial und politisch usw. Die Einordnung des eigenen Leidens in einen größeren Zusammenhang entlastet von einer Überbetonung der eigenen Verantwortung *und* von egozentrischem Anspruchsdenken. Das kann niemand allein leisten, dazu brauchen wir den Austausch und die Zusammenarbeit mit anderen.

Die folgenden Überlegungen wollen Mut machen, sich auf das Abenteuer langfristiger Beziehungen zu Einzelnen und zu Gruppen einzulassen. Das tut nicht nur uns gut, sondern kann vielleicht sogar dazu beitragen, dass wir uns konstruktiv in die politischen und sozialen Verhältnisse einmischen. Und sie wollen Wege zu einem tiefen Vertrauen auf Lösungen zeigen, zu einem Vertrauen, das uns trägt, auch wenn wir die Mittel und Wege heute noch nicht kennen.

Allein und mit anderen, unterschiedlich und gleichwertig

Bis vor zwei, drei Generationen lebten die meisten Menschen eingebettet in relativ stabile soziale Netze: Blutsfamilie und Verwandtschaft, Heimatort und Kirchengemeinde, Berufswelt und Arbeitsplatz, Frauenwelten und Männerwelten. Diese Netze engten die Menschen ein und gaben ihnen gleichzeitig Sicherheit. Weil sie unseren Freiheitsdrang einengten, haben wir die Sicherheit verlässlicher Beziehungen und eindeutiger Rollen aufgegeben. Doch ohne ein Minimum an Geborgenheit fühlen wir uns einsam, isoliert und verloren. Die sozialen Zusammenhänge haben sich in einem derartigen Tempo verändert, dass wir emotional kaum damit Schritt halten können. Das hat nicht nur Konsequenzen für unser persönliches Leben – Beziehungsprobleme, Singlehaushalte, Einsamkeit, Bedürftigkeit, Kontaktschwierigkeiten –, sondern auch für die sozialen und politischen Verhältnisse und für unser Verhältnis zum Arbeiten und Geldverdienen.

Stabile Gesellschaften, stabile Demokratien sind angewiesen auf Beziehungsnetze, in denen Menschen sich zu Hause fühlen. Hannah Arendt analysiert die soziale Entwurzelung zu Beginn des zwanzigsten Jahrhunderts als eine zentrale Bedingung für den »Erfolg« des Totalitarismus in seinen zwei prägenden Varianten: Nationalsozialismus und Stalinismus. Wenn sich Menschen nicht mehr geborgen fühlen in vertrauten religiösen und kulturellen, sozialen und politischen Zusammenhängen, suchen sie nach Ersatz. Ist darüber hinaus die Möglichkeit zur eigenständigen Gruppenbildung in diesen Bereichen eingeschränkt durch politische Gleichschaltung, können die Menschen sich nicht mehr »im Plural« im öffentlichen Raum begegnen. Und damit sterben Zivilgesellschaft und lebendige politische Kultur. Wir beklagen heute die Dominanz der Ökonomie über die Politik. Das hat sehr viel mit neuen globalen Wirtschaftsstrukturen zu tun, denen noch keine entsprechenden politischen und sozialen Organisationsformen gegenüberstehen, die sie zähmen könnten, so wie der nationale Kapitalismus einige Zeit durch die nationale soziale Marktwirtschaft gezähmt wurde.

Mit der ökonomischen Globalisierung einher geht die Auflösung beruflicher, sozialer und politscher Zusammenhänge, und ich nenne hier nur einige Stichworte: Flexibilisierung der Arbeitszeit, Outsourcing ganzer Betriebszweige, Zunahme kleiner selbstständiger Betriebe, weniger personelle Kontinuität in vielen Betrieben, das Ende vieler Berufsbilder und das Entstehen neuer Berufe usw. Dazu kommen viele weitere Faktoren, auf die ich schon im zweiten Kapitel hingewiesen habe: Individualisierung, Hedonismus, viel Exploration, wenig Commitment usw. Mein Fazit aus der Betrachtung der ökonomischen, sozialen und politischen Verhältnisse unserer Zeit ist: Wenn wir wollen, dass sich etwas verändert, müssen wir das selbst tun, das tut niemand für uns. Das gilt für alle Bereiche des Lebens.

Positiv formuliert: Eine lebendige Kultur braucht Menschen, die sich in Gruppierungen unterschiedlichster Art – kulturell und sozial, politisch und spirituell oder religiös u. a. – zusammenschließen und sich dort begegnen lernen. Auf dem Hintergrund einer einigermaßen tragfähigen sozialen Einbindung können sich Menschen dann im öffentlichen Raum als sozial Unterschiedliche und doch politisch Gleichwertige begegnen und miteinander die gemeinsame Welt gestalten.

Gemeinde, Gruppe und Masse

Martin Buber beschreibt in seinem »Prosagedicht« *Ich und Du* (1979) mit großer poetischer Kraft die Beziehung zwischen Ich und Du, zwischen Ich und Es. Bubers These ist: Das Ich wird nur durch das Du zum Ich. Das Du kann ein geliebter Mensch sein, die Gemeinde oder Gott. Das lebendige Du wird zum funktionalisierten Es, wenn wir es zum Gegenstand machen, zum Objekt unserer Bedürfnisse. Ich empfehle dieses kleine Buch allen, denen Liebe und Bezogenheit ein Herzensanliegen ist. Die Liebe zu einer Person, zwischen mehreren Menschen und zu dem, was unfassbar ist, zum Göttlichen, zur Transzendenz. Was mir im Hinblick auf Gruppenstrukturen – nicht nur im privaten, sondern auch im politischen Bereich – besonders wichtig scheint, ist Bubers Betonung der Beziehung nicht nur zur Mitte, dem zentralen Wert oder Anliegen, sondern auch zwischen den einzelnen Mitgliedern der Gruppe untereinander. Es gibt inzwischen erfolgreiche persönliche, pädagogische und politische Ansätze, die sich auf Bubers dialogisches Prinzip beziehen. (Muth 2011, 2013 b)

Beziehungen stiften

Da es bereits sehr viele Ratgeber mit mehr oder weniger guten Ratschlägen zur Gestaltung von engen Beziehungen zwischen zwei Menschen gibt, möchte ich hier vor allem auf die große Bedeutung von relativ langfristig bestehenden Gruppen eingehen, die in unserer schnelllebigen Zeit sehr unterschätzt werden. Ich gehe davon aus, dass wir sehr viel stabiler und zufriedener leben, wenn wir uns zu zwei, drei Gruppen zugehörig fühlen, die etwas gemeinsam tun. Das kann ein Chor sein oder eine Meditationsgruppe, gemeinsames Wandern oder Sport treiben, die ehrenamtliche Mitarbeit in einer Hospiz-Gruppe oder in einer politischen Gruppe. Wichtig ist, dass wir uns zugehörig fühlen und die Gruppe uns als zugehörig empfindet. Da ich große Hoffnungen auf die kreative Kraft der Zivilgesellschaft setze, beziehen sich die folgenden Aussagen vor allem darauf. Man kann die Aussagen aber auf alle Arten frei gewählter Gruppen anwenden. Die folgenden Thesen zu Gruppen sind inspiriert durch Lektüre von Hannah Arendt (1995), Martin Buber (1979), Erich Neumann (1974), Christoph Spehr (1999) und durch meine Erfahrungen aus fast zwanzig

Jahren Leben in Wohngemeinschaften und über vierzig Jahren Mitarbeit in Gruppen unterschiedlichster Art: linke Bewegung, Frauenbewegung, buddhistische Gruppen und private Salons bzw. Gesprächskreise. Nicht zuletzt sind die Thesen auch durch meine Kindheit und Jugend in einer von meiner Mutter geführten badischen Gastwirtschaft und dem Aufwachsen in einer Großfamilie geprägt.

Gruppen unterscheiden sich von zufälligen Menschenansammlungen und Massen. Geraten Massenansammlungen in Unruhe oder unter Druck, regredieren ihre Mitglieder leicht auf das niedrigste Niveau. Die Menschen tun Dinge, die sie als Einzelne niemals tun würden. Klassisches Beispiel dafür ist die Massenpanik und die Gewalteskalation in Sportstadien, bei Rockkonzerten oder politischen Demonstrationen und im Krieg. (Neumann) In stabilen und tragfähigen Gruppen hingegen können Menschen mühelos reifen. Neumann geht davon aus, dass »echte« Gruppen die Entwicklung ihrer Mitglieder auf das Niveau der am höchsten entwickelten Personen fördern.

Das entspricht in etwa dem Sangha-Konzept des Buddhismus und dem Darshan- oder Satsang-Prinzip der indischen Kultur. Sangha ist die Gemeinschaft der Übenden, sei es als Ordensgemeinschaft oder als die Gemeinde der Laienübenden, die sich zu Vorträgen, Ritualen und Übungstagen treffen. In der indischen Kultur spricht man von Darshan, wenn man einen spirituellen Meister besucht und seinen Segen erhält, von Sanskrit, *darshan*, den Meister sehen. In spirituellen Kreisen in Europa ist der Sanskrit-Begriff Satsang noch bekannter *(satsang*, Zusammensein, *sang*, mit der Wahrheit, *sat)*. Die Menschen, die an einem solchen Beisammensein mit einer spirituellen Meisterin oder einem Meister teilnehmen, erhoffen sich eine tief greifende Transformation ihrer Motive und Haltungen. Nach meiner Erfahrung findet ein Prozess der Reifung aber nur dann statt, wenn eine kleinere Gruppe von Menschen über einen längeren Zeitraum individuell und zusammen übt und die Mitglieder die Übungen und ihre Einsichten und Erfahrungen in ihr tägliches Leben integrieren. Der Schlüssel sind meiner Erfahrung nach das eigene Üben und die Kontinuität der Gruppe. Das entspricht dem Prinzip der lebendigen Gemeinde bei Martin Buber. Hannah Arendt beschreibt am Beispiel der Biografie der politischen Aktivistin Rosa Luxemburg, welche tragende Funktion eine vertraute Gruppe für Menschen hat, damit sie in schwierigen Zeiten nicht verzweifeln. (Arendt 1995)

Zentrale Elemente einer tragfähigen Gruppe

Im Folgenden nenne ich die Elemente, die mir aufgrund meiner Lebenserfahrung wichtig scheinen. Es braucht mehrere dieser Elemente, ein oder zwei reichen nicht aus. *Selbstdefinition:* Die Gruppe definiert sich selbst als Gruppe, und die Mitglieder kennen diese Definition. *Zugehörigkeit:* Wir fühlen uns zugehörig, und die Gruppe betrachtet uns als Mitglied. *Persönliches Sich-Kennen:* Wir kennen die Gruppenmitglieder bei ihrem Namen. *Kontinuität:* Die Gruppe trifft sich regelmäßig, und sei es nur einmal im Jahr. *Verantwortung* übernehmen: Wir übernehmen kleine oder große Aufgaben in der Gruppe, und sei es nur, dass wir Kekse mitbringen, den Veranstaltungsraum aufschließen oder nach dem Treffen aufräumen. *Verbindlichkeit:* Wir übernehmen verbindlich bestimmte Aufgaben und arbeiten nicht nur dann mit, wenn uns danach ist und wir gerade Lust dazu haben. *Freiwilligkeit:* Die Mitgliedschaft sollte in der Regel freiwillig sein. Allerdings können auch Schulklassen, berufliche Teams, Nachbarschaften, Sportvereine, Gemeinden u.a. funktionierende Gruppen sein. *Versprechen* geben und halten stiftet Beziehungen: Wir drücken unsere Verbindlichkeit öffentlich aus und stehen dazu. *Verzeihen* können stiftet Beziehungen: Wir akzeptieren, dass Menschen Fehler machen, und sind bereit, ihnen zu verzeihen. Je besser wir anderen verzeihen können, desto verständnisvoller sind wir mit uns selbst. (Arendt 2001, 301–313) *Freie Kooperation:* Verbindlichkeit und Selbstwertgefühl in einer Gruppe werden eher gestärkt, wenn das Verlassen der Gruppen nicht nur denen, die sie verlassen, sondern beiden Seiten der Gruppe als Ganzer und der einzelnen Person, gleichermaßen »wehtut«. (Spehr)

Die gemeinsame *Mitte:* Eine Gruppe bildet sich um eine gemeinsame Mitte: Person, Thema, Anliegen, Ort, Tun. (Buber) Das gemeinsame *Tun:* Gemeinsames Tun verbindet, z.B. ein gemeinsamer Umzug, eine Wanderung oder die Vorbereitung eines Festes verbindet. *Achtung* und Respekt: Man braucht die anderen Gruppenmitglieder nicht zu lieben. Es reicht, wenn wir sie achten. Das *Unbekannte* zeigen: Wir stiften Beziehungen, wenn wir den anderen auch die Seiten von uns zeigen, die wir kaum oder nicht gut kennen, wenn wir uns auch da zeigen, wo wir uns unserer selbst nicht ganz sicher sind. Wenn wir uns nur im Bekannten bewegen, entstehen keine Beziehungen. (Arendt 2001) *Austausch:* In Gruppen können wir mit Menschen, die anders sind als wir selbst, über unsere gemeinsame Welt und ihre Gestaltung sprechen. Gruppen im *eigenen Geschlecht:* Wir brauchen tragfähige Gruppen mit Menschen des eigenen Geschlechts. Gruppen des eigenen Geschlechts bieten uns einen Raum und einen Ort, in dem wir unser Selbstbild als Frau oder Mann mit unseresgleichen entwickeln können. Das schützt uns vor der Gefahr, unsere Identität nach den Erwartungen des anderen Geschlechts auszurichten. Diese Gruppen sind das Zuhause, von dem aus wir dem anderen Geschlecht mit Würde begegnen können. *Geschlechtergemischte Gruppen* erweitern unseren Horizont und halten uns flexibel.

Die letzten beiden Kriterien – homogen und heterogen – kann man auf viele Arten von Unterschieden übertragen. Das war auch die These der feministischen Philosophin Luce Irigaray. Sie ging davon aus, dass die respektvolle Begegnung von Frau und Mann in Wertschätzung der Unterschiede und der Gleichwertigkeit der Schlüssel zu einem konstruktiven Umgehen mit jeder Art von Unterschied sei. (Wetzel 2010 b, S. 178) Meine Vermutung ist, dass die Begegnungen mit Menschen *anderer* Kulturen, Religionen, Ethnien usw. besser gelingen, wenn wir in der *eigenen* Kultur, Religion, Ethnie usw. gut verwurzelt sind. Das ist zumindest meine Erfahrung im interreligiösen und innerbuddhistischen Dialog, aus zwei Jahren Studienaufenthalt in Indien und aus zwanzig Jahren Unterricht im Bereich Deutsch als Fremdsprache mit Menschen aus unterschiedlichen Ländern und sehr unterschiedlichen Kulturen.

Die folgenden Übungen finden Sie im zehnten Kapitel:
Zwischen Freiheit und Geborgenheit
Freiheit
Geborgenheit
Mein Lebensabend
Eine Gruppe

Sinn

Ein dritter, ebenfalls sehr wichtiger Resilienzfaktor ist die Sinngebung. Nur wenn wir unser Tun als sinnvoll erleben, können wir unsere Ressourcen entdecken und nutzen. Die *Frage* nach Sinn entsteht vor allem in Umbruchzeiten. Das kann eine persönliche Krise sein, ausgelöst durch eine Trennung, eine Krankheit oder den Verlust des Arbeitsplatzes. Viele Menschen im Europa des 21. Jahrhunderts leben immer noch in traditionellen Zusammenhängen oder nach traditionellen Werten, und damit »vor der Aufklärung«. Nach meiner persönlichen Schätzung sind das z. B. weit mehr als die Hälfte der deutschen Bevölkerung. Sie sind zufrieden, weitgehend so zu leben wie ihre Eltern, und suchen nicht nach neuen Lebensformen oder Erklärungen. Die Moderne fängt für eine Person dann an, wenn traditionelle Antworten nicht mehr passen. Tragen uns alte Ideen in Krisen nicht mehr, sind wir gefordert, selbst herauszufinden, wie und wofür wir leben wollen, und das ist nicht so einfach. Sinn entsteht nicht primär durch einsames Nachdenken im stillen Kämmerlein, sondern durch Zusammenleben und -arbeiten, durch Begegnung und Austausch mit anderen Menschen, die an einem ähnlichen Wendepunkt stehen. Sinn, der uns durch Krisen tragen kann, ist geteilter Sinn, geteiltes Leben.

Ich glaube nicht, dass es *den* Sinn *des* Lebens gibt. Es reicht, wenn wir herausfinden, was uns am Herzen liegt und was unser Vertrauen ins Leben stärkt. Ich möchte mich der Sinnfrage in kleinen Schritten nähern und vor allem fünf Wege beschreiben: Freude als Weg, Neid als Weg zum Mehr und die Klärung unserer Prioritäten unter drei Gesichtspunkten: im Alltag, angesichts des eigenen Todes und angesichts der ganzen Welt.

Freude als Weg

Am Anfang dieses Kapitels habe ich über Freude gesprochen. Der Sanskrit-Begriff für sinnliche Freude, *priti,* Pali *piti,* hat die Nebenbedeutung »Interesse«. Wir haben Freude an dem, was uns interessiert. Oder umgekehrt, das, was uns interessiert, macht Freude. Wenn wir uns für ein Thema oder für ein Tun interessieren und uns damit beschäftigen, stellt sich die Sinnfrage nicht. Viktor Frankl, der Begründer der Logotherapie (2004), hat das Konzentrationslager auch deshalb überlebt, weil er auch dort sinnvolles Tun suchte und fand – und auch seinen Humor nicht verlor. Er betont die kleinen Schritte zu einem sinnvollen Leben und schlägt vor, an den eigenen Interessen anzuknüpfen, sei es an Musik oder Gartenarbeit, an einem Hobby oder einem Sachthema. Das passt gut zum Thema des »adverbial Guten« des Philosophen Ernst Tugendhat. (2003, S. 66) Er bezeichnet damit das Tun, das wir um seiner selbst willen gerne tun und immer besser können wollen: musizieren, handwerken, aber auch organisieren, produzieren, schreiben. Anders formuliert, es geht nicht um ein gut bezahltes Produkt, sondern um den Prozess des Tuns und darum, ein gutes Produkt zu schaffen, das Freude bereitet.

Der Philosoph Peter Sloterdijk nennt die frei gewählte Orientierung an einem Ideal »Vertikalspannung«. (2009) Ohne Ausrichtung auf etwas, das wir gut können und besser machen wollen (Tugendhat 2003), wird das Leben sehr schnell langweilig. Ein Tun, das uns interessiert und dem wir uns hingeben, finden wir sinnvoll um seiner selbst willen. Es geht dabei nicht primär um Beifall oder um soziale Anerkennung, sondern wir tun das, weil wir es gerne tun. Es bereitet große Freude, wenn wir eine Sache, die wir gerne tun, immer besser können. Das ist etwas anderes als eine von außen an uns herangetragene Über-Ich-Anforderung oder ein zwar selbst gewähltes, aber überhöhtes Ich-Ideal, das uns überfordert. Es geht hier um Interesse und Freude an einem Tun um seiner selbst willen, das unserem Leben Sinn gibt. Dazu haben Sie schon einige Übungen kennengelernt, im fünften Kapitel und zu Beginn dieses Kapitels.

Neid als Weg zum Mehr

Die folgende Überlegung ist inspiriert von einem Buch der Mailänder Buchladenfrauen, die Ende der 1980er-Jahre die italienische Frauenbewegung reflektierten, *Wie weibliche Freiheit entsteht.* (Libreria 1989) Diese Frauen denken unter anderem sehr gründlich über Neid nach, der als typische Eigenschaft von Frauen gilt. Neid scheint generell eine Haltung zu sein, die Menschen entwickeln, die sich zu kurz gekommen fühlen – und dazu gehören auch wohlhabende Menschen – oder die sich wenig anerkannt fühlen. Die italienischen Frauen machen einen genialen Vorschlag, den ich seit über 20 Jahren selbst beherzige und auch mit Erfolg weitergebe. Sie stellten fest, dass uns die Untersuchung unseres Neids auf andere helfen kann, genauer zu erkennen, was wir selber wollen. Und so wird Neid ein Weg zu einem erfüllteren reicheren Leben, allerdings nur dann, wenn wir genau untersuchen, was wir selber wollen. Solange wir das nicht wissen, verfallen wir dem *mimetischen Begehren*, leben »das Leben der anderen« – und geraten schnell in die Falle der *Überforderungen*. (Kast 2012 c)

Prioritäten klären

Wenn wir klarer erkennen, was uns wirklich wichtig ist, ergibt unser Leben mehr Sinn und wir haben mehr Zeit für das, was uns wirklich am Herzen liegt. Dabei unterstützen uns drei Überlegungen. 1. Wir klären unsere Prioritäten, d.h., wir gewichten die Anliegen, die uns wichtig sind. 2. Wir denken über die allgemeine Unbeständigkeit und die eigene Sterblichkeit nach. 3. Wir betrachten unser Leben im Kontext aller Menschen und des ganzen Weltalls. Die Alten nannten das die Betrachtung des Lebens *sub specie aeterni,* vom Standpunkt der Ewigkeit. Es reicht wohl, wenn wir nur das Leben auf unserem Planeten anschauen. Angesichts von sieben Milliarden Menschen und von etwa zwei Millionen Jahren Menschheitsgeschichte bin ich nicht so wichtig, und wenn ich in dem einen oder anderen Bereich scheitere, ist das nicht wirklich relevant. Ich werde immer wieder scheitern, und das ist in Ordnung und damit kann ich leben. Sehr interessante Überlegungen stellt der Philosoph Ernst Tugendhat in seinem Buch *Egozentrizität und Mystik* (2003, S. 40, S. 106–108) an. Er spricht von drei Weisen des Zurücktretens: 1. *Von* seinen einzelnen Wünschen und Belangen. Das entspricht dem Klären der Prioritäten. 2. *Zu* sich selbst angesichts des Todes. Das entspricht dem Nachdenken über Tod und Vergänglichkeit 3. *Von* sich selbst angesichts des Universums. Das ist das Anliegen der Mystik. Ich habe mich sehr über diese Parallelen zwischen Aussagen eines zeitgenössischen Philosophen und des Buddhismus gefreut.

Wir finden unser Leben sinnvoller, wenn wir mehr das tun, was uns wirklich am Herzen liegt. Dazu müssen wir unsere Prioritäten klären. Das ist allerdings nicht leicht. Als ich vor rund zehn Jahren den starken Wunsch verspürte, meine Arbeit zu reduzieren, und es aber nicht allein schaffte, schlug mir eine Supervisorin vor, alle meine Tätigkeiten auf ein großes Blatt Papier zu schreiben. Ich notierte rund fünfzig Anliegen, Interessen und Pflichten: Vorträge schreiben, Kurse geben, mit Freundinnen und Angehörigen telefonieren, lesen, spazieren gehen, Seminare besuchen, kollegialen Austausch usw. Dann sollte ich die Tätigkeiten in drei Gruppen einteilen: unbedingt wichtig, ziemlich wichtig, nicht so wichtig. Dann gab sie mir die Aufgabe, fünfzehn Prozent meines Tuns zu streichen, und zwar in Zeitstunden und möglichst auf eine Woche bezogen, zumindest aber mit einem Ausgleich innerhalb eines Monats. Das war der schwierigste Teil der Aufgabe, denn ich interessiere mich für viele Dinge und Menschen, fühle mich verantwortlich für meine Anliegen und arbeite gerne in langfristigen Gruppen. Als ich stöhnte, ich könne diese und jene Gruppe nicht aufgeben, da sie ohne mich schlechter laufen würde, meinte sie lachend: »Was glauben Sie, wie viele Gruppen in Berlin, die Sie überhaupt nicht kennen, schlechter laufen, weil Sie nicht mitarbeiten?« Dieser Hinweis kam bei mir an, und seither arbeite ich tatsächlich weniger, auch wenn es weiterhin Stoßzeiten und ruhigere Zeiten gibt.

Wir können in einer stillen Stunde zehn Dinge oder Anliegen notieren, die uns wirklich wichtig sind. (Siehe 1. Kapitel) Dann notieren wir zehn Dinge oder Anliegen, die in den letzen drei, vier Wochen im Vordergrund standen, sei es im Beruf oder im Privatleben. Und dann schauen wir, was die beiden Listen miteinander zu tun haben. Je mehr sie miteinander zu tun haben, desto stimmiger ist unser Leben. Falls die beiden Listen wenig miteinander zu tun haben, können Sie sich überlegen, was Sie in den nächsten Wochen und Monaten von Ihrer Seite aus tun können, damit das, was Ihnen am Herzen liegt, mehr Raum bekommt.

Unbeständigkeit und Tod

Eine große Inspiration kann das Nachdenken über unsere Sterblichkeit sein. Wir haben normalerweise keine Angst, wenn wir daran denken, dass wir *irgendwann* einmal sterben werden. Wir haben aber Angst vor dem baldigen, dem *nahen* Tod. (Tugendhat 2003, S. 98 ff.) Diese Angst kennen auch Tiere, und sie ist auch biologisch sinnvoll, denn sie weckt unseren Überlebenswillen. Wenn Menschen keine Angst vor Todesgefahr hätten, hätte unsere Spezies vermutlich nicht überlebt. Wenn der Tod unmittelbar bevorsteht, werden viele Menschen ruhig und gelassen, denn dann hat Angst vor dem Tod auch keinen biologischen Sinn mehr. Sie nehmen ihre Sterblichkeit an und sagen Ja dazu. Was bewirkt das Nachdenken über unsere Sterblichkeit, das von Buddhismus und Christentum und von antiker Philosophie empfohlen wird? Es geht dabei nicht um die biologische Angst vor dem Tod und nicht primär um Gelassenheit angesichts des Todes, sondern darum, das eigene Leben als Ganzes zu sehen und zu beurteilen. Im Buddhismus wird vorgeschlagen, auf das eigene Leben zurückzublicken und sich zu fragen, welche Anliegen wirklich wichtig sind. Ich mache die Übung *Der Tod als Ratgeber* immer wieder gerne, besonders wenn ich vor einer Entscheidung stehe, die mir schwerfällt.

Mut zum Sein oder: Was ist wirklich wichtig?

Die buddhistische Tradition relativiert die Bedeutung des menschlichen Lebens mit Hinweis auf sechs Bereiche, in denen es nach indischer Auffassung Lebewesen gibt: der Bereich der Höllenwesen, der Hungergeister, der Tiere, der Menschen, der neidischen Götter und der Sinnes- und Meditationsgötter. Da ich diese Bereiche schon an anderer Stelle kurz für unsere Zeit interpretiert habe (Wetzel 2013 a, S. 43 ff.) und dieser Ansatz mir an dieser Stelle nicht besonders hilfreich scheint, werde ich einige Überlegungen aus unserer westlichen Tradition, aus der existenzialistischen Philosophie, vorstellen, die mich sehr inspirieren.

Zwei immer noch aktuelle Sinnstifter sind für mich der evangelische Theologe und Religionsphilosoph Paul Tillich und der Philosoph Karl Jaspers. Tillich hat für mich eine sehr einsichtige und inspirierende Übersetzung christlicher Themen für unsere Zeit formuliert. In *Mut zum Sein* (1965) beschreibt er drei Arten existenzieller Angst auf sehr berührende Weise und zeigt Wege, damit konstruktiv umzugehen und das Leben zu bejahen – trotz und mit allem Leiden. Seine eindringliche existenzialistische Sprache erreicht mich, und ich fühle mich sowohl in meinen Zweifeln als auch in meiner Freude am Leben erkannt und verstanden. Die drei Arten existenzieller Angst sind die ontische, die geistige und die sittliche oder moralische. (Spitz, in: Roloff 2011, S. 56–58)

Wir fühlen uns *ontisch* bedroht, in unserem ganzen Sein (von griechisch *ontos*, Sein), von Schicksal und Tod. Mit Schicksal weist Tillich auf die allgemeine Ungewissheit und Unsicherheit des Lebens hin, das wir nie völlig in den Griff bekommen. Die zweite Form existenzieller Angst scheint mir spezifisch christlich geprägt und ist heutzutage vielleicht nicht mehr für viele Menschen relevant. Tillich meint, wir fühlten uns *sittlich* oder *moralisch* bedroht durch Schuld und Verdammung, weil wir oft nicht wissen, wie wir handeln sollen und daher vielleicht falsche Entscheidungen treffen, die uns und anderen schaden. Wir fühlen uns schließlich *geistig* bedroht durch die Erfahrung geistiger Leere und der möglichen Sinnlosigkeit der Existenz.

Tillich geht davon aus, dass »am Ende der Antike die ontische Angst vorherrscht, am Ende des Mittelalters die moralische Angst und am Ende des modernen Zeitalters die geistige Angst«. (S. 61) Mut zum Sein als Bejahung des Lebens wird möglich, wenn wir uns diesen existentiellen Ängsten und Fragen stellen. Unterschiedliche Arten von Mut können uns stärken, aber bei existenziellen Ängsten reicht der aufgeklärte Mut, das Vertrauen in die Vernunft, nicht aus und auch nicht der romantische Mut, mit dem wir unsere dämonischen Tiefen bejahen. Der Mut der Verzweiflung kann eine Brücke sein, denn um die Verzweiflung zu sehen und anzunehmen, brauchen wir Vertrauen und Mut. Er kann den Mut zum Sein als »ein Bejahen ohne Wissen« wecken, der durch die Macht des Seins selbst wirksam wird und in dem wir uns bejaht fühlen, vom wem oder was auch immer, wie auch immer wir das nennen: Natur oder Gott, Leben oder Kosmos.

Vielleicht wachsen wir so in »das Bejahen des Bejahtseins« hinein, ohne eine bestimmte Instanz, die uns bejaht. Tillichs Metapher dafür ist Gott, und zwar ein ganz besonderer Gott: »Der Mut zum Sein wurzelt in dem Gott, der erscheint, wenn Gott in der Angst des Zweifels verschwunden ist.« (S. 188) Um uns auf diese tiefe Verzweiflung einlassen zu können, müssen wir nach meiner Ansicht allerdings erwachsen und emotional einigermaßen reif und ausgeglichen sein. Und wir brauchen dazu auch das Gespräch mit Gleichgesinnten und – gute Literatur. Denn auch mit zeitgenössischen und längst verstorbenen Autorinnen und Autoren berührender und tiefer Texte können wir in einen sehr lebendigen Dialog treten.

Die Frage nach einem angemessenen Handeln wird heute besonders drängend, weil wir kaum noch in einem gemeinsamen Bedeutungszusammenhang leben und uns häufig selbst überlegen müssen, was richtig ist. Das erzeugt sehr viel Unsicherheit – und Schuldgefühle. Im achten Kapitel habe ich Schmidbauers These vorgestellt, der davon ausgeht, dass wir auf das Nichterfüllen eigener Ich-Ideale mit Scham reagieren und auf das Scheitern bei Über-Ich-Ansprüchen mit Schuld. Ich teile den Eindruck von Tillich, dass sich der Schuldbegriff in unserer Zeit von der religiösen Dimension immer mehr auf die des Erfolgs verlagert. (S. 114) Viele Leute scheinen nicht mehr mit Schuldgefühlen zu reagieren, wenn sie Konkurrenten belügen oder das Finanzamt betrügen, aber umso mehr, wenn sie nicht erfolgreich sind in dem Bereich, den sie für wichtig halten.

Der Philosoph Karl Jaspers war der erste Philosoph, den ich mit Gewinn und Freude lesen und verstehen konnte. (Jaspers 1971, 1981) In seinem Aufsatz *Der philosophische Glaube* (o. J., ca. 1966) formuliert er Thesen, die in vielen Aspekten dem entsprechen, was ich selbst als »westlichen« Buddhismus lehre, und vermutlich schätze ich ihn auch deshalb so sehr. Er hat die Fähigkeit, die großen Themen des Lebens in einer modernen, verständlichen, klaren und zugleich leidenschaftlichen Sprache zu formulieren, und er bemüht sich um eine Neubegründung der Vernunft in vier Bereichen (S. 602–611): 1. Ruhe gewinnen durch das Spüren der Unruhe. 2. Durch den Nihilismus hindurchgehen zur Aneignung der europäischen und außereuropäischen Überlieferung. 3. Eine relative Reinheit des Wissens finden durch das Erkennen seiner Grenzen. 4. Vernunft als Wille zur grenzenlosen Kommunikation erleben. Für ihn bedeutet Menschsein rückhaltlose Kommunikation aus dem Wunsch und dem Entschluss zur Begegnung und aus Vertrauen darauf, dass wir miteinander leben und reden können und so erst eigentlich wir selbst werden. Er nennt fünf Aspekte dieses Weges ins Menschsein, die uns vielleicht an eigene gelungene Versuche der tiefen Begegnung erinnern: 1. Dem geschichtlichen anderen begegnen, ohne die eigene Geschichtlichkeit zu verlieren. 2. Objektivität ins Schweben zu bringen, ohne den Geltungsanspruch des Richtigen zu schwächen. 3. Ausschließlichkeitsansprüche aufzugeben, ohne die Unbedingtheit des eigenen Grundes zu verlieren. 4. Den liebenden Kampf mit dem anderen nicht in Isolierung, sondern in Gemeinschaft führen. 5. Die Ausrichtung auf Tiefe, die sich erst in der Vielfalt offenbart. (S. 609) Für Jaspers wird eine gewisse Art von Wahrheitsfindung erst möglich in der Begegnung mit anderen, mit »Menschen im Plural« (Arendt), durch die Gegenwärtigkeit des Umgreifenden – Jaspers' Metapher für das Unfassbare, für Transzendenz –, oder in anderen Worten, durch die Anerkennung der Grenzen unseres Wissens. Unwahrheit entsteht, wenn wir uns auf Glaubensinhalte fixieren. Jaspers war übrigens der erste europäische Philosoph, der Buddha als Philosoph und nicht primär als Religionsstifter einordnete und schätzte. Er zählt ihn mit Sokrates und Konfuzius zu den maßgeblichen Menschen. (Jaspers 1981) Mit diesen Hinweisen möchte ich meine Überlegungen zu dem großen Thema »Was ist wirklich wichtig?« abschließen. (Siehe auch Blücher 1952)

Die folgenden Übungen finden Sie im zehnten Kapitel:

Sternstunden
Die Vier Ebenen des Glücks
Was weckt Energie?
Etwas gut machen
Neid als Weg zum Mehr
Tod als Ratgeber
Ich bin nicht so wichtig
Ja zum Leben trotz Leiden
Drei Arten existenzieller Angst
Woran glaube ich?
Rückhaltlose Kommunikation

7 Arbeit und Muße

Muße und Politik

Muße ist für mich in Anlehnung an Hannah Arendt (2001) zweckfreie Zeit, frei von äußeren und inneren Zwängen. Und diesen Raum brauchen wir, damit wir selber denken lernen, aber auch die Grenzen des Denkens erkennen und sie vielleicht transzendieren. Ich halte die Bereitschaft zur Muße in unserer Zeit, die von Unernst und Langeweile, Überforderung und besinnungsloser und nutzloser Hektik geprägt ist, für einen revolutionären Akt. Aber nur dann, wenn wir in Verbindung bleiben mit unseren Mitmenschen, und zwar nicht nur gefühlsmäßig und privat, sondern als Bürgerinnen und Bürger eines aufgeklärten, demokratischen und säkularen Verfassungsstaates.

Eine so verstandene Muße ist für mich der Schlüssel zu einem guten Leben und die Grundlage für eine wertschätzende und zugleich kritische Haltung zu Kultur, Gesellschaft und Politik. Ohne Muße sind wir nicht in der Lage, unser Leben zu schätzen und zugleich zu hinterfragen und einen Gegenentwurf zum Bestehenden zu entwerfen, und das gilt ganz besonders für Umbruchzeiten wie der unseren. Ohne Muße bleiben wir in schwierigen Zeiten in Empörung und bloßer Kritik stecken oder resignieren und ziehen uns zurück in ein scheinbar belastungsarmes Leben, ganz privat und familiär oder in einer freien Singleexistenz ohne viele Verpflichtungen. Doch selbst ein gutes privates Leben bleibt ohne Bezug zur gemeinsamen Welt flach und arm.

Selbstvertrauen und Wohlbefinden

Freiräume und Muße sind kein Luxus, auf den aktive Menschen auch verzichten könnten. Sehr bedenkenswert finde ich einen Hinweis des buddhistischen Psychotherapeuten John Welwood (2010) in seinem Buch *Psychotherapie und Buddhismus.* Er stellt folgende These auf: Kleine Kinder entwickeln gesundes Selbstvertrauen und Wohlbefinden durch die Erfahrung von Kontakt und Raum. Kleine Kinder brauchen regelmäßig und kontinuierlich Kontakt mit Menschen, denen sie vertrauen, und Freiräume, in denen sie zwanglos und zweckfrei spielen können. Ich glaube, dass auch Erwachsene von dieser Kombination von Kontakt und Raum ihr ganzes Leben lang enorm profitieren.

Wir brauchen beides, Raum oder Phasen der Muße und Kontakt mit anderen Menschen. Regelmäßige Mußestunden im Alltag helfen uns, das für die jeweilige Lebensphase und den Kontext rechte Maß von Bewegung und Ruhe, Tun und Lassen, Input und Verarbeiten, von Alleinsein und Zusammensein zu finden. Um Selbstvertrauen und Wohlbefinden bei uns und anderen zu fördern, brauchen wir beides, Raum und Kontakt: Freiräume, in denen wir unsere Impulse, unsere Anliegen, unseren roten Faden spüren und zum Ausdruck bringen können, und Begegnungen mit anderen. Wir brauchen Unterschiedliches: Spiel und Zerstreuung, Gespräche und Herausforderungen, Alleinsein und Stille und Aktivitäten mit vertrauten Menschen. Kontakt und Raum, denn Freiräume allein reichen nicht, Kontakt allein aber auch nicht.

Vom aktiven und kontemplativen Leben

Viele Menschen machen sich Gedanken darüber, wie sie ein aktives Leben »in der Welt« mit Beruf, Beziehungen und Kindern, mit kulturellen und politischen Aktivitäten und ihre Sehnsucht nach Kontemplation, nach äußerer und innerer Ruhe und Klarheit verbinden können. Der Buddha lehrte in erster Linie Menschen, die den spirituellen oder meditativen Weg zu ihrem Hauptanliegen machen wollten. Traditionell waren und sind das Mönche und Nonnen. In den tibetischen Traditionen gibt es darüber hinaus noch die Yogis und Yoginis. Sie leben in der Regel nicht im Zölibat, teils mit Familie und Beruf, teils als Einsiedler. Doch auch für sie ist der spirituelle Weg das A und O, die Nummer eins im Leben. Den sogenannten Laien, Menschen »in der Welt«, empfahl der Buddha vor allem zwei Übungen: ethisch zu leben und Großzügigkeit oder Gebefreudigkeit zu üben. Der Mahayana-Buddhismus lehrt den Weg der Bodhisattvas, ein Leben »zum Wohle aller Wesen«, sowohl im Rahmen eines meist klösterlichen Ordenslebens als auch »mitten in der Welt«.

Die tibetisch-buddhistischen Traditionen gehen davon aus, dass ein aktives Leben in der Welt erst dann spirituell »effektiv« wird, wenn man die Dinge sieht, wie sie »wirklich« sind, und sich mit allem verbunden fühlt, was ist. Diese tiefe Verbundenheit kann man erst entdecken, wenn man »Leerheit realisiert«, d.h. *alle* Vorstellungen als Vorstellungen erkennt und die nur relative Gültigkeit aller Zuschreibungen, Konzepte und Ideen mit dem Herzen verstanden hat. Einsicht in Leerheit braucht aber viel Vertrauen, und das entsteht erst, wenn wir ein gewisses Maß an Verbundenheit mit anderen spüren. Daher übt man sich in den vier großen Haltungen – Freundlichkeit, Mitgefühl, Freude und Gleichmut. Darüber habe ich im fünften Kapitel gesprochen.

Ein Leben in der Welt wird nach diesem Ansatz also erst dann zu einem heilsamen und heilenden für uns und andere, wenn wir Freundlichkeit und Einsicht entwickelt haben. In eine säkulare Sprache übersetzt, bedeutet das, wir können erst dann die humane und universelle Vision der Menschenwürde und der Menschenrechte umsetzen, wenn wir uns mit allen Menschen verbunden fühlen und die Relativität aller Ansichten begreifen. Das wird nach buddhistischer Auffassung erst möglich, wenn wir Herz und Geist durch ein heilsames Leben und durch tiefe Sammlung so vorbereiten, dass Verbundenheit und Einsicht »dämmern«. Die Frage ist nun: Was heißt einfach und ethisch leben? Und: »Wie viel Sammlung« braucht der Mensch?

Für den Buddhismus ist ein heilsames Leben ein einfaches Leben mit klaren Prioritäten. Einfach leben bedeutet hier vor allem ethisch und rücksichtsvoll leben und nicht: ohne Annehmlichkeiten. Der Buddha sprach mit seinen Lehren Menschen aus allen Schichten an, und allen, die nicht den Weg als Mönch oder Nonne gehen wollten empfahl er Großzügigkeit und Ethik als zentrale Übung. (Zotz 1988) Was bedeutet Sammlung in diesem Kontext? Das bedeutet nicht nur Konzentrationstechniken, für die man viel Zeit und Energie braucht, sondern vor allem ein Leben mit klaren Prioritäten, nicht zerstreut in Nebensächlichkeiten. Auch die abendländische Tradition diskutiert die Frage des guten Lebens seit der Zeit des historischen Buddha. Die Griechen der Polis-Zeit, vor zweieinhalbtausend Jahren, gingen genau wie der Buddha davon aus, dass unterschiedliche Menschen sich zu unterschiedlichen Lebensstilen hingezogen fühlen, und auch sie schätzten in der Regel das kontemplative Leben *(bios teoretikos)* höher als das aktive Leben, allerdings nahm das *politisch* tätige Leben *(bios politikos)* eine Sonderstellung ein. Die christliche Tradition spricht später von der *vita activa* und der *vita contemplativa.*

Für die Griechen war das politische Gespräch unter freien Männern, unter den Bürgern der Polis, die Krönung der vita activa. Diese freien Männer waren »frei« vom Zwang, für ihren Lebensunterhalt zu arbeiten, das taten die Sklaven, und ihre Ehefrauen kümmerten sich um die Kinder. Sie mussten sich auch nicht um die Herstellung schöner und nützlicher Dinge kümmern, das taten die Handwerker, Künstler, Schreiber, Architekten usw. Die vita contemplativa war die Aufgabe der Philosophen unterschiedlichster Art. Diese »Denker von Gewerbe« (Arendt) dachten über das Leben nach, und viele von ihnen bemühten sich um die unmittelbare Schau des Göttlichen, der Transzendenz, des Unfassbaren oder der Schönheit des Kosmos.

Die christliche Tradition adelte alle Arten von Tätigsein zur vita activa, schätzte aber bis zur Reformation die vita contemplativa in den Klöstern höher. Die protestantische Ethik »erweckte« zu Beginn des 16. Jahrhunderts den Geist des Kapitalismus (Max Weber 2000) insofern, als sie die vita activa zur höheren Lebensform erklärte. Seit dieser Zeit gilt die vita contemplativa im Abendland im Prinzip als parasitär. »Der Abendländer an sich« ist ein Tatmensch. Herumsitzen und Nichtstun scheint nur etwas für »Weltflüchtlinge«, Faulpelze und Melancholiker. Das scheint ein wichtiger Grund dafür zu sein, dass sich viele Frauen und Männer in den westlichen Gesellschaften heute so schwer damit tun, innezuhalten, ein einfaches Leben zu führen und kontemplative Übungen in ihren Alltag »einzubauen«.

Wenn aufgeschlossene Unternehmensberater, spirituelle Supervisorinnen und Coaches, ja sogar Arbeitsmediziner überforderten Selbstständigen und Angestellten heutzutage empfehlen, sich durch Meditationstechniken fit für den Arbeitsalltag zu machen, hat das nichts mit einem kontemplativen Leben zu tun, weder im buddhistischen noch im abendländischen Sinn. Pausen und regelmäßiges Innehalten und Ausruhen ist sinnvoll und heilsam, es gehört aber noch zum aktiven Leben. Arbeit und Freizeit gehören zusammen. Muße ist etwas anderes. Statt täglich eine halbe Stunde zu joggen oder ins Fitness-Studio zu gehen, »macht« man eben zwanzig Minuten Atemmeditation oder einen »Bodyscan«. Meditation als Entspannungstechnik einzusetzen ist völlig in Ordnung, aber Meditation »kann viel mehr«. Wenn man das nicht sieht, reduziert man Muße auf Faulseindürfen und Meditationsübungen auf geistige Fitness. Das entspricht der Haltung, Liebe auf Sex, Tätigsein auf Geld verdienen, Kultur auf Talkshows und Bildung auf Kreuzworträtsel und Rateshows zu reduzieren. Das nennt man Reduktionismus. Wer keine Zeit hat zum Innehalten und Nachdenken, glaubt mit der Zeit vielleicht sogar, dass das der Sinn des Lebens sei.

Meine Hauptthese in diesem Kapitel lautet: Ohne Zeit zum Innehalten und Nachdenken *und* ohne Austausch mit anderen verlieren wir die Fähigkeit, selber zu denken und unsere Prioritäten zu überprüfen. Ohne vita contemplativa reduzieren wir unsere vita activa auf Geldverdienen und Arbeitsdruck. Finden wir keine Muße und sind wir nicht fähig zur vita contemplativa, arbeiten wir uns tot oder sterben an Langeweile. Ich gehe davon aus, dass wir nicht leben, um zu arbeiten und uns dann wieder von der Arbeit zu erholen. Wir arbeiten für unseren Lebensunterhalt, damit wir Zeit dafür haben, die gemeinsame Welt zu gestalten und uns mit Menschen im Plural darüber auszutauschen, wie wir leben wollen. In anderen Worten: Wir arbeiten, damit wir Zeit und Raum für Kultur und Politik haben. Und dafür, über die Wunder des Lebens zu staunen und uns allein und mit anderen am Leben zu erfreuen. Ähnlich denkt auch Erich Fromm. Für ihn sind lebendige und tragfähige Beziehungen und sinnvolles, spielerisches und schöpferisches Tun die zentralen Faktoren, die uns Orientierung und Halt in der Moderne geben und uns aus Ohnmacht und Isolation herausführen und vor autoritären Strukturen und Konformität schützen können. (Fromm 1984)

Mit meinen Thesen und Übungen möchte ich Sie zum Nachdenken anregen. Wie können Menschen im Westen ein aktives Leben führen, das Raum lässt zum Innehalten, zum Nachdenken über den Sinn dessen, was wir tun? Es gibt heutzutage viele Menschen, die gerne in der Welt leben und sich nicht ins Kloster zurückziehen wollen und doch Sehnsucht nach Besinnung haben. Wie können wir die Zeichen der Zeit, Arbeitsdruck und Arbeitslosigkeit, nutzen, um unsere Prioritäten zu klären und mehr Raum für das zu finden, was uns am Herzen liegt? Ich möchte in diesem Zusammenhang einige Gedanken meiner Lieblingsphilosophin Hannah Arendt vorstellen, die mir seit vielen Jahren helfen, diese Fragen immer wieder neu zu erforschen und zu klären.

Hannah Arendt

Die Gedanken von Hannah Arendt zur vita activa und zur vita contemplativa sind mir seit Sommer 2001 eine besondere Quelle der Inspiration. Ich habe zwar Politik studiert, während meines Studiums in Heidelberg (1968 – 1972) und an der Freien Universität Berlin (1972 – 1975) den Namen Hannah Arendt aber nie gehört. Als scharfe Kritikerin des Stalinismus war sie für die Studentenbewegung eine Konservative, als ebenso scharfe Kritikerin des Faschismus und bestimmter Entwicklungen in der Bundesrepublik der Nachkriegszeit galt sie der etablierten Politologie als Linke. Die Feministinnen ließen sie »links« liegen, weil sie nicht explizit feministisch war. Auf die Frage, ob die Emanzipationsfrage für sie wichtig sei, antwortete sie 1964 in dem berühmten Fernsehinterview mit Günther Gaus schlicht: »Das Problem selber hat für mich nie eine Rolle gespielt. Sehen Sie, ich habe einfach gemacht, was ich gerne machen wollte.« (1996, S. 44) Sie bezeichnete die häufig an sie gestellte Frage nach der Wirkung ihres Schreibens auf den Lauf der Welt als »typisch männlich« und für sie irrelevant.

Im Spiegel von Arendts Thesen kann ich meine eigenen Auffassungen über die aktive und kontemplative Seite des Lebens immer deutlicher erkennen. Ihre freie und eigenwillige Interpretation der abendländischen Geistesgeschichte, Kultur und Politik macht mir Mut, Aussagen des Buddhismus und westliche Ansätze auf ihren historischen Kontext zu überprüfen und ihren Sinn für mich heute immer wieder neu zu formulieren. Mich fasziniert an Arendts Werken besonders ihr unerschütterliches Vertrauen in die Fähigkeit der Menschen, miteinander ihre gemeinsame Welt gestalten zu können, und ihre Bereitschaft, Andersdenkende verstehen zu wollen. Ihr Lebensmotto: »Ich will verstehen«, so der Titel einer Einführung in ihr Werk, spricht mir aus der Seele und macht mir Mut: zum Selberdenken, zur Muße, zum Miteinander. Da Arendt nicht für alle leicht zu lesen ist, fasse ich ihre Aussagen meist sinngemäß zusammen. Für Interessierte habe ich in der edition tara libre einige meiner Thesen und einige Zitate aus ihrem Werk zusammengestellt. (Wetzel 2004)

Die vita activa: Arbeit. Kultur. Politik

Was tun wir, wenn wir tätig sind? Etwa ein Drittel des Tages verbringen die meisten Menschen mit der Sicherung ihres Lebensunterhalts. Sie verdienen Geld und sie kümmern sich um Kinder, Haushalt und um Angehörige. Dann gibt es Freizeit, meist definiert als die Zeit, in der wir nichts Bestimmtes tun müssen. Hannah Arendt unterscheidet drei Elemente des aktiven und zwei des kontemplativen Lebens, die ich im Folgenden in meinen Worten darstelle. Die vita activa umfasst im weiteren Sinn Arbeiten, Herstellen und Politik, d.h. Sprechen und Handeln im öffentlichen Raum. Zur vita contemplativa gehört erstens das Selberdenken und zweitens das Entdecken der Grenzen des Denkens und das Überschreiten des Denkens.

Arbeit ist notwendig, um das biologische Leben zu sichern. Der Mensch als »arbeitendes Tier«, *animal laborans,* leistet unbezahlte Haus- und Familienarbeit und bezahlte Arbeit zum Lebensunterhalt. Wer kein Geld verdient, kann nicht essen, wohnen, sich kleiden und keine Kinder großziehen. Arbeiten in diesem Sinn ist nichts speziell Menschliches, denn auch Tiere nehmen Nahrung zu sich und kümmern sich um ihren Nachwuchs, und das macht also nur einen Teil des menschlichen Lebens aus. Wenn unser Lebensunterhalt gesichert ist, haben wir Zeit und Raum, Muße und Inspiration für die wesentlichen Dinge des Lebens: Beziehungen und Natur, Kunst und Kultur, Politik und Spiritualität. In traditionellen Kulturen haben die Menschen bis zu vierzig Prozent ihrer Zeit mit gemeinsamen Aktivitäten zugebracht, die nicht in erster Linie dem Lebensunterhalt dienten: essen, singen, erzählen, gemeinsame Rituale. Vielleicht verkümmern unsere Beziehungen einfach deshalb, weil wir zu wenig Zeit miteinander verbringen? Wenn das zutrifft, ist Überarbeitung nicht nur lebensgefährlich für uns selbst, sondern auch für die ganze Gesellschaft. Auch aus diesem Grund betone ich den unschätzbaren Wert von Beziehungen, nicht nur im privaten, sondern auch im beruflichen und öffentlichen Raum.

Menschen kümmern sich nicht nur um das Überleben ihrer Gattung, sondern sie stellen Dinge her, die ihr eigenes Leben überdauern. Damit schaffen wir uns eine Welt der relativen Dauer im Unbeständigen. Der Mensch als »herstellendes« Wesen, *homo faber,* erzeugt schöne und langlebige Gebrauchsgegenstände. Wir schaffen Kultur und Kunst, diesen »Schatten des Unendlichen im Endlichen«. Im engeren Sinn gehören dazu auch das Abfassen von Gesetzen, die Organisation des kulturellen und wirtschaftlichen Lebens und die Schaffung aller Bedingungen für das politische Handeln: Institutionen, Infrastruktur, Gebäude, Straßen, Krankenhäuser u.a. Die von Menschen geschaffene Welt der Gegenstände, von Kunst und Kultur gibt uns ein Gefühl der relativen Sicherheit und Dauer, einer gewissen Kontinuität im Unbeständigen.

Zum Sprechen und Handeln über die gemeinsame Welt braucht

es stabile und tragfähige Gruppen und Beziehungsnetze. Dann kann durch dieses Sprechen und Handeln im öffentlichen Raum eine positive Macht entstehen, die die Welt verändern kann. Solange wir uns als Unterschiedliche zusammenfinden, um über die gemeinsame Welt zu sprechen, können wir sie auch zum Besseren verändern. Jedes Handeln ist ein neuer Anfang und setzt Prozesse in Gang, deren Folgen nicht absehbar sind und die wir nicht kontrollieren können. Daher brauchen Menschen, die öffentlich sprechen und handeln, Mut.

Mut zur Muße: Die vita contemplativa

Die griechische Metapher für die Beziehung zwischen der vita activa und vita contemplativa ist das Schauspiel. Und der Begriff Theorie bedeutet eigentlich nicht sich etwas Kluges ausdenken, sondern genau hinschauen: »... theoria, was ursprünglich nicht Schauen, sondern Zuschauen heißt ...« (Arendt 2001, S. 31) Auf der Bühne sind die aktiven Schauspieler in die Dramen ihrer Rolle verwickelt, und nur die Zuschauer können den Sinn des Schauspiels erfassen. Sie stehen – wenn sie innehalten und nachdenken – nicht selbst auf der Bühne des Lebens, sind aber existenzieller Bestandteil des Schauspiels. Wenn die Schauspieler die Stücke ihres Lebens spielen, brauchen sie auch Zuschauer, nachdenkliche Mitmenschen und Freundschaften, um ihr Leben reflektieren zu können. In dem Sinn ist die Metapher des Theaters ein Hinweis auf zwei Modi des Lebens, die zusammengehören, aber je eigenen Gesetzen folgen: handeln und nachdenken, tun und innehalten, Arbeit und Muße. Vielleicht inspirieren uns die folgenden Überlegungen dazu, hin und wieder oder sogar regelmäßig von der Bühne des aktiven Lebens abzutreten und in der Ruhe einer Mußestunde unser Leben anzuschauen. Wenn wir die Theater-Metapher auf unser Leben beziehen, müssen wir uns klarmachen, dass sich Schauspieler und Zuschauerinnen gegenseitig brauchen, und außerdem wechseln wir immer wieder unsere Rollen. Es geht mir hier nicht um ein »cooles« und distanziertes Beobachten des Lebens, sondern um die Fähigkeit, das eigenen Verhalten und Reden, Fühlen und Denken aufmerksam und achtsam zu beobachten, und darum, immer wieder einmal die Identifikation mit unseren Erfahrungen zu lockern.

Zum kontemplativen Leben gehören nach antiker und buddhistischer Auffassung zwei Dinge: *erstens* das existenzielle Nachdenken über die wichtigen Dinge des Lebens und *zweitens* das Überschreiten des Denkens. Für Arendt ist das Selberdenken – ein Begriff, den Lessing eingeführt hat – ein Schlüsselbegriff: »Ich war immer der Meinung, dass man so zu denken anfangen müsste, als wenn nie zuvor jemand gedacht hätte, und erst anschließend beginnen sollte, von den anderen zu lernen.« (Arendt 1996, S. 111) Zum eigenständigen Denken gehört der Mut, unbeantwortbare Fragen zu stellen. Das ist die Aufgabe der Philosophen. Damit ist gerade nicht das Sammeln von Begriffen, Texten und Meinungen gemeint, denn das gehört zum Bereich der Kultur, also zum aktiven Leben. Philosophie im Sinne der vita contemplativa ist der Vorgang des Nachdenkens selbst, das aktive Philosophieren in der ersten Person: ich denke nach, und in der zweiten Person: wir reden miteinander über das, was uns angeht. Philosophie in der dritten Person, als das Reden über das, was andere gedacht haben, spielt nur eine sekundäre Rolle in diesem Kontext, denn das gehört zum aktiven Leben der Kultur. Wer es für die Hauptaufgabe der Philosophie hält, ist nach diesem Ansatz kein Philosoph, denn er philosophiert nicht, er denkt nicht selber. (Blücher 1954)

Die *zweite* Aufgabe der vita contemplativa ist das Hinausgehen über alles Denken in der unmittelbaren Schau des Unfassbaren. Für Meister Eckhart, den christlichen Mystiker, war das die Gottheit jenseits aller Bilder und Begriffe, sogar jenseits der Trinität (Eckhart 1976, S. 37), und für den Buddha ist das die Einsicht in »Leerheit«. Quantenphysiker sprechen hier vielleicht von komplexer Kausalität, die man gedanklich nie ganz fassen kann. (Dürr 1986) Und der Soziologe Niklas Luhmann spricht vom unmarkierten Raum, den es als Umgebung braucht, damit ein bestimmter Bereich erforscht werden kann. (Luhmann 2000) Man kann diesen Aspekt des kontemplativen Lebens Mystik nennen, wie es Tugendhat tut (2003), oder angewandte Religion. Manche Religionswissenschaftler nennen das Spiritualität, aber dieser Begriff ist sehr vage und wird auch für frei flottierende religiöse Gefühle und besondere Zustände verwendet, und das ist etwas anderes als das Entdecken der Stille hinter allen Vorstellungen.

Um existenzielle Fragen stellen und die Grenzen unseres Denkens entdecken zu können, brauchen wir Muße, und da beißt sich die philosophische Katze in den Schwanz. Wir schaffen nur dann Raum für die Muße, wenn uns das am Herzen liegt. Mit meinen wiederholten philosophischen Ausflügen möchte ich Sie dazu inspirieren, sich Zeit zu nehmen, frei von inneren und äußeren Zwängen, in der Sie über das nachdenken, was Ihnen am Herzen liegt. Vielleicht kann Ihnen auch der Gedanke an den Tod helfen, ehrlich zu prüfen, ob Sie so leben, wie Sie das wirklich wollen. (6. Kapitel) Eine klare und nüchterne Antwort auf diese Frage gibt einigen vielleicht die Kraft, aus diesen Einsichten Konsequenzen zu ziehen und sich für ein gutes Leben zu entscheiden. Ein Leben, das gut ist für Sie selbst, für die Menschen, denen Sie tagtäglich begegnen, und für die »ganze Welt«. Wie ein gutes Leben aussehen könnte, davon handelt das nächste Kapitel.

Die folgenden *Übungen* finden Sie ausformuliert im zehnten Kapitel:

Mein aktives Leben
Mußestunden
Prioritäten prüfen
Der rote Faden
Freude am Tun

Teil III: Ein gutes Leben: Üben und Alltag

8 Auftanken und Entspannen

Dieses Kapitel entstand auf der Grundlage von Kursen (vor allem) für Mitarbeiterinnen und (einige) Mitarbeiter aus sozialen und helfenden Berufen zunächst in Brandenburg (1995 – 2008) und später in Berlin (2009 – 2012). Im Zentrum dieser – früher meist dreitägigen und seit 2009 meist ein- oder zweitägigen – Kurse stehen drei Bereiche: 1. Einfache Übungen im Sitzen, Gehen und Liegen und einfache Bewegungsübungen. 2. Thematische Übungen in Anlehnung an die Grundübung Aufhänger, Stimmung, Hintergrund. 3. Thesen und Übungen zu den *Vier Schleiern* als Modell menschlicher Erfahrungen. Einige von mir ausgebildete Trainerinnen für Auftanken und Entspannen unterrichten diese Kurse inzwischen in unterschiedlichen Einrichtungen der Erwachsenenbildung und ergänzen diese drei Kernbereiche mit weiteren körperbezogenen und thematischen Übungen.

Die Vorschläge in diesem Kapitel eignen sich für die individuelle Übung zu Hause, und sie sind übertragbar auf unterschiedliche Zielgruppen. Einige Elemente habe ich auch bei Intensivkursen auf den Lindauer Psychotherapiewochen (2011 und 2012) unterrichtet. Im neunten Kapitel werde ich einige Vorschläge machen, wie Sie diese Übungen systematisch zu Hause für sich allein oder in kleinen Gruppen einsetzen können. Wenn Sie beruflich mit Gruppenprozessen und mit dem Anleiten von Übungen vertraut sind, können Sie alles, was Sie selbst häufig ausprobiert haben und sinnvoll und nützlich finden, auf Ihre spezifische Zielgruppe zuschneiden und weitergeben.

Menschen in sozialen, helfenden und heilenden Berufen stehen vor einer fast unlösbaren Herausforderung. Sie wollen und sollen anderen Menschen bei der Bewältigung ihrer Probleme in Arbeit und Alltag helfen. Aber wie gehen Sie damit um, wenn Ihre Ratschläge und Hilfsangebote nicht angenommen werden oder Ihr Einsatz nicht die erwünschten Ergebnisse zeigt? Was tun Sie, wenn Ihre Kraft nicht ausreicht, Sie Mut und Energie verlieren und sich überfordert und ausgebrannt, müde und entmutigt fühlen? Wie können Sie Erfahrungen von Kompetenz, Freude und Inspiration bei sich selbst und im Kontakt mit Kolleginnen und Mitarbeitern, mit Patientinnen, Klienten und Vorgesetzten fördern? Regelmäßige stille und thematische Übungen im Sitzen und Gehen, im Liegen und in Bewegung können uns dabei helfen, Kräfte zu regenerieren und Offenheit, Klarheit und Geduld zu entwickeln. Sie wollen dazu anregen, Erwartungen an sich selbst, an Klientinnen und Patienten, Kollegen, Mitarbeiterinnen und Vorgesetzte in Teams, Ämtern und Institutionen zu überprüfen, eigene Vorstellungen von Glück und Erfolg kennenzulernen und innere Unruhe und Anspannung genauer zu spüren und abzubauen.

In der Regel klappt es mit dem Üben allein und zu Hause am besten, wenn Sie zusätzlich zu einer inspirierenden Lektüre und zu Übungs-CDs auch eine persönliche Einführung erhalten und die Gelegenheit zum Austausch über die Übungen haben. Im Gespräch mit einer Kursleiterin und anderen Übenden können Sie Fragen klären, und das stärkt Vertrauen und fördert eine stabile Motivation für das Üben zu Hause. Wenn Bekannte oder Kolleginnen auch gerne zusammen üben wollen, unterstützt ein gemeinsamer Nachmittag oder Abend, zu zweit oder dritt, alle ein oder zwei Wochen für zwei Stunden, die eigene Übung enorm. Sie können dann einen Abschnitt aus diesem Buch zusammen lesen, ein oder zwei stille Übungen im Sitzen, Liegen oder Gehen durchführen, eine thematische Übung anleiten und über Ihre Erfahrungen mit dem Üben zu Hause und mit dem Innehalten bei der Arbeit sprechen. Mehr dazu im letzten Kapitel.

Üben: Innehalten, entspannen und auftanken

Worum geht es bei meditativen Übungen? Oft hilft ein Blick auf die Begriffe. In der tibetischen Tradition bedeutet üben »sich vertraut machen mit dem, was uns und andere heilt«. Es geht also um Heilung und darum, sich mit bestimmten Übungen vertraut zu machen, und dazu braucht man nicht nur Zeit, sondern Muße.

Wer Entspannungsverfahren kennenlernen und damit vertraut werden will, braucht Zeit. Hier und da fünf oder zehn freie Minuten vor oder nach einem anstrengenden Arbeitstag tun gut und dienen der

Erholung. Damit wir tief entspannen und Kraft schöpfen und konstruktiv über unser Leben nachdenken können, brauchen wir – was wohl? Sie können es sich schon denken. Wir brauchen dazu Muße und die Bereitschaft, einem einfachen Ablauf immer und immer wieder zu folgen. Muße ist, wie Sie schon wissen, eine Zeit frei von äußeren und inneren Zwängen, frei von dem inneren Druck, etwas anderes tun zu müssen. Ein Zeitraum, in dem wir nichts anderes tun wollen und sollen als einfach da sein mit uns und der Welt. Dabei unterstützt uns meist ein bestimmtes einfaches Tun, das einen anderen Modus ermöglicht und fördert. Wenn wir es oft wiederholen, wird dieses Tun zu einem einfachen und sicheren Schlüssel zu einer anderen Haltung, zu einem anderen Modus.

Im zweiten Kapitel habe ich den koreanischen Philosophen Byong-Chul Han erwähnt, der Burnout und Versagen als Widerstandsformen gegen eine überzogene Leistungsgesellschaft interpretiert. In einem Beitrag in der ZEIT im Juni 2013 weist er auf einen sehr spannenden Aspekt dieses anderen Modus hin und stellt ihn wie der katholische Philosoph Josef Pieper (1999) in einen Zusammenhang mit religiösen Festen. »Die wirkliche Zeitkrise ist aber, dass uns jene Zeitformen abhandengekommen sind, die keine Beschleunigung zulassen … Wir haben längst die Zeit des Festes verloren … Die Zeit des Festes ist keine Zeit der Entspannung oder der Erholung von der Arbeit. Das Fest lässt eine ganz andere Zeit beginnen …« (Han 2013, S. 42) Auch wenn wir religiös »unmusikalisch« sind, d. h. keine religiöse Ader haben, können wir doch mehr darauf achten, die Dinge zu tun, die wir nicht beschleunigen *wollen*. So finden wir vielleicht Zugang zu diesem anderen Modus, dem Modus der Muße. Ich denke dabei an künstlerische oder handwerkliche Tätigkeiten, an Tanzen, Singen, Spazieren gehen, sich einem Hobby widmen. Eine solche Art des Tuns wird nicht besser oder intensiver, interessanter oder anziehender, wenn wir es schneller machen. Hingabe an ein Tun, das uns interessiert und anzieht, führt uns in eine andere Haltung, in eine freundliche, wache Aufmerksamkeit und Präsenz.

Die meisten Menschen kennen die eine oder andere Methode, wie sie sich entspannen und Kraft schöpfen können, aber oft nehmen wir uns nicht regelmäßig Zeit dafür. Viele moderne Entspannungsansätze vermitteln vor allem körperbezogene, emotionale und kognitive Verfahren – bekannt und bewährt sind z. B. autogenes Training, Neurolinguistisches Programmieren (NLP), Achtsamkeitsverfahren wie MBSR oder MBCT –, sagen aber wenig über die Haltung und den Kontext, in dem diese Übungen wirksam werden. Als Zusatzprogramm zu einem vollen Alltag werden sie leicht zu einem weiteren Termin, zu einer weiteren Forderung, die wir erfüllen müssen. Und wenn uns das dann nicht gelingt, geben wir uns vermutlich selbst die Schuld und meinen, wir müssten uns noch mehr anstrengen, damit wir unseren Alltag möglichst wach und fit meistern.

Ich möchte mit meinen Überlegungen bei dem ansetzen, was Sie schon kennen und wissen, und eine breite Palette von Übungen vorstellen, aus denen Sie dann die auswählen können, die zu Ihnen passen. Wenn wir mit *den* Übungen beginnen, die uns zusagen, können wir sie leicht in unseren Alltag einbauen und spüren den heilenden Effekt unmittelbar. Kleine Erfolgserlebnisse fördern unsere Bereitschaft, uns regelmäßig Zeit dafür zu nehmen oder besser: uns Zeit dafür zu schenken. Innehalten und spüren, wie es uns geht, ist ein Geschenk an uns selbst. Und auch unsere Mitmenschen werden es uns danken, wenn wir wacher und entspannter mit uns und mit ihnen umgehen lernen.

Es gibt unterschiedliche Weisen, innezuhalten, loszulassen und Kraft zu schöpfen, und ich möchte einige nennen, die Sie vermutlich kennen, und einige vorstellen, die Sie vielleicht noch nicht kennen. *Körperlich* entspannen: Viele Menschen kennen und üben Formen der Körperentspannung. *Geistig* entspannen: Wie man sich gezielt emotional und geistig entspannen kann, wissen die meisten nicht. *Auftanken:* Viele Menschen wissen, wie sie Kraft schöpfen oder auftanken können, üben das aber nicht systematisch und regelmäßig. Sich und die Welt *besser verstehen:* Die meisten unterschätzen, wie viel ihre persönliche Einstellung zum Leben, Werte und Vorstellungen, Selbstbilder und soziale Netze zu ihrem Lebensgefühl beitragen. Diesem Thema ist der zweite Teil dieses Kapitels gewidmet.

Leib und Seele, Körper und Geist

Wir entspannen mithilfe der fünf Sinne, und zwar auf unterschiedliche Weise: aktiv oder passiv, ausgerichtet oder nicht gerichtet, forschend und betrachtend: Wir sind körperlich *aktiv,* treiben Sport, bewegen, dehnen und strecken uns, gehen tanzen, schwimmen und spazieren. Wir bleiben körperlich *passiv* und »lassen uns bewegen« durch Krankengymnastik, Massage, auf dem Wasserbett u. a. Wir bleiben körperlich *passiv* und nehmen geistig Eindrücke auf: Wir legen uns auf das Sofa und hören Musik, lesen und unterhalten uns. Bei vielen Mischformen von Entspannen und Auftanken ist der Ausgangspunkt der Körper. Wir bewegen uns und entspannen bei der Wiederholung bestimmter Bewegungsabläufe. Dazu gehören einfache und komplexe Übungen aus Asien wie Yoga, Tai-Chi, Qigong u. a. Manchmal scheinen die alten Begriffe Leib und Seele besser geeignet, das zu beschreiben, was mit einer meditativen oder kontemplativen Haltung zum Leben gemeint ist, denn darin schwingt noch das Wissen um die gegenseitige Durchdringung beider Dimensionen mit, die bei den Begriffen Körper und Geist eher unverstanden und daher unberücksichtigt bleibt.

Viele Menschen entspannen sich geistig und emotional am besten, wenn sie körperlich *aktiv* sind: Wir gehen spazieren und bewegen uns und richten die Aufmerksamkeit auf nichts Besonderes. Wir bleiben geistig unfokussiert und lassen die Seele baumeln, beim Spazierengehen, Schwimmen, Joggen u. a. Relativ wenig vertraut ist den meisten Menschen die Kombination von körperlicher Ruhe und geistiger Wachheit, die nach innen gerichtet ist. Wir bleiben körperlich passiv, sitzen oder liegen still und sind geistig wach und aufmerksam. Wir achten dabei vor allem auf körperliche Prozesse und auf unsere Reaktionen auf Sinnesreize und Gedanken.

Die buddhistische Tradition lehrt viele Techniken der Innenschau. Dazu brauchen wir Aufmerksamkeit und Achtsamkeit. Im ersten Kapitel habe ich beide Begriffe erläutert. Zur Erinnerung: Die beiden Aspekte von Achtsamkeit sind bemerken, im Sinne einfacher Aufmerksamkeit, und erinnern. Wir bemerken, was jetzt gerade körperlich, emotional und geistig geschieht, und erinnern uns an das, was uns und andere heilt. Innenschau bedeutet hier: Wir richten die Aufmerksamkeit nicht nach außen, sondern nach innen, auf innere Prozesse. Wir spüren »uns selbst« und nehmen körperliche, emotionale und geistige Prozesse wahr. Diese Art von stillem Spüren hat einen sehr hohen Entspannungseffekt und weckt gleichzeitig Energie.

Vier Grundlagen der Achtsamkeit

Bei der Übung der Innenschau achten wir auf vier Bereiche, zunächst während der systematischen Übung und später dann auch im Alltag. Die vier Bereiche der Achtsamkeit habe ich schon im vierten Kapitel vorgestellt. Sie sind ein Arbeitsmodell für alle Übungen. Wenn wir uns in diesen Bereichen mehr spüren, führt das zu körperlicher und geistiger Entspannung und hilft dabei, Energie zu tanken. Ich nenne die vier Bereiche noch einmal im Überblick und erläutere sie anschließend ausführlich: 1. Körperempfindungen, d. h. der innere Körpersinn, der Tastsinn und die übrigen vier Sinne: sehen, hören, riechen und schmecken. 2. Grundgefühle und unsere emotionale Reaktionen darauf. 3. Grundstimmungen. 4. Gedanken. Viele bekannte Techniken setzen am Körper an, einige habe ich bereits im vierten Kapitel vorgestellt und weitere folgen am Ende des Kapitels. Ich werde die entsprechenden Übungen kurz nennen. Sie folgen dann am Ende des Kapitels.

Grundgefühle und emotionale Reaktionen

Grundgefühle sind lebensnotwendig und ermöglichen eine erste Orientierung in allen Situationen. Auch Tiere haben diese Art von Grundgefühlen. Sie erlauben eine einfache Bewertung unserer Erfahrungen: angenehm, unangenehm und weder-noch bzw. neutral. Auf diese drei Grundgefühle reagieren wir meist automatisch mit eingefahrenen emotionalen Mustern. Die Art, wie wir reagieren, prägt unseren sogenannten Charakter. Im Allgemeinen reagieren wir auf angenehme Gefühle mit dem Wunsch nach Mehr, mit Festhalten am Auslöser oder mit Bedauern, dass wir diese angenehmen Gefühle zu selten erleben. Auf unangenehme Gefühle reagieren wir meist mit Abwehr, Schuldzuweisungen an andere oder an uns selbst oder mit Verdrängen. Wir stellen Gefühle ab oder dramatisieren sie, werden wütend, leugnen sie ganz oder rationalisieren sie. Auf neutrale Gefühle, d. h. auf Situationen, die uns weder besonders angenehm noch unangenehm scheinen, reagieren wir meist mit Desinteresse und Gleichgültigkeit und ignorieren so einen großen Teil unserer Erfahrungen. Das ist normal, denn unangenehme Gefühle weisen auf eine potenziell gefährliche Situation hin und brauchen unsere Aufmerksamkeit. Und angenehme Gefühle weisen uns auf das hin, was uns guttut. Wenn wir aber auf diese Grundgefühle nur mit diesen Mustern reagieren können, wird unser Leben anstrengend und zugleich langweilig.

Grundstimmungen und Gedanken

Menschen sind verschieden und machen sich immer schon Gedanken, wie sie diese Unterschiede fassen können. Der Buddhismus unterscheidet zunächst zwischen drei Grundhaltungen, unterschiedlichen Intensitäten und Spielarten von Gier, Abwehr oder Ignoranz. Eine andere Unterscheidung nennt fünf Neigungen, und meist steht eine Neigung im Vordergrund: 1. Trägheit und Sturheit, 2. Habenwollen und Festhalten, 3. Ablehnung und Ärger, 4. Unruhe und Sorgen und schließlich 5. Zweifel und Unentschlossenheit. (Wetzel 2010a, S. 152ff.)

Westliche Menschen sprechen von Gefühls- und Kopfmenschen, C.G. Jung fügt dieser Unterscheidung noch den Empfindungstypus und den intuitiven Typus dazu und sagt, alle vier Typen können introvertiert oder extravertiert sein. Wir halten einige Menschen für Optimisten und andere für Pessimisten, und viele Zeitgenossen pendeln zwischen Hektik und Trägheit. Wir nennen das Temperament, Charakter oder Typus. Dass wir unterschiedlich sind, ist in Ordnung. Wenn wir aber unseren Typus oder unsere Hauptneigungen nicht kennen, denken wir, die Welt sei so, wie wir sie mit unserer je spezifischen Grundstimmung sehen. Wir sind dann so sehr mit dem identifiziert, was wir gerade denken und fühlen, dass wir das gar nicht bemerken und glauben, wir und die anderen und die ganze Welt seien einfach so. Das stimmt ganz offensichtlich nicht, denn mit einer anderen Stimmung sieht die Welt plötzlich sehr anders aus.

Wir glauben unseren Ansichten unbesehen, weil wir Gedanken nicht als Gedanken bemerken. Wir denken schlicht: »So ist es.« Es ist nicht leicht, Gedanken als Gedanken zu erkennen, aber das ist die Voraussetzung dafür zu entscheiden, ob sie angemessen sind oder nicht. Wenn wir überlegen, was wir für angemessen oder unangemessen, für gut oder schlecht, für wahr oder falsch halten, müssen wir bemerken, *dass* wir das denken und *was* genau wir denken. Und dazu brauchen wir – Muße. Es ist mir ein großes Anliegen, diesen Zusammenhang immer wieder deutlich zu machen. Ohne Muße und Innehalten können wir Gedanken nicht als Gedanken und damit als bloße Vorschläge erkennen. Und wenn wir das nicht erkennen, folgen wir unbewusst und blind alten Mustern und bloßen Vorlieben und Abneigungen und halten das für unser Leben. Das wäre doch schade.

Varianten der Übung

Bei *konzentrativen* Übungen richten wir die Aufmerksamkeit auf eine Sache und lernen nebenbei Gedanken bemerken. Wenn wir bemerken, dass wir träumen, erinnern wir uns an die Übung, die wir uns gerade vorgenommen haben, z. B. Atem spüren, Körper spüren, auf einen der fünf Sinne achten, und kehren zurück zur Übung. Bei *thematischen* Übungen denken wir gezielt über bestimmte Fragen oder über eine besonders schöne oder schwierige Situation nach. Wir lernen erkennen, was uns Freude bereitet oder schwierig ist und welche inneren und äußeren Bedingungen Entspannung und Auftanken fördern oder blockieren. Bei *imaginativen* Übungen lassen wir Bilder auf uns wirken. Wenn wir *meditativ gehen*, gehen wir eine Weile in Zeitlupe und dann wieder im Normaltempo. Wir achten auf unsere Füße und sprechen innerliche Worte wie »Ein-Aus« oder »Ja-Danke« im Rhythmus des Gehens.

Beim Üben reicht es aus, wenn wir zunächst mit 20 – 30 Prozent der Aufmerksamkeit dabei sind. Der Rest der Aufmerksamkeit bleibt ungerichtet. Dieser Hinweis ist besonders wertvoll für leistungsbereite Tatmenschen, die es sogar schaffen, eine Entspannungsübung in ein Projekt zu verwandeln, von dem sie sich hinterher erholen müssen. Je vertrauter wir mit der Übung sind, desto leichter bleiben wir dabei, desto tiefer wird die Konzentration und desto mehr Ruhe und Klarheit, Energie und Wachheit erleben wir. Der heilsame Effekt regelmäßiger Übung entsteht nicht durch Anstrengung oder das Bemühen, mit dem wir uns auf eine Technik ausrichten, sondern durch das einfache Wiederholen der Übung. Auch hier gilt Erich Kästners tiefe Einsicht: Es gibt nichts Gutes außer man tut es. Und: Übung macht die Meisterin.

Die hier empfohlenen *Übungen* finden Sie im zehnten Kapitel:

Den Körper spüren
Den Atem spüren
Gehen
Gedanken bemerken, Übung erinnern
Mit allen Sinnen leben
Grundstimmung
Sätze sprechen
Innere Bilder

Energie durch Freude am Tun

Mithilfe *thematischer* Übungen schauen wir uns Situationen unseres Lebens in einer ruhigen Atmosphäre genauer an und lernen uns dabei immer besser kennen. Wir erkennen, was wir denken, sagen und tun. Wir spielen Situationen mit einer anderen Haltung noch einmal durch und lernen so, aus eingefahrenen Mustern auszusteigen. Durch thematische Übungen lernen wir, selbstständig und konstruktiv zu denken. Konstruktives Denken erkennt man recht einfach: Die Situation wird klarer, wir verstehen uns und andere besser, der Blick wird weiter, und wir können mehrere Standpunkte gleichzeitig sehen und uns fallen gute Lösungen für Konflikte ein. Wenn wir durch unsere Art des Nachdenkens noch wütender, trauriger, ohnmächtiger oder unklarer werden, handelt es sich um Grübeln. Wir wiederholen dann bloß eingefahrene alte Ansichten und Vorurteile.

Auftanken bedeutet in diesem Kontext, Kraft zu schöpfen oder Energie zu »tanken«. Genauer gesagt, tanken wir keine *neue* Energie, sondern wir zerstreuen für eine Weile unsere Energie nicht sinnlos und unbewusst, und dann bemerken wir, wie viel Energie wir eigentlich haben. Im sechsten Kapitel zum Thema Resilienz habe ich über den Zusammenhang von Freude, Sammlung und Energie gesprochen. Die Grundthese des Buddhismus ist einfach: Energie entsteht durch Freude. Und Freude ist Sammlung, sie entsteht durch die Ausrichtung auf das, was uns am Herzen liegt und interessiert. Freude und Energie werden blockiert durch Trägheit. Eine sehr produktive Freude ist Freude an einem Tun, das uns und andere heilt. Meine These ist: Wir tun *immer* nur das, was uns am Herzen liegt, selbst wenn wir es nicht mögen. Möglicherweise steckt in solchen Fällen eine heimliche Priorität dahinter, die wir noch gar nicht bemerkt haben, wie z. B. das Bedürfnis nach Sicherheit und Anerkennung oder die Angst vor Liebesentzug und Kritik. Wenn wir unsere Prioritäten klären, haben wir auch Raum, Zeit und Energie für alles, was uns am Herzen liegt. Und wir hadern weniger mit den Tätigkeiten, die wir nicht besonders gerne tun, weil wir wissen, warum wir sie tun.

Müdigkeit und drei Arten der Trägheit

Ich habe im zweiten Kapitel die drei Arten der Trägheit oder Faulheit erwähnt, insbesondere die Faulheit der Geschäftigkeit. (S. 45) Jetzt möchte ich auf eine *sinnvolle und nützliche* Art der Müdigkeit – nach viel Arbeit – und auf die beiden anderen Arten der Faulheit oder Trägheit – aus Abwehr und mangelndem Selbstvertrauen – und ihre entsprechenden Gegen- oder Heilmittel eingehen. 1. Wenn wir viel gearbeitet haben, müssen wir *ausruhen*. Menschen mit einer übertriebenen Leistungsbereitschaft unterschätzen diesen einfachen Zusammenhang. Sie halten sich für »unkaputtbar« und glauben, sie bräuchten nicht auf die Signale des Körpers zu hören. Ich wiederhole hier noch einmal die zentrale Botschaft dieses Buches aus dem zweiten Kapitel über Burnout: Ohne Innehalten und regelmäßiges Umschalten in den Parasympathikus-Modus der Entspannung zerstören wir auf Dauer unsere Gesundheit und – wir sind immer weniger fähig, unser konkretes Verhalten und unsere Haltung zum Leben zu hinterfragen und gründlich zu reflektieren. Dann können wir keine neuen Gedanken denken und auch keine konstruktiven Vorschläge zur Verbesserung des Lebens in unserer gemeinsamen Welt machen.

2. Sind wir müde aus *Abwehr*, geht es darum, Interesse für die notwendige Arbeit zu wecken und sie anzupacken. Manchmal helfen auch Pflichtgefühl oder die Einsicht, dass die Arbeit für andere wichtig ist. Wir können uns natürlich auch mit anderen absprechen, eine ungeliebte Arbeit gemeinsam anpacken oder, falls möglich, an andere abgeben und dafür etwas übernehmen, was sie nicht gerne tun. 3. Bei mangelndem Selbstvertrauen, Unsicherheit und Minderwertigkeitsgefühlen können wir Rat suchen und uns helfen lassen. Sehr klug finde ich den Hinweis, dass »fortgesetzte Hinwendung« zu einer schwierigen Tätigkeit dazu führen kann, dass wir etwas Neues lernen. Durch Anpacken und Weitermachen entsteht Kompetenz; Grübeln und schlechtes Gewissen sind dagegen nutzlos. 4. Wer keine Zeit für das Wesentliche findet, sollte seine Prioritäten klären. Darauf habe ich im zweiten und sechsten Kapitel hingewiesen und entsprechende Übungen vorgeschlagen. (Wetzel 2010 a)

Damit wir Müdigkeit und Faulheit bemerken und unterscheiden können, brauchen wir Muße und Interesse. Es scheint leider so zu sein, dass wir erst dann genauer hinschauen, wenn uns starke körperliche

Symptome und tiefe Erschöpfung dazu zwingen. In den siebzehn Jahren, in denen ich ab 1995 Auftankkurse für soziale Berufe in Berlin und Brandenburg unterrichtet habe, war über die Hälfte der Teilnehmerinnen »fertig mit den Nerven«, und ein gutes Drittel hatte bereits eine Kur oder einen Klinikaufenthalt hinter sich.

Die hier empfohlenen *Übungen* finden Sie im zehnten Kapitel:

Prioritäten klären
Sternstunden
Angenehme und unangenehme Erfahrungen
Mut zur Veränderung
Anlässe für Entspannung suchen

Aufhänger, Stimmung und Hintergrund

Unser Lebensgefühl hängt wesentlich mehr von unserer aktuellen *Stimmung* und dem biografischen und kulturellen *Hintergrund* ab als von äußeren Umständen. Je schlechter unser Lebensgefühl ist, desto mehr fühlen wir uns als Opfer äußerer Umstände und desto abhängiger sind wir von materiellen Bedingungen und anderen Menschen. Wir können lernen, unsere innere Einstellung zu erkennen und konstruktiv mit ihr und mit den äußeren Bedingungen zu arbeiten.

Die äußeren Umstände fungieren als *Aufhänger* oder Auslöser. Je nach aktueller Stimmung – entspannt, nervös, optimistisch, ängstlich – und biografischem und sozialem Hintergrund – Vorerfahrungen, Werte, Ansichten, Erwartungen – wecken sie angenehme oder unangenehme Gefühle. Manche Leute mögen heiße Diskussionen und viele Leute um sich, andere ziehen ruhige Zweiergespräche vor oder reden überhaupt nicht gerne. Mit einem schlechten Lebensgefühl geraten wir in einen Teufelskreis von Opfergefühl und Abhängigkeiten. Äußere Dinge werden dann immer wichtiger, und wir halten immer mehr an ihnen fest. Das stärkt die Opferhaltung, und wir greifen noch stärker nach einem Halt im Außen oder ziehen uns zurück.

Selbst- und Fremdbilder

Selbstbilder und Fremdbilder hängen zusammen: Wie wir uns mit anderen Menschen fühlen und wie wir mit ihnen umgehen, hängt davon ab, wie wir uns selbst wahrnehmen. Ohne gute Vorbilder entsteht kein positives Selbstbild. Ohne ein realistisches und positives Selbstbild gibt es keine reifen, realistischen und positiven Fremdbilder. Wenn wir Autoritäten idealisieren, stärkt das allerdings eher unser negatives Selbstbild und fördert die Abhängigkeit von ihnen. (Wetzel 2010 b, 157 ff.; 2011 a, 97 ff.) Selbstablehnung führt uns in einen tödlichen Kreislauf: Wer sich selbst ablehnt, lehnt die Welt ab, und wer die Welt ablehnt, lehnt sich selbst ab. Veränderungen beginnen immer in uns selbst, denn die Welt besteht aus einzelnen Menschen. Wir können Selbst- und Fremdbilder beobachten und spüren, annehmen und verstehen und dann gezielt verändern. Nur wenn wir das selbst tun, können wir auch andere in diesem Prozess unterstützen. Schlüsselbegriffe für ein konstruktives Umgehen mit unseren Erfahrungen sind: beobachten, nicht jammern, annehmen, verändern. Bemerken, suchen, vermeiden, klug handeln. Die buddhistische Nonne Ayya Khema brachte es so auf den Punkt: Erkennen, nicht tadeln, ändern. Wenn man das nicht als Über-Ich-Ansage interpretiert, kann das eine gute Orientierung bei schwierigen Erfahrungen sein.

Wer bin ich? Die Vier Schleier

Ich habe im ersten Kapitel kurz das Modell der *Vier Schleier* erwähnt. Sie beschreiben vier Erfahrungsdimensionen, die wir in der Übung erkennen und im Alltag beobachten können: 1. Starkes oder beschädigtes Urvertrauen bzw. buddhistisch formuliert: Vertrauen bzw. fehlendes Vertrauen in Buddha-Natur. 2. Gefühl der essenziellen Verbundenheit oder Getrenntheit bzw. dualistische Sicht. 3. Vorstellungen über uns und die Welt: Weltanschauungen, Menschenbild, Gedankenschleifen, Meinungen, Ansichten und die dazugehörigen emotionalen Muster und Strategien: Gier, Hass, Neid, Zweifel, Sturheit usw. 4. Konkretes Verhalten mit dem Körper und mit der Rede: z. B. ethisches oder rücksichtsloses Verhalten.

Das Modell stellt diese unterschiedlichen Erfahrungsebenen in einen Zusammenhang und zeigt ihre wechselseitige Bedingtheit. Es inspiriert mich seit Mitte der 1980er-Jahre und hilft mir sehr, die Begrenztheit von Ansätzen zu verstehen, die lediglich einzelne Symptome oder Erfahrungsebenen betrachten, und sie zur Hauptursache von Schwierigkeiten erklären nach dem Motto: Es liegt an den Genen, am Körper, an blockierten Gefühlen oder an falschen Glaubenssätzen. Das Modell stammt aus dem Buddhismus, es kann aber auch als Orientierungsrahmen für unterschiedliche westliche Erklärungsansätze dienen. Durch die Art der Erklärung weist es zugleich auf konkrete notwendige Schritte zur Auflösung unerwünschter Kausalketten hin. Die vier Schleier, die unseren Blick auf einzelne Erfahrungen, auf uns, die anderen und die ganze Welt trüben, sind inklusive Kategorien, die sich überlappen und ineinander übergehen. Die Metapher des »Schleiers« betont die Bedeutung eines klaren Blicks auf uns und die Welt. Leider handelt es sich bei dieser Art von Schleier nicht um dünne Vorhänge, die wir, einmal erkannt, beiseite ziehen oder zerreißen könnten, sondern um sehr komplexe kognitive und emotionale Verzerrungen, Blockaden und Muster. Ich übersetze die buddhistischen Begriffe hier in allgemeinverständliche Begriffe. Die buddhistischen Konzepte und Begriffe habe ich an anderer Stelle dargestellt. (Wetzel 2013 a)

Je mehr Urvertrauen Menschen haben, desto leichter ist ihr Leben, denn es sorgt für ein positives Lebensgefühl, und je weniger Urvertrauen Menschen haben, desto schwerer ist ihr Leben. Die buddhistische Tradition geht davon aus, dass wir dieses tiefe Vertrauen auch dann in uns und anderen stärken können, wenn wir älter als sechs Jahre sind. Beweisen kann das niemand, aber ausprobieren lohnt sich auf jeden Fall. Mit Urvertrauen finden wir leichter eigene und auch neue Wege aus Schwierigkeiten. Das »Dumme« generell und insbesondere für Menschen in sozialen und lehrenden, helfenden und heilenden Berufen ist, dass wir Urvertrauen nur dann in anderen stärken können, wenn wir es selbst entdeckt bzw. entwickelt haben. Wir können es leichter entdecken, wenn wir *bemerken,* wie es uns geht, wie wir uns fühlen und was wir denken, sagen und tun. Mit Übungen der Innenschau lernen wir uns besser kennen und können leichter entspannen. Urvertrauen und ein positives Lebensgefühl drücken sich aus als Lebensfreude, Frustrationstoleranz und Mut, nach Fehlschlägen wieder neu zu beginnen, als Kreativität, Fähigkeit zu improvisieren usw. Das sind Fähigkeiten, die Daniel Goleman als Ausdruck emotionaler Intelligenz interpretiert. (Goleman 1997)

Je weniger Urvertrauen wir selbst, unsere Kinder und Klienten, Kolleginnen und Nachbarn haben, desto weniger geborgen fühlen wir uns und desto eher neigen wir zu Rechthaberei und Sturheit, emotionaler Regression und unsozialem Verhalten. Je weniger Urvertrauen wir haben, desto stärker ist unser Gefühl der Abgetrenntheit und desto instabiler unser Lebensgefühl. Wir fühlen uns zu kurz gekommen und versuchen das mit materiellen Dingen, emotionalem Festhalten und intellektuellem Wissen, mit Macht über andere und überzogener Leistungsbereitschaft zu kompensieren. Die These der Vier Schleier lautet in aller Kürze: Wenn Menschen nicht darauf vertrauen können, dass sie und die anderen grundsätzlich in Ordnung sind, fühlen sie sich nicht aufgehoben und zu Hause in der Welt. Und je weniger geborgen und je isolierter sich Menschen fühlen, desto eher neigen sie zu rigiden Ansichten und festen Meinungen. Diese verteidigen sie dann mit aufgeregten Emotionen und stabilisieren alles zusammen mit eingefahrenem Verhalten.

Urvertrauen stärken

Tiefes Vertrauen oder Urvertrauen entsteht nach westlichem Verständnis durch Vertrauen in die primären Bezugspersonen in der Kindheit. War die Kindheit sehr schwierig, können auch andere Menschen später im Leben diese Rolle übernehmen und Urvertrauen fördern, z.B. Erzieherinnen und Lehrer, Therapeutinnen und Ärzte. Urvertrauen wird das ganze Leben gestärkt durch Vorbilder, also durch vertikale Beziehungen und durch stabile Gruppen, mit ihren langfristigen horizontalen und vertikalen Beziehungen. Bei einer religiösen Orientierung stärken auch Beziehungen zu einer transzendenten Kraft unser Vertrauen: Wir vertrauen dann auf Gott, Allah oder Buddha. Auch transpersonale Werte wie Menschheit, Gerechtigkeit, das Gute in allen können unser Vertrauen stärken. Eine Identität wird dann stabil und bleibt zugleich flexibel, wenn sie über positive Werte und Beziehungen entsteht. Identität über Abgrenzung gegen andere – im Hinblick auf Rasse, Geschlecht, Weltanschauungen, Ethnien, Kulturen, Religionen und Glaubensinhalte – ist Ausdruck von Unsicherheit und verstärkt diese eher und macht engstirnig. Ich habe im sechsten Kapitel über die Bedeutung und das Zusammenspiel von homogenen und heterogenen Gruppen gesprochen. Nur wenn wir eine gewisse Geborgenheit in eigenen Werten und Bezügen erleben, sind wir fähig, konstruktiv dem zu begegnen, was uns fremd ist. (Wetzel 2010b, S. 28ff.)

Selbstvertrauen muss immer wieder durch tragende Beziehungen und Bezugsgruppen gestärkt werden, sonst bleibt es nicht stabil. Wir sind zwar auch Individuen, aber vor allem soziale Wesen. Einige Kennzeichen konstruktiver Gruppen im Unterschied zu anonymen Massen und zufälligen Begegnungen habe ich bereits im sechsten Kapitel beschrieben und nenne sie hier kurz noch einmal: Kontinuität, sich persönlich kennen, gemeinsame Werte, gemeinsames Tun, Verantwortung übernehmen, Freiwilligkeit und Verbindlichkeit, alters- und geschlechtshomogene und -gemischte Gruppen in Gemeinde und Stadtteil, in Religion, Politik, Kultur, Sport, Musik usw.

Selbstvertrauen wird, wie schon oben betont, ständig genährt durch persönliche Vorbilder, im eigenen Geschlecht und in der eigenen Kultur, denn Vorbilder spiegeln die eigenen Möglichkeiten. Wenn ich als Mädchen keine Frauen kenne, die mir imponieren, fehlt mir der Ansporn, meine Fähigkeiten zu entdecken und eine kompetente Frau zu werden. Wenn z. B. ein türkischer Junge keine positiven türkischen männlichen Vorbilder findet, fehlen ihm die Orientierung und der Ansporn, das Beste aus sich zu machen. Das gilt nicht nur für Jungs, sondern für alle Menschen, wie alt sie auch sein mögen und woher sie auch kommen. Ein Wort der Vorsicht: Vorbilder sind allerdings nur dann hilfreich, wenn sie unser Selbstwertgefühl stärken. Bloßes Idealisieren verstärkt eher Abhängigkeit und Minderwertigkeitsgefühle.

Gedanken und Gefühle, emotionale Muster und Verhalten

Unsere Gedanken und Vorstellungen hängen ab von unserem Lebensgefühl, und wir rechtfertigen es mit Gedanken und Vorstellungen. Unser Lebensgefühl bestimmt, woran wir glauben, wovor wir Angst haben, wonach wir uns sehnen und was wir ablehnen. Selbstbilder und Fremdbilder hängen zusammen. Wir rechtfertigen unsere Gefühle und emotionalen Reaktionen mit unseren Ansichten, Weltanschauungen und Einstellungen. Wir verteidigen unsere Meinungen mit Emotionen und finden das gut, was uns bestätigt, und lehnen ab, was uns irritiert, und den Rest der Welt ignorieren wir. Das nennt der Buddha die drei Gifte, die unsere Beziehungen und unser Verhältnis zu uns selbst vergiften: Gier, Hass und Verblendung.

Bei emotionalem Stress regredieren wir meist auf vertraute Muster, manchmal sogar auf alte und älteste, ja sogar archaische Verhaltensweisen. Wir agieren dann sozusagen auf Stammhirnniveau: Angriff, Flucht, Totstellen. Ein anderes Bild besagt, wir regredieren auf das Niveau kleiner Kinder: brüllen und schimpfen, schlagen und heulen. Es gibt dann nur noch Schwarz-Weiß und keine Grautöne mehr. Je unsicherer wir sind, desto eingefahrener und unflexibler reagieren wir, unbewusst und in Gewohnheiten gefangen. Tiere werden vom Instinkt gelenkt und sind nicht frei in ihrem Verhalten, Menschen dagegen haben prinzipiell und faktisch mehr Optionen, allerdings müssen wir sie entdecken und umsetzen wollen.

Menschen können bewusst werden und bemerken, was sie tun, sagen und denken. Wenn wir bewusster werden, entdecken wir eingefahrene Meinungen und alte Gewohnheiten, aber auch innere Freiräume, und das ist eine zentrale Voraussetzung für äußere Freiheit. Traditionelle Mittel zur Förderung von Bewusstheit in allen Kulturen sind religiöse Feste und Rituale, ethische Regeln, Gesetze, Rollen und allgemeine Absprachen. Varianten der Goldenen Regel gibt es in allen Kulturen: Was du nicht willst, das man dir tu, das füge keinem andern zu. Und, so kann man ergänzen: Was du willst, das man dir tu, das füge auch den andern zu. Man sollte sich allerdings genau überlegen, was in der jeweiligen Situation auch angemessen ist. (Bauschke 2010)

Die hier empfohlenen *Übungen* finden Sie im zehnten Kapitel:

Geborgenheit
Vom Sinn des Lebens
Vorbilder
Emotionen
Verhalten

Vier Weisen der Beruhigung

Ein anderer Zugang zur systematischen Übung sind die acht Bereiche des buddhistischen Übungsweges. Ich habe zu Beginn des ersten Kapitels kurz die vier edlen Wahrheiten des Buddha erwähnt. Das sind keine ewigen Wahrheiten, die wir irgendwo finden könnten, sondern vier Aufgaben, deren Übung uns ein Leben in Würde ermöglichen kann. Ich formuliere sie hier in eigenen Worten und interpretiere sie für interessierte Nicht-Buddhisten: 1. Es gibt natürliches und zusätzliches *Leiden*. 2. Deren *Ursachen* sind unrealistisches Habenwollen und Unwissenheit. 3. Ein *Ende* bzw. eine Verringerung des zusätzlichen Leidens ist möglich, und wir können auch lernen, das natürliche Leiden zu integrieren und gut damit umzugehen. 4. Es gibt einen Weg zur Auflösung des zusätzlichen und zur Integration des natürlichen Leidens. Er umfasst acht Übungsfelder, die auch für nicht buddhistische Menschen viel Sinn ergeben. Die Tradition nennt diese acht Übungen »recht« oder »angemessen« und deutet damit an, dass es um mehr geht als um das Alltagsverständnis dieser acht Begriffe. Es geht eher darum, die Entwicklung zu einer reifen und verantwortlichen, mitfühlenden und ausgeglichenen Persönlichkeit zu unterstützen und zu begleiten. Die traditionelle Reihenfolge dieser angemessenen oder heilsamen Übungen ist: 1. Ansicht oder Einsicht, 2. emotionale Einstellung, 3. Rede, 4. Verhalten, 5. Lebenserwerb, 6. Bemühen, 7. Achtsamkeit und 8. Sammlung. Sie werden traditionell in drei Gruppen eingeteilt: Einsicht im weiteren Sinn umfasst Ansichten und emotionale Einstellungen. Zur Ethik gehören Reden, Verhalten und Lebenserwerb. Elemente der Sammlung im weiteren Sinn sind Bemühen, Achtsamkeit und Sammlung im engeren Sinn. Damit das Üben gelingen kann, wird zunächst ein einfaches und ethisches Leben empfohlen, denn das gilt als Voraussetzung für meditative Sammlung, und Ethik und Sammlung gelten als Grundlage für begriffliche und tiefe Einsicht.

Einfach leben bedeutet hier weder unterkomplex leben noch einen niedrigen Lebensstandard. Es ist kein Ruf zurück zur Natur, zum einfachen Leben unserer Vorfahren in der Vormoderne oder gar in der Steinzeit. Der Begriff »einfach« bezieht sich hier auf ein Leben mit klaren Prioritäten, ohne ständige Hektik und Unruhe und ohne übertriebene Sorgen. Statt von Verzicht könnten wir vom Abbau des übertriebenen Luxus sprechen. Es geht vielleicht darum, übertriebenen Konsum aus Langeweile und als Ersatz für Sinn und Beziehungen zu bemerken und abzubauen. Und um den Abbau der Überproduktion von qualitativ schlechten, zu billigen und überflüssigen Gebrauchsgegenständen und von zu billigen Lebensmitteln auf Kosten der Ausbeutung unterbezahlter Menschen bei uns und in anderen Ländern. Diese Art von bewusstem Konsumverzicht kann Teil eines einfachen Lebens sein.

Wir können diese acht Übungen, eingeteilt in die drei Bereiche

Ethik, Sammlung und Einsicht, als Weisen der immer tieferen Beruhigung interpretieren. 1. *Ethik:* Ein einfaches und ethisches Leben beruhigt uns körperlich, und wenn wir körperlich einigermaßen wach und entspannt sind, können wir heilsamer sprechen und handeln. Außerdem beruhigt ein ethisches Leben unser Gewissen, und das sorgt, wie wir wissen, für einen guten Schlaf, denn ein gutes Gewissen ist ein sanftes Ruhekissen. 2. *Sammlung:* Sammlungsübungen beruhigen unseren emotionalen Haushalt. Wir haben schon gehört, dass klare Prioritäten das Leben vereinfachen und vertiefen und dass Freude ein Ausdruck von Sammlung ist. Durch Achtsamkeit bemerken wir, was mit uns los ist und in welcher Verfassung wir gerade sind. Bemühen stärkt unsere Willenskraft, und sie ist unverzichtbar, denn nur wenn wir etwas wirklich wollen, d.h. emotional bejahen, nehmen wir uns Zeit dafür und können es in Handeln umsetzen. Mit neuen heilsamen Gewohnheiten und klaren Prioritäten können wir uns mehr dem widmen, was uns am Herzen liegt, und das ist die Essenz von Sammlung. Diese Art der Hingabe an Anliegen, die wir bejahen, weckt Freude, und Freude beruhigt uns emotional auf ganz tiefen Ebenen, denn sie löst Sorgen zeitweilig auf.

3. Einsicht: Begriffliches Verstehen beruhigt den Verstand. Menschen sind nicht nur arbeitende, sondern auch rationale Tiere. Wir suchen nach Erklärungen, nach Gründen, denn sie beruhigen Herz und Verstand. »Wer ein Warum hat, erträgt auch jedes Wie«, weiß Nietzsche, und Viktor Frankl beruft sich häufig auf diesen Satz. (Frankl 2004) Wenn wir einen Konflikt »verstehen«, beruhigen wir uns, selbst wenn der Konflikt weiter besteht und sogar dann, wenn die Erklärung nicht »wirklich« stimmt. Die Anziehungskraft von wissenschaftlichen Theorien, von Ideologien und religiösen Systemen ist die vorläufige und scheinbare Sicherheit, die sie uns geben. Die Essenz der begrifflichen Einsicht ist im Buddhismus die Fähigkeit, zwischen dem, was heilt, und dem, was schadet, zu unterscheiden, auch wenn das in konkreten Lebenszusammenhängen nicht so einfach ist. Für den griechischen Philosophen Epiktet bedeutet Selbsterkenntnis, die eigenen Ansichten und Meinungen über sich zu erkennen. (Epiktet 1959, S. 24) Das sagt sich leicht und ist doch so schwer. Wenn wir nach Gründen suchen und für Argumente zugänglich sind, können wir überlegen und hinterfragen, und das kann uns an den Rand des Denkens führen. Mit etwas Übung und Glück, mit tiefem Austausch und einer guten Begleitung landen wir dadurch nicht in Verzweiflung und Nihilismus, sondern entdecken vielleicht 4. tiefe *nicht begriffliche* Einsicht, die man auch qualifiziertes Nichtwissen nennen könnte.

Dieses tiefe Nichtwissen kann uns existenziell, jenseits von Worten und Begriffen, beruhigen. Es zeigt sich als tiefes Vertrauen in die grundlegende Intelligenz auf allen Ebenen des Lebens und in allen seinen Dimensionen. Wenn wir die Grenzen des Denkens erkennen und daran nicht verzweifeln, werden wir erlöst von dem Zwang, alles wissen, begreifen und erklären zu müssen, und stellen doch voller Erstaunen fest, dass das Leben nicht aufhört, wenn wir es nicht verstehen. Das ist die tiefste Beruhigung, die Menschen erleben können: ein Vertrauen auf das, was größer ist als wir, ob wir das nun Gott, Kosmos, Buddha-Natur, tiefe Weisheit oder reine Vernunft nennen. Bei allem Schaden, den religiöse Bigotterie und Rechthaberei angerichtet haben und immer noch anrichten, ist es das große Verdienst der Religionen, dass sie den Sinn für Transzendenz, für das, was unsere Schulweisheit nicht fassen kann, wachgehalten haben, durch Riten und Gesänge, durch Heilige Schriften und Feste, durch Geschichten und kraftvolle Symbole des Unfassbaren – und immer wieder durch menschliche Vorbilder, die uns mit ihrem Vertrauen auf diese Dimension anstecken.

Die Vier Schleier lüften

Wir können die vier Weisen der Beruhigung auch auf die Vier Schleier beziehen, über die ich zu Beginn dieses Kapitels gesprochen habe. Ich beginne »von unten«, denn so wirkt sich das Üben meist praktisch aus. Ein *ethisches* Leben beruhigt körperliche Unruhe und Anspannung und lockert nach und nach den vierten Schleier, unsere Gewohnheiten und Verhaltensmuster. *Sammlung* beruhigt unsere Gefühle und emotionalen Muster, und dann halten wir weniger an Ansichten, Erwartungen und Vorstellungen fest, und so lösen wir den dritten Schleier der Ansichten und emotionalen Muster auf. Wenn wir immer wieder unsere Ansichten hinterfragen und Gedanken beobachten, erkennen wir irgendwann, dass Gedanken nur Gedanken sind und kein genaues Abbild der Wirklichkeit. Das lockert den zweiten Schleier, das übertriebene Gefühl der Getrenntheit. Einsicht in die Relativität aller Vorstellungen und Gedanken führt uns an die Grenzen des Denkens, und das erlöst uns vom Zwang, alles wissen und verstehen zu müssen. Es kann uns öffnen für das tiefe Vertrauen, das die Psychologie Urvertrauen nennt und Christen Gottvertrauen und Buddhisten Vertrauen auf Buddha-Natur oder in das Unfassbare. Dieses tiefe Vertrauen löst schließlich den ersten und tiefsten Schleier auf, den Glauben, wir seien grundsätzlich nicht in Ordnung.

Eine Brücke zu diesem tiefen Vertrauen ist die Entscheidung für die Haltung »Ich bin o.k., du bist o.k.«, von der Thomas Harris spricht. (Harris 2007) Gerald Hüther spricht von drei Arten des Vertrauens, die uns leben helfen. Das Vertrauen in uns selbst, das Vertrauen zu anderen und das Vertrauen in das, was größer ist als wir selbst. (Hüther 2012) Eine Kursteilnehmerin in meinem Alter, die aus Russland stammt, erzählte 2009 bei einem Auftankkurs in einem Rundgespräch zum Thema Vertrauen, sie hätten bei den jungen Pionieren zwar nicht gelernt, dass sie alle Kinder Gottes seien, aber bei ihnen hätte es geheißen: Wir sind alle Kinder von Lenin. Die Kinder wussten natürlich, dass das keine Aussage über ihre biologische Herkunft ist. Das Bild war Ausdruck einer tiefen politischen Zusammengehörigkeit mit einer metaphorischen Anleihe beim Christentum. Es gibt viele Namen und Bilder, Geschichten und Metaphern für dieses tiefe Vertrauen, und sie erinnern uns daran, dass viele Menschen das entdeckt haben und wir es auch entdecken können.

Wer dient wem?

Die Interpretation ethischer und meditativer Übungen als Weisen der Beruhigung auf unterschiedlichen Ebenen passt gut zu den Thesen der modernen Gehirnforschung. Im dritten Kapitel habe ich auf den Zusammenhang zwischen Schmerz und Gewalt und den drei Hirnbereichen hingewiesen: Neues Gehirn, limbisches System und Stammhirn. Nur im Ruhe-Modus können sich die wunderbaren Neokortex-Fähigkeiten entfalten: beobachten und Folgen abschätzen, Freundlichkeit und Mitgefühl, die Fähigkeit, komplexe Zusammenhänge zu verstehen und Widersprüche auszuhalten. Nur im Ruhe-Modus setzen wir unsere intellektuellen Fähigkeiten zum eigenen Wohl und dem der anderen ein.

Die Religionswissenschaftlerin Karen Armstrong bringt in ihrem kleinen Buch *Die Botschaft* (2012) diese Zusammenhänge mit einer einfachen Frage auf den Punkt: Wer dient wem? Dient der Neokortex dem limbischen System mit seinen Vorlieben und Abneigungen und dem Stammhirn mit seinen schlichten Überlebensstrategien, oder dienen diese den Anliegen des Neuen Gehirns? Soziobiologen glauben an die Macht der Gene und interpretieren Denken als Begleiterscheinung neuronaler Prozesse im Gehirn. Sie halten den Neokortex für ein intelligentes Instrument der älteren Gehirnteile zur Sicherung des Überlebens. Sicherlich bietet ein gut entwickelter Neokortex einen Überlebensvorteil, aber vielleicht kann er die Prozesse in den älteren Gehirnbereichen beobachten und beruhigen lernen und die drei Gehirnbereiche zu einer neuen Form der Zusammenarbeit führen. Wie auch immer es sich verhält, nur im Ruhe-Modus entfalten und entwickeln sich die neuen und komplexen Neokortex-Fähigkeiten.

Im Unruhe-Modus vergessen wir gute Vorsätze und kluge Einsichten und folgen lieber unseren Vorlieben und Abneigungen und denken Schwarz-Weiß. Wenn wir Angst haben oder unter Druck stehen, fallen wir auf alte Verhaltensweisen zurück, und im Extremfall agieren wir auf Stammhirnniveau. Wenn man betrunkene oder emotional aufgewühlte Menschen streiten sieht oder hört, fällt es leicht, an eine enge Verwandtschaft mit den höheren Primaten zu denken. Im Unruhe- oder Angst-Modus rechtfertigen wir älteste Verhaltensmuster und die Vorlieben und Abneigungen des limbischen Systems mit allen intellektuellen Fähigkeiten. Wenn wir Freundlichkeit und Mitgefühl, Achtsamkeit und Umsicht lernen wollen, müssen wir immer wieder innehalten und in den Ruhe-Modus umschalten. Erscheint uns das zu anstrengend oder zu anspruchsvoll, sollten wir zumindest lernen, unsere aufgewühlten Emotionen mit ethischem Verhalten zu beruhigen. Ethik beruhigt allerdings nur, wenn wir sie emotional bejahen. Und auch das lernen wir nur im Ruhe-Modus und wenn uns diese Themen interessieren – und mit guten Vorbildern. Wohin wir auch schauen, es führt kein Weg daran vorbei, immer wieder innezuhalten und zu bemerken, was gerade geschieht, mit uns und mit anderen, und zu erinnern, was uns und andere heilt.

Der Achtfache Pfad als Übung für den Alltag

Zunächst eine Vorbemerkung. Ich glaube nicht an eine Wiederkehr der Religionen als prägende Kraft in der Moderne bzw. Postmoderne und auch nicht daran, dass wir bereits in einem postsäkularen Zeitalter leben. Ich halte den säkularen Verfassungsstaat mit seiner Trennung von Staat und Kirche für unverzichtbar und Religion, Philosophie und

Weltanschauungen für eine Privatangelegenheit in Zeiten multikultureller und multireligiöser Gesellschaften. Die Moderne führte und führt aber ganz offensichtlich nicht zu einer *völligen* Säkularisierung der Gesellschaft – wie die frühen und späten Aufklärer meinten, wie man auch noch in den wilden 1960er-Jahren glaubte, und was heute noch viele Intellektuelle für das einzig Wahre halten –, wohl aber zu ihrer Pluralisierung. Für ein konstruktives Umgehen mit Vielfalt können manche Anregungen zum heilsamen Denken, Reden und Tun aus dem Buddhismus nützlich sein. (Habermas 2012)

Auf dem Kongress »Dialog der Kulturen« im Herbst 1997 in Berlin, der vom damaligen Präsidenten Roman Herzog eröffnet wurde, nahmen Referentinnen und Referenten aus unterschiedlichen christlichen, muslimischen und buddhistischen Richtungen und aus der Bundeszentrale für Politische Bildung teil. Mehrere christliche Vertreter sagten im Verlauf dieser Tage zu mir, für sie sei der Buddhismus mit seiner Betonung der Vernunft und der eigenständigen Übung eine Brücke für den Dialog der Religionen und Kulturen. Das höre ich immer wieder, und ich höre es gerne. Der Dalai-Lama betont die Bedeutung der *natürlichen* Ethik für den Dialog zwischen Religionen und Kulturen. Ihre Essenz sei die Goldene Regel, und dafür, so meint er, brauche es keine Religion, denn das lerne man im Zusammenleben mit anderen Menschen. Der Bezug auf die Goldene Regel als Essenz einer natürlichen Ethik kann eine gute Basis bilden für eine Kultur des Dialogs und der konstruktiven Auseinandersetzung mit Menschen im Plural, geprägt von Interesse für andere Meinungen und dem Wunsch, niemanden zu verletzen, auch wenn er oder sie anders denkt oder handelt. (Bauschke 2010)

Die acht Übungsfelder des buddhistischen Achtfachen Weges weisen immer wieder auf den engen Zusammenhang zwischen Denken, Einstellungen und Verhalten hin und auch darauf, dass wir durch Innehalten und genaues Hinschauen einen guten Einfluss nehmen können auf uns und andere. Ich stelle den Achtfachen Pfad zunächst relativ kurz in säkularen Begriffen vor und gehe dann auf jeden einzelnen Bereich ausführlicher ein. Ich folge dabei der Einteilung der acht Bereiche in drei Hauptgruppen: Sicht, Ethik und Sammlung im weiteren Sinn.

Zwei Aspekte der Sicht (1–2): 1. *Sicht:* Was denke ich den ganzen Tag? 2. *Absicht:* Was will ich? Welche Motive habe ich? Drei Aspekte der Ethik (3–5): 3. *Rede:* Wie rede ich? 4. *Verhalten:* Was tue ich? Wie verhalte ich mich konkret? 5. *Lebenserwerb und Lebenswandel:* Wie verdiene ich mein Geld? Wie lebe ich? Drei Aspekte der Sammlung (6–8): 6. *Bemühen:* Bemühen ist das Herz jeder Übung, denn wir lernen nur etwas, wenn wir es oft wiederholen. Die letzen drei Faktoren hängen eng zusammen, und die letzten beiden sind ureigenes Anliegen im Buddhismus. 7. *Achtsamkeit:* Bemerken, was geschieht, und erinnern, was hilft und heilt. 8. *Sammlung:* Mit dem Herzen ganz bei der Sache zu sein.

Der Achtfache Pfad, Psychotherapie und Politik

Die acht Übungsfelder des buddhistischen Weges weisen immer wieder auf den engen Zusammenhang zwischen Denken bzw. Erwartungen, emotionaler Einstellungen und Verhalten hin und auch darauf, dass wir durch Innehalten und genaues Hinschauen einen guten Einfluss auf uns und andere nehmen können. Ich gehe bei meiner Beschreibung auf allgemeine, psychologische und politische Überlegungen ein. (Küstner, Gäng 2003)

1. Sicht, Einsicht und Ansichten: Im Zentrum steht die Frage: Was denke ich den ganzen Tag? Befreiend ist der Gedanke, dass man eine Situation oder einen Sachverhalt auch anders sehen kann, und auch diese andere Sicht muss nicht der Wirklichkeit entsprechen. Es reicht, wenn wir erkennen, was uns gerade möglich ist und was eine unangenehme oder verfahrene Situation öffnet und erste Schritte erlaubt. Wenn hier von Einsicht gesprochen wird, ist das keine Aufforderung, uns eine bestimmte philosophische Theorie anzueignen, sondern unsere Meinungen und Ansichten zu erkennen und zu überprüfen. Wenn wir wissen, was wir denken, können wir irrationale Überzeugungen und Wahrnehmungsverzerrungen über uns und andere, über die Welt und das Leben erkennen, entkräften und korrigieren. Die Aufforderung zur Selbsterkenntnis gehört zum Bestand westlicher Philosophie, der griechisch-römische Philosoph Epiktet interpretiert das Motto von Delphi, »Erkenne dich selbst«, ganz alltagspraktisch als Aufforderung, Ansichten und Meinungen über sich selbst zu erkennen. (Epiktet 1959) Traditionell geht es hier um das tiefe Verstehen der Vier Edlen Wahrheiten – Leiden, Ursachen, Ende, Pfad – als immer wieder neuer Anstoß, den achtfachen Weg tatsächlich zu gehen.

Das Mahayana betont darüber hinaus vier Punkte, die vier »Siegel«, die alle Erfahrungen kennzeichnen: a. Alles Zusammengesetzte ist unbeständig. b. Alle mit Gier, Hass und Verblendung verbundenen Handlungen und Erfahrungen bewirken Leiden. c. Alle Phänomene sind leer von unseren Zuschreibungen, leer von Eigenexistenz, und sie entstehen bedingt. Das bedeutet, alles hängt mit allem zusammen, nichts steht für sich allein. Das ist die buddhistische Version der komplexen Kausalität, von der die Quantenphysik spricht. d. Tiefe Einsicht bringt Frieden. Wenn wir die vier Siegel erkennen, können wir eine schöpferische Distanz zu unseren Erfahrungen einnehmen, und das wiederum inspiriert zum regelmäßigen Üben. Eine aktuelle Version unangemessener Sichtweisen, die uns das Leben schwer machen, sind die zwölf zentralen irrationalen Vorstellungen in der Rational-Emotiven Therapie. (Ellis 1962) Sie folgen im Anschluss und sie können einige Tage lang Grundlage einer thematischen Übung sein.

2. Einstellung, Motivation, Absicht: Wir können uns immer wieder ganz konkret fragen: Was will ich? In dieser Situation? Von dieser Person? Mit diesem Anliegen? Wenn wir nicht ungefähr wissen, wohin wir wollen, können wir wenig bewirken, weder privat noch beruflich, weder gesellschaftlich noch politisch. Es reicht nicht, wenn wir uns die persönlichen, sozialen oder politischen Probleme wegwünschen oder unangenehme Erfahrungen bloß abwehren.

Die Grundfrage im Buddhismus ist, ob unser Verhalten von Gier, Hass und Verblendung bestimmt wird oder von deren Abwesenheit. Es wird empfohlen, die positiven Haltungen der Schlichtheit, der Freundlichkeit und Klarheit einzuüben. Wir können uns immer wieder fragen, welche Motive hinter einem bestimmten Verhalten stehen. Denke ich vor allem an mich oder berücksichtige ich auch die Belange der anderen? Welche Auswirkungen hat ein freundlich und wertschätzend oder abgrenzend und ängstlich motiviertes Handeln auf das Denken und Handeln der anderen? Wenn wir unsere Einstellung überprüfen, können wir unterschiedliche Spielarten von sozial bezogenem Denken und egozentrischer Isolierung erkennen und unterscheiden. Die Frage nach der Motivation kann westliche Therapieansätze sinnvoll ergänzen und erweitern, denn unsere Absichten bestimmen Richtung, Qualität und Reichweite unseres Verhaltens.

3. Rede, Kommunikationsstil: Wie rede ich? Abgrenzend, provozierend, angespannt, ängstlich, vorwurfsvoll, zu viel, zu wenig? Wie rede ich in welchen Situationen? Wenn wir uns zu sehr an andere anpassen, kann ein Nein am Tag schon viel verändern. Wenn wir gerne andere über den Haufen reden, kann ein paar Minuten zuhören wahre Wunder bewirken. Das Sprichwort »Wie man in den Wald hineinruft, so schallt es heraus« bringt den Zusammenhang zwischen aktuellem Verhalten, auch im Reden, und daraus folgenden Erfahrungen sehr klar auf den Punkt. Diese Hinweise werden besonders aktuell, wenn wir an Mobbing denken. Durch ein unbedachtes Wort, durch Lügen und abwertendes Reden kann unendlich viel Leid entstehen.

Die vier buddhistischen Empfehlungen zur heilsamen Rede schlagen vor, vier Arten des Redens zu vermeiden und stattdessen vier andere Arten des Redens einzuüben: a. Andere nicht zu belügen, sondern nur das zu sagen, von dem wir wissen, dass es wahr ist. Manchmal ist es am besten, wir halten den Mund, wenn wir nicht wissen, was wahr ist, oder wir sagen ausdrücklich, dass wir es nicht wissen. b. Andere nicht zu verleumden, d. h. nicht hinter ihrem Rücken schlecht über sie zu reden, sondern das Gute sehen und betonen lernen. c. Andere nicht durch grobe Worte zu verletzen, sondern sie zu inspirieren und zu fördern. Statt die eigenen Negativitäten auf sie zu projizieren und diese damit zu leugnen, zu verbergen und zu stärken, bemühen wir uns, ihre guten Qualitäten zu sehen und zu stärken. d. Nicht sinnlose und überflüssige Dinge zu reden, sondern aufmerksam zuzuhören und Sinnvolles zu reden. Damit ist nicht gemeint, dass wir unsere Mitmenschen mit unerbetenen klugen Predigten und Ratschlägen »totschlagen«. Manchmal ist liebevoller Small Talk heilsamer als arrogante psychologische oder buddhistische Sprüche.

Wir können uns fragen, ob wir doppelte Botschaften senden oder was wir mit Ausdrucksweise und Redestil vermitteln und wie sich Ehrlichkeit oder Lügen, Verschweigen, Falschinformationen und Klatsch und Tratsch auf uns und andere auswirken. Wenn ich mir vorstelle, wie anders Parlamentsdebatten und Zeitungsberichte, Radio- und Fernsehsendungen und die Mitteilungen und das ganze Klima im Internet wären, wenn Politiker und Journalistinnen, TV-Produzentinnen und Internet-Nutzer diese Haltungen schätzen und umsetzen würden! Weitere Überlegungen und konkrete Anregungen finden Sie in meinem Buch *Worte wirken Wunder*.

4. Verhalten: Was tue ich? Wie verhalte ich mich konkret? Aggressiv oder ängstlich, dominant oder beobachtend, übergriffig oder unsicher? Das hängt eng mit unserem Redestil zusammen. Bei diesem Übungsfeld geht es darum, darauf zu achten, wie wir uns konkret verhalten und welche Folgen das hat. Das entspricht der Mikro-Ebene in der Verhaltenstherapie. Problemverhalten wird beobachtet und analysiert, und es gibt gezielte Verhaltensaufgaben. Der Buddhismus empfiehlt im Allgemeinen ein aufrichtiges, friedfertiges und rücksichtsvollen Verhalten und schlägt vor, auf drei Bereiche ganz besonders zu achten: a. Nicht zu töten, sondern Leben zu schützen. b. Nicht zu stehlen, sondern einfach zu leben und großzügig zu sein, und schließlich c. Niemanden durch sexuelles Verhalten zu schädigen. Diese letzte Empfehlung wurde und wird je nach Kultur unterschiedlich interpretiert. Im alten China galten auch minderjährige Konkubinen als vereinbar mit buddhistischer Ethik. Meine Interpretation ist heute: niemanden mit einem sexuellen Verhalten zu schädigen und sich auch sexuell nicht ausbeuten zu lassen.

5. Lebenserwerb und Lebenswandel: Wir können uns fragen, mit welcher Haltung wir arbeiten und wie wir leben, was für einen Lebensstil wir pflegen. Welche Fähigkeiten fördert oder blockiert mein Beruf? Welche Schwächen blockiert oder fördert er? Manchmal sind wir unglücklich darüber, wie wir unser Geld verdienen »müssen«, und wir glauben, wir könnten das nicht verändern. Wenn wir genauer erkennen, welche geheimen Prioritäten hinter unserer Berufstätigkeit stecken, wie z. B. das Bedürfnis nach Sicherheit oder Einbindung in ein bestimmtes Team, der soziale Status oder die klare Struktur, können wir sie eher akzeptieren und fühlen uns von unserer Ambivalenz nicht mehr so zerrissen. Mit einer anderen Einstellung sieht sogar die gleiche Arbeit anders aus.

Der Übungsbereich des rechten Verhaltens entspricht dem sogenannten »Makro« in der Verhaltenstherapie. Im Buddhismus liegt dabei der Fokus traditionell auf Beruf und Erwerbstätigkeit mit folgender Empfehlung: Wir bemühen uns, weder uns noch andere durch unsere Berufstätigkeit zu verletzen, handeln nicht mit Menschen, Waffen, berauschenden Getränken und Giften und töten weder Mensch noch Tier. Wenn sich viele Menschen an diese Empfehlungen halten, hat das einen großen Einfluss auf Gesellschaft, Wirtschaft und Politik. Diese Hinweise könnten und können Grundlage für jede Art zivilgesellschaftlicher und politischer Aktivitäten sein. Das Herz aller ethischen Empfehlungen im Buddhismus ist das Nichtverletzen, und diese Haltung kann einen guten Rahmen für soziales und politisches Engagement abgeben. Die Empfehlungen für Laienübende fassen die Hinweise zu Rede und Verhalten zu fünf ethischen Regeln zusammen: Wir bemühen uns, nicht zu töten, nicht zu stehlen, niemanden sexuell zu verletzen, nicht zu lügen und den Geist nicht mit Alkohol und Drogen zu trüben. (Wetzel 2010 a)

6. Bemühen: Bemühen ist das Herz der Übung. Wenn wir einen einzigen Faktor verändern, kann sich die ganze Situation verändern. Eine kleine Bemühung kann einen neuen Weg aufzeigen. Bemühen ist der Kern des Übens. Wir bleiben nur dann an einer Sache, auch an der regelmäßigen Übung, dran, wenn wir sie emotional bejahen und uns dann dafür entscheiden, das gewählte Anliegen für eine Weile zu verfolgen. Wenn wir nur dann üben, wenn wir gerade Lust dazu haben, hören wir schnell wieder auf. Wenn wir uns aber klar dafür entscheiden, regelmäßig eine Übung durchzuführen, gibt es kleine Erfolgserlebnisse, und sie stärken unsere Entschlossenheit. Bemühen ist abhängig von Entschlossenheit, davon, dass wir das, was wir uns vornehmen, emotional bejahen. Regelmäßiges Üben schenkt mehr Einsicht als ab und an besondere Erfahrungen. Durch häufiges Wiederholen werden Selbstwahrnehmung und Introspektionsfähigkeit vertraute und zugängliche Fähigkeiten.

Wir können überlegen, in welchen Bereichen wir uns gerne bemühen und in welchen nicht und wofür wir unsere Energie einsetzen. Das eigene Bemühen ist der Kern der eigentlichen Arbeit auch in der Psychotherapie – und der Schlüssel zum ganzen Leben – und nicht »jammern« und Zuwendung holen.

7. Achtsamkeit: Wir bemerken, was geschieht, und erinnern, was hilft und heilt auf unterschiedlichen Erfahrungsebenen, den vier Bereichen der Achtsamkeit. Davon haben wir schon mehrfach gehört (4. und 8. Kapitel). Es geht nicht nur darum, bei dem zu sein, was man gerade tut, wie z. B. in aller Ruhe oder »meditativ« abzuwaschen. Der Aspekt des Erinnerns ist hier besonders wichtig. In der Verhaltenstherapie könnte das bedeuten, an die Hausaufgaben zu denken oder auch, bestimmte gute Vorsätze nicht aus den Augen zu verlieren: mehr Sport zu treiben oder früher ins Bett zu gehen. Achtsam sein kann auch heißen, innezuhalten und gar nichts zu tun, eine Pause zu machen und vom Autopiloten in den Leerlauf zu schalten.

8. *Sammlung:* Sammlung bedeutet nicht, sich angestrengt und möglichst hundertprozentig auf das zu konzentrieren, was man gerade tut, sondern schlicht und einfach mit dem Herzen bei der Sache zu sein, und das ist einfacher, wenn uns die Handlung vertraut ist und sie uns

interessiert. Die beiden letzten Faktoren, Achtsamkeit und Sammlung, hängen zwar zusammen, sind aber nicht das Gleiche. Wenn wir von Achtsamkeit beim Abwaschen sprechen, bezieht sich das eher auf das *wache* Dabeisein, und das kann Einsicht bewirken.

Sammlung und Hingabe an ein Tun oder ein Anliegen betonen eher den *emotionalen* Bezug. Sammlung führt zu einer tieferen Beziehung und geht einher mit Freude. Im sechsten Kapitel habe ich schon über diesen Zusammenhang gesprochen und zu Beginn dieses Kapitels unterschiedliche Methoden der Übung beschrieben. Westliche Therapien nutzen Sammlung als Ressource noch sehr wenig, denn Sammlungsübungen verlangen eine hohe Motivation und Regelmäßigkeit. Inzwischen beziehen einige neue Therapieformen Entspannungsverfahren, Visualisierungsübungen und die Schulung von Konzentrationsfähigkeit mit ein, in erster Linie angeregt vom Buddhismus, so z. B. die Dialektisch-behaviorale Therapie nach Marsha Linehan (1993), Mindfulness-based stress reduction (MBSR) nach Kabat-Zinn (1991) u. a.

Die fünf Elemente

Meditationen über die fünf Elemente – Erde, Wasser, Feuer, Luft und Raum – sind Bestandteil eines buddhistischen Selbsterfahrungsprozesses, den Akong Rinpoche, ein tibetischer Lama, Heiler und Meditationsmeister, in Zusammenarbeit mit westlichen SchülerInnen entwickelt hat. Der Tara-Rokpa-Prozess umfasst fünf Stufen, die insgesamt fünf bis sieben Jahre dauern. Akong Rinpoche lebte bis zu seinem Tod im Oktober 2013 (bei einem Besuch in Tibet) in Samye Ling, einem tibetischen Kloster und buddhistischen Zentrum im Norden Schottlands, das er 1967 zusammen mit Chögyam Trungpa Rinpoche gegründet hat. Die folgenden Übungen sind Kurzfassungen der Elemente-Übungen aus dem Tara-Rokpa-Prozess. (Akong 1993, Irwin 2000, Küstner 2010)

Bei den Elemente-Übungen geht es in erster Linie darum, die Elemente in der äußeren Welt, im Körper und in Herz und Geist unmittelbar zu erfahren. Es reicht aus, die Übungen immer wieder auf uns wirken zu lassen. Wir brauchen dazu keine weiteren theoretischen Informationen über die fünf Elemente, wie sie beispielsweise in der astrologischen Literatur und in vielen östlichen Religionen zu finden sind. Mit eigenen Erfahrungen kann weitere Lektüre durchaus hilfreich sein.

Wir richten die Aufmerksamkeit zuerst auf jedes einzelne Element und dann auf das Zusammenwirken aller fünf Elemente in der äußeren Welt, im Körper und in Herz und Geist. Wir achten darauf, wie wir uns fühlen, wenn sie miteinander im Einklang sind und wenn sie sich im Ungleichgewicht befinden.

Durch einfache Übungen wird uns das Zusammenwirken der fünf Elemente auf groben und feineren Ebenen zunehmend bewusst. Wir lernen mangelnde Balance und ihre Auswirkung auf die äußere Welt, auf unseren Körper und auf Herz und Geist frühzeitig erkennen und entdecken und entwickeln unsere Intuition, die uns zeigt, wie wir sie wieder ins Gleichgewicht bringen können, indem wir vor allem mit der äußeren Welt und unserem Körper arbeiten.

Die hier empfohlenen Übungen finden Sie im zehnten Kapitel:

Der Achtfache Pfad
Zwölf überzogene Ansprüche
Acht Schritte zum Burnout
Die fünf Elemente

9 Üben im Alltag

Innehalten, Sammlung, Einsicht

Die buddhistischen Traditionen betonen immer wieder drei Schwerpunkte für die regelmäßig Übung: innehalten, sich sammeln, verstehen. Im dritten Kapitel habe ich Achtsamkeit definiert als »bemerken«, was geschieht, und »erinnern«, was heilt und hilft. *Innehalten:* Es geht also darum, immer wieder, vier oder fünf Mal die Woche, falls möglich ein-, zweimal am Tag für zehn oder zwanzig Minuten, innezuhalten und die beiden Aspekte der Achtsamkeit zu entdecken. 1. *Bemerken*, was jetzt in diesem Moment gerade geschieht: körperliche Empfindungen, Grundgefühle und emotionale Reaktionen, Grundstimmungen und Gedanken. 2. Und im Raum der Übung immer wieder zu *erinnern*, was genau uns hilft und heilt und wieder in ein Gleichgewicht bringt. Wir halten auch in der Übung selbst immer wieder inne und spüren unsere Verfassung und denken explizit an das, was hilft und heilt. Achtsamkeit üben bedeutet nicht, exotischen Methoden oder einem genau festgelegten Programm zu folgen, sondern: bemerken, was jetzt gerade geschieht, und das zu erinnern, was *mir* jetzt hilft und *mich* heilt. Je häufiger wir uns das klarmachen, desto eher sind wir bereit, das dann auch zu tun. Denn oft tun wir nicht, was wir für gut und richtig und hilfreich halten, weil wir im Griff alter Gewohnheiten stecken. Und wir haben keine Zeit für die wichtigen und schönen Dinge des Lebens, weil wir sie uns nicht nehmen.

Sammlung: Im Zusammenhang mit Freude habe ich die Bedeutung von Sammlung betont. Sammlung bedeutet, wir widmen uns eine Zeit lang einer Sache oder einem Anliegen. Dabei entspannen wir und tanken Energie. Wie geht das vor sich? Wenn wir unsere Aufmerksamkeit auf eine Sache ausrichten, springen wir nicht unruhig von einem Thema aufs andere, d. h., wir verschwenden weniger Energie. Bei Sammlungsübungen – auch beim Lesen, bei einfacher Gartenarbeit, beim hingebungsvollen Kochen oder Abspülen, beim Schreiben eines Beitrags und beim Musizieren oder Singen – schalten wir unser Aktivitätsprogramm herunter auf den Sparmodus, auf ein, zwei Dinge, und das heißt, wir verbrauchen weniger Energie. Die Kraft, die wir nach solchen Tätigkeiten oft spüren, ist nicht neu entstanden, sondern Lebenskraft, die wir nicht verbraucht haben.

Verstehen: Der dritte Faktor der regelmäßigen Übung ist Verstehen oder Einsicht, und damit sind alle Ebenen von Einsicht gemeint: begriffliche und tiefe Einsicht. Ein altes Bild beschreibt das so. Unsere Intelligenz ist wie eine Kerze im Wind. Wenn die Flamme durch Sammlung ruhig brennt, können wir einen Text gut lesen und mit der Zeit vielleicht sogar verstehen. Wenn die Flamme unserer Einsicht durch den Wind aufgewühlter Emotionen und Ängste, Ansichten und Meinungen flackert, können wir den Text weder lesen noch verstehen.

Die folgenden Vorschläge zum Einstieg in die regelmäßige Übung beruhen auf über zwanzig Jahren Erfahrung in der Begleitung überwiegend berufstätiger Menschen mit einem durchschnittlich bunten Beziehungsleben. Es sind Vorschläge für Personen mit wenig Zeit und auch für diejenigen, die dem kontemplativen Leben mehr Zeit widmen wollen. Die sich Zeit nehmen wollen für ein Leben nicht nur im aktiven, sondern auch im Muße-Modus. Raum und Zeit, um ihr Leben und ihre Prioritäten gründlich zu hinterfragen. Und sie wollen ermutigen zum Selberdenken und – zum Entdecken der Grenzen des Denkens.

Der Einstieg

Gewohnheiten, die wir ein Leben lang eingeübt und verfestigt haben, lassen sich nicht über Nacht wegzaubern. Jede Veränderung unserer Einstellung, von Werten, Vorstellungen, Denkgewohnheiten, emotionalen Mustern und Gewohnheiten erfordert Einsicht, Mut, Energie, Interesse und sehr viel Übung, am besten tägliche Übung. Die buddhistische Tradition spricht häufig nicht von täglicher Meditation, sondern von *regelmäßiger Übung*. Es geht nicht in erster Linie darum, mehrmals die Woche oder vielleicht sogar jeden Tag *schöne* Meditationen zu erleben, sondern eher darum, sich jeden Tag etwas Zeit für sich zu nehmen, sich selbst Zeit zu *schenken*. In diesen stillen Minuten wenden wir den Blick nach innen. Wir spüren unseren Körper, spüren, wie wir uns körperlich fühlen, wo wir vielleicht angespannt oder verhärtet sind. Wir achten auf unsere Gefühle und auf unsere emotionalen Reaktionen auf diese angenehmen und unangenehmen Gefühle. Wir nehmen unsere aktuelle Stimmung oder Verfassung zur Kenntnis und achten auf den Inhalt der vielen Gedanken, die uns durch den Kopf gehen. Wir achten auf unsere Ängste und Sorgen, auf körperliche und geistige Erfahrungen.

Machen wir uns in systematischen Übungsphasen mit dieser Art Innenschau vertraut, erinnern wir uns auch außerhalb der Übung, bei alltäglichen Routineabläufen, immer wieder daran und achten dann auf körperliche Prozesse, emotionale Reaktionen, Stimmungen und Gedanken. Mit der Zeit wird uns dieser Blick nach innen zur zweiten Natur, und wir bemerken Anspannungen und negative Stimmungen und Gedanken immer früher und bald auch, bevor sie sich festgefahren haben. Nach und nach entsteht ein leiser Humor, der uns hilft, auch in schwierigen Situationen, nicht den Mut zu verlieren, sondern die Absurdität unserer Ansprüche und Schuldzuweisungen zu erkennen und auch die kindliche Erwartung, dass sich Wetter und Mitmenschen, Verkehr und die wirtschaftliche Lage unserer Arbeitgeber doch bitte nach unseren momentanen Erwartungen und Vorstellungen richten mögen. Auf diese Weise ergänzen sich Achtsamkeit in der formellen Übung und Achtsamkeit im Alltag.

Für den Anfang reicht es, wenn wir uns regelmäßig, d.h. vier, fünf Mal die Woche – irgendwann einmal sogar täglich –, fünf bis zehn Minuten für diese systematische Innenschau nehmen. Schrauben wir unsere Erwartungen am Anfang zu hoch, lassen wir die ungewohnte Übung schnell wieder fallen. Es empfiehlt sich, sich jeweils für *eine* Woche *eine* tägliche Entspannungs- oder Übungsphase fest vorzunehmen. Nach einer Woche schauen wir, wie es uns damit geht, und entscheiden uns wieder für eine Woche tägliche Übung. Durch das regelmäßige Üben über einen Zeitraum von zwei, drei Monaten wird uns diese stille Zeit schnell unentbehrlich, und wir können sie dann bei Bedarf auf fünfzehn bis dreißig Minuten ausdehnen. Falls wir nach einigen Wochen oder Monaten wieder in unseren alten Trott zurückfallen und die täglichen Übungsphasen aufgeben, können wir einen halben oder ganzen Tag für den Muße-Modus reservieren und passende Texte lesen, einen Vortrag oder eine Übungs-CD anhören und einige kleine Übungen im Sitzen und Gehen machen. Das kann uns wieder neue Inspiration für das regelmäßige Üben schenken. Falls wir das selbstständige Üben nach einigen Anläufen ganz aufgeben, es aber wieder aufnehmen wollen, aber nicht recht wissen wie, können und sollten wir mit Menschen sprechen, die regelmäßig zu Hause üben, und bei ihnen

Rat und Inspiration suchen. Bücher sind dann hilfreich, wenn sie aus kompetenter Feder stammen, d. h. von Menschen geschrieben wurden, die selbst seit langer Zeit üben und Freude daran haben, die uns zur eigenständigen Praxis motivieren und diese durch praktische Hinweise auch unterstützen.

Regelmäßig üben

Variante 1: Wir nehmen uns etwa zehn Minuten Zeit und achten auf den natürlichen Atemrhythmus mit »Ja-Danke«. Sind wir sehr unruhig, können wir hin und wieder stattdessen langsam gehen. (3. Kapitel)

Variante 2: Wir führen fünf bis zehn Minuten eine der thematischen Übungen durch, die uns besonders anspricht. Wir können thematische Übungen auch mit Stift und Tagebuch auf dem Sofa oder am Tisch durchführen. (10. Kapitel)

Variante 3: Erleben wir im Alltag wenig Freude, können wir für ein, zwei Wochen oder auch länger regelmäßig die Übungen *Sternstunden* oder *Wertschätzung* durchführen. (4. Kapitel)

Zur Ergänzung: Wir können die systematische Übung im Sitzen oder Gehen unterstützen, wenn wir tagsüber hin und wieder innehalten und ein, zwei Minuten auf unseren Körper, auf Gefühle, Grundstimmung und Gedanken achten. Je mehr wir mitbekommen, was den ganzen Tag über in und mit uns geschieht, desto eher können wir auf unsere innere Stimme hören, auf die innere Weisheit, die uns sagt, wie wir das Beste aus jeder Situation machen können.

Ein stiller Tag zu Hause

Wenn Sie mit einer Grundübung einigermaßen vertraut sind, können Sie nach zwei, drei Monaten einen halben oder ganzen Tag für den Muße-Modus reservieren. Passend zu Ihrem Bio-Rhythmus fangen Sie vor oder nach dem Frühstück mit einer stillen Übung oder einer Gehmeditation an. Über den Tag verteilt können Sie in einem passenden Buch lesen und/oder einen Vortrag oder eine Übungs-CD anhören und weitere kleine Übungen im Sitzen und Gehen machen. Sie können den folgenden Ablauf ausprobieren und je nach Erfahrung auch umstellen, einzelne Phasen kürzen oder verlängern. Gestalten Sie den Tag so, dass Sie sich schon auf den nächsten freuen. Wenn möglich, reservieren Sie einen halben oder ganzen Tag im Vierteljahr – vielleicht sogar im Monat – dafür. Ein stiller Tag der Muße tut einfach gut und kann uns neue Inspiration für das regelmäßige Üben schenken.

Ein Vorschlag zum Ablauf

Vormittags: zwei bis drei Phasen von jeweils 10–15 Minuten stilles Sitzen und Gehen im Wechsel. Dazwischen spazieren gehen oder ein Kapitel in diesem oder einem anderen passenden Buch lesen.

Nachmittags: zwei Phasen von jeweils 10–15 Minuten stilles Sitzen und Gehen im Wechsel. Dazwischen spazieren gehen oder einen Vortrag oder eine Übung auf CD anhören. Zum Abschluss eine der thematischen Übungen aus diesem Buch durchführen, mit Stift und Tagebuch auf dem Sofa oder am Tisch.

Abends: Nehmen Sie sich eine meditative Aktivität vor, für die Sie selten Zeit haben: Gedichte lesen, ein Bild malen, einen längeren Spaziergang machen, meditative Musik hören oder allein zu einer Lieblingsmusik tanzen.

Längerfristige Übungsprogramme

Je nach Temperament können Sie sich für dieses Buch ein bis drei Monate Zeit nehmen und es in aller Ruhe lesen und einige der Übungen durchführen. Ich selbst neige dazu, ein Buch mit Übungen zunächst in etwa einer Woche ganz zu lesen und es danach noch einmal langsam kapitelweise durchzuarbeiten.

Ein Vorschlag zum Ablauf

Nehmen Sie sich pro Woche ein bis zwei Kapitel vor und machen Sie im Anschluss an die Lektüre jeweils mindestens eine der vorgeschlagenen Übungen. Wenn Ihnen eine Übung besonders zusagt, können Sie sie drei, vier Mal wiederholen. Wenn Sie zu einer Übung keinen Zugang bekommen, lassen Sie sie aus und gehen Sie zur nächsten über. Nehmen Sie sich am Ende der Übung ein paar Minuten Zeit und schreiben Sie in ein, zwei Sätzen Ihre Einsicht auf. Manche teilen sich ihre meditativen Phasen so auf: Sie machen regelmäßig für zehn bis zwanzig Minuten eine stille Sitz- oder Gehmeditation und reservieren sich zweimal die Woche jeweils eine Stunde Zeit für die Lektüre und die thematischen Übungen.

Wenn Ihnen dieses systematische Arbeiten mit Büchern dieser Art und mit thematischen Übungen entspricht, können Sie sich für jedes Vierteljahr ein passendes Buch mit den entsprechenden Übungen vornehmen und es wie oben vorgeschlagen durcharbeiten. Sie können mit meinen Büchern beginnen und sich dann aus dem Literaturverzeichnis weitere Titel heraussuchen.

Lese- und Übungsgruppen

Wenn wir den Weg der Innenschau und des Hinterfragens, der Muße und der Freundlichkeit mit uns und anderen gehen wollen, brauchen wir zweierlei: die Bereitschaft, selbst zu üben, und den Austausch mit anderen Menschen, die das gleiche Interesse teilen. Ich empfehle allen, die selbst üben wollen, sei es nach der Lektüre eines inspirierenden Buches oder nach einem Meditationskurs, sich zunächst mit einer Person zusammenzutun, die auch üben will. Sie können zweimal im Monat oder bei Bedarf auch einmal die Woche telefonieren und sich über das Auf und Ab der Übung austauschen. Sie brauchen sich nicht Ihre ganze Lebensgeschichte zu erzählen, es reicht, wenn Sie sich Mut machen, regelmäßig weiterzuüben. Manche dieser Zweierteams lesen nach einer Weile zusammen ein Buch und tauschen sich darüber aus. Es geht nicht darum, sich gegenseitig große Weisheiten zu erzählen, sondern schlicht darum, über das regelmäßige Üben zu sprechen und sich im Auf und Ab der alltäglichen Anforderungen an die Möglichkeit der Muße zu erinnern. Manchmal tun sich drei bis fünf Personen zusammen und gründen eine Lese- und Übungsgruppe. Ich empfehle kleine Gruppen mit nicht mehr als fünf Personen, denn dann klappt das Zusammenüben und -reden meist noch ohne Moderation. Bei mehr als sechs, sieben Personen dominiert auch leicht die Gruppendynamik über das gemeinsame Üben. Und: In kleinen Gruppen fällt Verbindlichkeit leichter, denn ich empfinde mich dann z. B. als ein Viertel oder Fünftel der Gruppe und nicht als diffuses Mitglied einer wechselnden Ansammlung von Menschen, die ich kaum kenne.

Vorschlag zum Ablauf

Legen Sie Beginn und Ende des Treffens vorher fest und einigen Sie sich am Ende jedes Treffens darauf, wer den nächsten Abend »leitet«, d. h. für den abgesprochenen Ablauf sorgt. Wechseln Sie sich nach

Möglichkeit in der Leitung ab. Meist genügen eineinhalb bis zwei Stunden. Klären Sie vorab, ob Sie nach einer thematischen Übung darüber sprechen wollen. Es geht dabei nicht um Selbsterfahrung und die Offenlegung persönlicher Erlebnisse, sondern eher darum, unterschiedliche Auffassungen der Übung kennenzulernen und so den eigenen Horizont zu erweitern. Es gibt nicht die *eine* richtige Art, diese Übungen zu machen. Sie sollen uns lediglich anregen, die eigenen Erfahrungen zu erforschen und immer tiefer zu verstehen, wie sie durch sehr komplexe Bedingungen entstehen. Manchmal ist es einfacher, sich zehn Minuten in Zweiergruppen über die Übung auszutauschen. Beginnen Sie mit einer Phase des stillen Sitzens (10–20 Min.) mit anschließender Gehmeditation (10 Min.). Dann liest eine Person das abgesprochene Kapitel und leitet eine der Übungen an. Das gelingt am besten, wenn Sie sie zu Hause einige Male selbst gemacht haben und die Phasen der Stille nach den einzelnen Sätzen gut einschätzen können. Falls Ihnen das zu schwierig erscheint, können Sie gemeinsam eine der Übungen auf meiner CD *Leichter leben* anhören. Beenden Sie den Abend mit fünf Minuten stillem Sitzen.

Danach können die, die das möchten, noch eine Viertelstunde zusammensitzen und Tee trinken. Manche Lesegruppen gehen danach noch ein Bier oder ein Glas Wein trinken. Auch das kann dazugehören.

Üben am Arbeitsplatz

Wenn wir mit einigen Übungen vertraut sind, können wir sie nach und nach am eigenen Arbeitsplatz einsetzen. Manche Psychotherapeutinnen und Supervisoren gehen eine halbe Stunde früher in ihre Praxisräume und nutzen die zusätzliche halbe Stunde für eine stille Sitzmeditation oder ein paar Yogaübungen. Sie stellen fest, dass sich ihr Verhältnis zum Arbeitsplatz verändert, weil sie dort auch meditative Übungen machen. Einige reservieren alle zwei Stunden eine Viertelstunde Stille zwischen Therapiesitzungen und nutzen diese Lücke nicht für dringende Telefonate oder E-Mails, sondern halten inne, spüren im Sitzen ihren Atem mit Ja-Danke oder machen ein paar Körperübungen, z. B. zehn Minuten im Stehen die Arme rhythmisch schwingen, bis sie ihren eigenen Rhythmus gefunden haben. Das ist dann der Fall, wenn das Schwingen fast von allein geht.

Manche nutzen die stille Viertelstunde und stehen am Fenster und schauen einfach auf einen Baum oder in den Himmel, beobachten einen Zweig, der sich im Wind bewegt, oder eine Wolkenformation. Manche sagen innerlich beim Treppensteigen Ja-Danke oder gehen in der Mittagspause mit Ja-Danke ein paar Schritte im Park. Manche achten drei Atemzüge lang auf den natürlichen Atemrhythmus, wenn sie zum Kopierer gehen – oder auf die Toilette. Sie können auch Jede Stunde einmal vom PC aufstehen und fünf Minuten die Arme schwingen oder sich ans, wenn möglich geöffnete, Fenster stellen und zwei, drei Minuten den Atem spüren. Oder Sie machen ein paar Kniebeugen mit Ja-Danke im Rhythmus des Auf und Ab.

Sie denken mit großer Wahrscheinlichkeit an eine dieser Übungen, wenn Sie sie auch zu Hause machen. Und – suchen Sie sich ein oder zwei Übungen aus und bauen Sie sie in Ihrem beruflichen Alltag ein. Falls Sie unter großem Druck in einem Großraumbüro arbeiten und keine Zeit haben, zwischendurch ans Fenster zu gehen, können Sie auch mal einfach nur den Kopf heben und ans Fenster schauen oder auf eine Blume oder ein Bild. Es geht darum, mitten im Trubel immer wieder innezuhalten und – sich zu entspannen und Kraft zu tanken mit den Methoden und Bildern, die Sie inspirieren. Probieren Sie es aus. Es gibt wirklich Menschen, die das regelmäßig tun und sehr davon profitieren. Wenn andere das können, können Sie das auch. Sie müssen bloß damit beginnen. Alles Weitere ist dann nur Übung. Mit Humor und Geduld gelingt das auch Ihnen.

Bücher und Kurse

Bücher, die uns zur Innenschau und zum eigenständigen Üben anregen, können die regelmäßige Übung zu Hause sehr unterstützen. Kein Buch kann jedoch eine persönliche Einführung in die Praxis der Meditation ersetzen. Schriftliche Anleitungen zur Meditation gewinnen ihre volle Wirkungskraft erst durch zusätzliche mündliche Unterweisungen durch kompetente Personen. Im Anhang finden Sie Hinweise auf Bücher und Zentren, die Sie auf Ihrem Weg aus Hektik und überzogener Leistungsbereitschaft unterstützen können. Stützen Sie sich bei der Auswahl von Meditationskursen und von weiterer Lektüre vor allem auf die Empfehlung von Personen, die selbst üben und denen Sie vertrauen.

10 Ein Schatz an Übungen

Die Übungen im Überblick

1 Ehrgeiz

Die acht weltlichen Anliegen
Mimetisches Begehren
Prioritäten prüfen
Der rote Faden
Etwas gut machen

2 Burnout

Meine Symptome
Wollen und reagieren
Beziehungen
Erholung und Belastung
Faulheit
Freude am Tun
Erste Hilfe

3 Schmerz und Leid

Leiden annehmen
Natürliches und zusätzliches Leiden
Täuschungen und Enttäuschungen
Angst und Flucht
Ohnmacht und Wut
Aufhänger, Stimmung, Hintergrund

4 Achtsamkeit

Informelle Übungen zum Einsteigen
Mit den Armen schwingen
Den Atem spüren

Treppensteigen mit Ja-Danke
Zum Fenster hinausschauen
Gehen im Park mit Ja-Danke
Grundübungen
Ja-Danke im Sitzen und Gehen
Sternstunden oder Freude als Weg
Einfach sitzen

5 Mitgefühl

Die vier himmlischen Gefühle
Mitgefühl
Wie alt bin ich, wenn ich wütend bin?
Wer spricht?

6 Resilienz

Freude
Sternstunden
Die Vier Ebenen des Glücks
Freude und Mitfreude
Beziehungen
Zwischen Freiheit und Geborgenheit
Freiheit
Geborgenheit
Mein Lebensabend
Eine Gruppe
Sinn
Sternstunden
Was weckt Energie?
Etwas gut machen
Neid als Weg zum Mehr
Tod als Ratgeber
Ich bin nicht so wichtig
Ja zum Leben trotz Leiden
Drei Arten existenzieller Angst
Woran glaube ich?
Rückhaltlose Kommunikation

7 Arbeit und Muße

Mein aktives Leben
Mußestunden
Prioritäten prüfen
Der rote Faden
Freude am Tun

8 Auftanken und Entspannen

Den Körper spüren
Den Atem spüren
Gehen
Gedanken bemerken, Übung erinnern
Mit allen Sinnen leben
Grundstimmung
Sätze sprechen
Innere Bilder

Prioritäten klären
Sternstunden
Angenehme und unangenehme Erfahrungen
Mut zur Veränderung
Anlässe für Entspannung suchen

Geborgenheit
Vom Sinn des Lebens
Vorbilder
Emotionen
Verhalten

Der Achtfache Pfad
Zwölf überzogene Ansprüche
Acht Schritte zum Burnout
Die fünf Elemente: Erde, Wasser, Feuer, Luft und Raum

Die Übungsanleitungen in alphabetischer Reihenfolge

Ich wiederhole hier noch einmal meinen Hinweis aus der Einführung. Manche Übungen bzw. Abschnitte der Übung habe ich im einladenden »wir« formuliert und manche eher im direkten »du«. Schauen Sie, was Sie anspricht, und formulieren Sie die Übungen entsprechend um. Für den Anfang reicht es, wenn Sie ein, zwei Mal die Woche eine Übung durchführen, bis Sie durch die eigene Erfahrung motiviert sind, regelmäßig zu üben. Ihre volle Wirkung entfalten Übungen vor allem dann, wenn wir sie – zwei, drei Monate lang – fünf, sechs Mal die Woche üben, möglichst am gleichen Ort und in etwa am gleichen Punkt im Tag: nach dem Aufstehen, vor dem Abendessen oder vor dem Zubettgehen. Sie können alle Übungen, die Sie einige Male selbst ausprobiert haben und hilfreich finden, mit interessierten Menschen zusammen durchführen. Die erste und die letzte Übung stammen aus dem Kontext der Psychologie und passen gut zu buddhistischen Ansätzen. Und sie funktionieren gut bei mir. Deshalb habe ich sie hier aufgenommen.

Acht Schritte zum Burnout

Manchmal verstehen wir besser, was uns an einem guten Leben hindert, wenn wir Fehler, die wir bereits erkennen, übertreiben. Man nennt das in der Psychotherapie paradoxe Intervention. In einem Achtsamkeits-Kurs (MBSR) arbeitete ein Kursleiter mit folgender Liste. Ich habe die Übung ausprobiert, und sie funktioniert hervorragend. Ich kann sie guten Gewissens empfehlen. Sie können sie einfach durchgehen und schauen, wofür Sie anfällig sind. (Stocker 2012)

1. Setze dir ehrgeizige Ziele! Der Zweitbeste ist erster Verlierer! Darum: Überflügele alle! Mache es allen (!) recht und mache alles (!) perfekt. Gib dich nicht mit 100 Prozent und schon gar nicht mit weniger zufrieden. Setze deine Tages-, Wochen- und Lebensziele qualitativ und quantitativ so, dass das Scheitern bereits in der Planung programmiert ist.
2. Übe exzessiv Selbstkritik! Das Gefühl, unfähig zu sein, kennst du sicher. Spätestens, wenn du an deinen hohen Zielen scheiterst.

Pflege es! Je öfter, umso besser! Verzeihe dir keine Fehler! Konzentriere dich auf dein Versagen! Und glaube nicht den Nieten, die dir zu mehr Selbstbarmherzigkeit und Gelassenheit raten.

3. Sage stets und bereitwillig »Ja«! Dass andere mit ihren Bitten an dich herantreten, zeigt, wie wichtig du bist! Du wirst gebraucht! Lasse also niemanden hängen! Selbst dann nicht, wenn du andere Dinge dafür liegen lassen musst. Denke daran: Mit einem »Nein« – und sei es noch so freundlich – setzt du jede Beziehung aufs Spiel.
4. Achte immer auf eine gute Erreichbarkeit! Lasse dich von deiner Neugier oder deinem schlechten Gewissen leiten! Dein Mobiltelefon ist hierbei ebenso hilfreich wie das Abrufen geschäftlicher Mails vom heimischen PC aus! Achte darauf, dass du rund um die Uhr – spätabends, am Wochenende und im Urlaub – greifbar bist! Ohne dich geht's nicht! Abschalten kannst du im Jenseits!
5. Opfere dein Privatleben für die Karriere. In deiner Zeit- und Lebensplanung sollte der Job oberste Priorität genießen. Investiere alles für dein Weiterkommen! Verausgabe dich beruflich so stark, dass du nach Feierabend und am Wochenende keine Kraft mehr für Familie, Freunde und Hobbys hast! Die so wachsende Unzufriedenheit (z. B. in deiner Familie) wird den Kollaps beschleunigen.
6. Konzentriere dich aufs Geldverdienen! Deine Frau wünscht sich von dir keine qualitativ hochwertige Zeit, sondern ein schönes Auto! Auch deine Kinder werden angesichts eines voll finanzierten Studiums eines Tages verstehen, weshalb du so gut wie nie für sie da warst. Also: Klotze ran! Gerade in Finanzkrisen zeigt sich, dass die »hohe Kante« nie hoch genug sein kann.
7. Verzichte auf Sport und gesunde Ernährung! Um gesund alt zu werden, musst du nicht zwingend auf deine Gesundheit – weder körperlich noch seelisch – Rücksicht nehmen! Achte nur darauf, dass du dich für einen Job mit gutem Einkommen aufreibst. So kannst du dir in ein paar Jahren jede Reha-Maßnahme leisten.
8. Vermeide unnötige Ablenkung durch Meditation, Achtsamkeitspraxis etc. Falls du irgendwann in Kontakt mit Meditation, MBSR oder anderen Achtsamkeitsmethoden gekommen bist, wende diese keinesfalls aktiv an. Besonders abzuraten ist auch von einer Teilnahme an regelmäßigen MBSR-Übungsabenden oder Meditationskursen. Dein Burnout könnte sonst in unerreichbare Ferne rücken!

Angenehme und unangenehme Erfahrungen

Wir schauen eine angenehme und eine unangenehme Situation der letzten Tage an und prüfen, wie Anlass, Stimmung und Hintergrund zusammengewirkt haben: Was war der Anlass? Wie war meine Stimmung unmittelbar davor? Passiert mir das häufig? Ist das typisch für mich?

Angst und Flucht

Wir erinnern eine kleine (!) Situation, in der wir Angst hatten, mit so vielen Einzelheiten, wie wir brauchen, um das Gefühl der Angst wieder etwas zu spüren. Dann fragen wir uns: Was war der Auslöser dieser Angst? Wovor wollte ich fliehen? Was genau wollte ich nicht erleben? Was hat mich an der Flucht gehindert? Pflichtgefühl, Angst vor Liebesentzug, vor Kritik oder Strafe? Was kann ich von meiner Seite aus tun, um mich vor einer solchen Situation in Zukunft zu schützen? Wer oder was könnte mich dabei unterstützen? *Inspiriert von Peter Levine, Sprache ohne Worte.*

Anlässe für Entspannung suchen

Wir bemerken die aktuelle Stimmung und hellen sie auf: Was im Außen hilft dabei? Wir suchen gezielt äußere Anlässe für Entspannung und Inspiration und schaffen sie. Wir vermeiden Anlässe für Anspannung, Ängste, Befürchtungen zeitweilig und bauen sie langfristig ab, wo das möglich ist, bzw. lernen besser damit umzugehen. Hintergrund: Wir lernen die eigenen Muster kennen und verstehen und machen das Beste daraus.

Aufhänger, Stimmung, Hintergrund 1

Wir denken an einen Konflikt der letzten Tage. Wir fragen uns: Was war der Auslöser? Wie habe ich reagiert? In welcher Verfassung bzw. Stimmung war ich unmittelbar vorher? Entspannt und wach? Aufmerksam und gelassen? Wütend, unter Druck, unsicher? Was hatten wir von uns und den anderen erwartet? Welche Muster wurden ausgelöst? Wie alt sind wir, wenn wir so reagieren?

Aufhänger, Stimmung, Hintergrund 2

Erinnere eine kleine Situation aus den letzten Tagen, in der du dich über eine Person geärgert hast. Erinnere so viele Einzelheiten, wie du jetzt brauchst, um die Irritation deutlich zu erinnern. Dann schau die Situation im Freiraum der Übung genauer an. Frage dich zuerst: Was genau hat mich irritiert? Was war der *Auslöser?* Ein Satz, eine Geste, ein Blick, ein Verhalten, ein bestimmter Ton? Wie habe ich reagiert? Was habe ich gesagt, getan oder nur gedacht? Hat die andere Person das bemerkt? Welche Folge hatte mein Verhalten? Hat sich der Konflikt verstärkt oder verringert? Wann hat sich die Irritation abgeschwächt oder ganz aufgelöst? Ist ein Rest geblieben? Frage dich dann: In welcher *Stimmung* war ich unmittelbar vor der Irritation? Gut gelaunt und entspannt? Neutral? Müde, angespannt, unsicher oder nervös? Frage dich dann: Was habe ich außer meiner Stimmung noch mitgebracht in diese Situation? Was habe ich *erwartet?* Von mir, von den anderen? Bewusst oder unbewusst? Schau dir deine Erwartungen an. Sind sie realistisch? Frage dich dann: Welches *Muster* wurde bei mir ausgelöst? Kenne ich das Verhalten aus ähnlichen Situationen? Mit derselben Person? Mit anderen? Eine *Variante:* Manchmal kannst du dich an der Stelle fragen, wie alt du gerade bist. Zu welchem Alter passt dieses Verhalten, dieses Muster? Spiele dann die ganze Situation noch einmal durch mit *veränderten Bedingungen*. Zuerst: Stell dir vor, du wärst *gut gelaunt* und entspannt gewesen. Verändert sich deine Reaktion? Stelle dir dann vor, das Ganze geschieht mit einer dir sehr sympathischen Person. Verändert sich etwas? Was? Bringe dann die Übung auf den Punkt mit der *Frage:* Was ist mir aufgefallen? Was hat mich besonders berührt? Vielleicht taucht ein Satz auf, ein Bild oder ein Schlüsselwort, etwas, das deine Einsicht auf den Punkt bringt, und lass es einige Momente auf dich wirken. Formuliere zum Abschluss einen *Wunsch,* wie sich diese Übung auf dein Leben auswirken soll, und zwar zunächst in eigenen Worten. Z. B. so: Mögen wir alle häufiger bemerken, welche Aufhänger in welcher Stimmung welche Muster auslösen. Und mögen wir das tun oder lassen, was ein konstruktives Umgehen mit schwierigen Situationen fördert. Mögen wir, mögen alle Wesen glücklich sein.

Beziehungen

Mit welchen Menschen kann ich mich gut entspannen?
Mit wem kann ich gut Energie tanken? Wer inspiriert mich?

Dankbarkeit

Setzen Sie sich in Ihren Lieblingssessel … und danken Sie … Denken Sie an zehn Dinge oder Umstände in Ihrem Leben, für die Sie dankbar sind, und danken Sie – wem auch immer: dem Universum, den Nachbarn, Ihrer Familie, dem deutschen Bildungssystem, bestimmten Dichterinnen und Schriftstellern, Bands und Komponisten usw.

Denken Sie an einige wesentliche Dinge, die Sie mit und von anderen gelernt haben – und danken Sie diesen Menschen.

Das Element Erde

Im Außen: Wir spüren den Boden unter uns, die Unterlage, auf der wir sitzen, die Erde, die uns trägt. Wir spüren die Festigkeit und Stabilität der Erde, ihre Fähigkeit, uns zu tragen.

Im Körper: Wir achten auf die festen Bestandteile unseres Körpers. Wir spüren Knochen und Muskeln, Gewebe, Nägel, Haare und die Haut, die uns umschließt. Wir spüren die festen Teile des Körpers, die unserer Energie eine feste Form geben.

In Herz und Geist: Wann immer wir uns nicht geerdet, instabil und schwach fühlen und ohne Boden unter den Füßen, können wir unsere Aufmerksamkeit auf die festen Dinge in der Außenwelt richten, auf die unterschiedlichen Formen, die das Erd-Element annimmt, auf den Boden unter uns, den Stuhl, den Tisch, auf einen Baum, ein Glas, einen Stift. Wir richten die Aufmerksamkeit dann auf den Körper. Beide Wahrnehmungen zeigen uns unmittelbar, dass wir Stabilität und Festigkeit empfinden können. Sie können uns hinführen zu unserer inneren Festigkeit und Stabilität, zu unserer Stärke und Erdverbundenheit.

Ab und zu können wir draußen auf der Straße und in der Natur innehalten und die Erde unter uns spüren und die unterschiedlichen festen Formen betrachten. Wir achten darauf, wie sich ein Ungleichgewicht des Erd-Elements – ein Zuwenig oder Zuviel – auf die Umgebung und die Menschen auswirkt. Manchmal gibt es zu viel Festigkeit um uns herum, nur Häuser, Beton, Steine und Felsen. Manchmal sind Räume überladen mit Möbeln und Gegenständen. Manchmal gibt es zu wenig Festigkeit, eine endlose Sandwüste, in der alles versinkt, oder einen völlig leeren Raum. Vielleicht hat unser Körper zu viel oder zu wenig Erd-Element, wir sind zu dick oder zu dünn. Wie wirkt sich ein Ungleichgewicht des Erd-Elements auf die Umgebung und auf die Menschen aus – und auf unser Herz und unseren Geist?

Das Element Wasser

Im Außen: Setze dich an einen kleinen Bach oder einen Fluss und schau in die Richtung der Strömung. Spüre die fließende Qualität des Wassers und lass alle Empfindungen, Gefühle und Gedanken mit dem Wasser wegfließen. Bei einer anderen Gelegenheit setze dich an einen Teich. Schau die stille Wasseroberfläche an und betrachte, wie sich alles in ihr spiegelt.

Im Körper: Achte auf die Flüssigkeiten in deinem Körper, auf Speichel, Blut, Gelenkflüssigkeit. Spüre das Wasser-Element in dir und denke an die Funktionen, die es im Körper erfüllt.

In Herz und Geist: Wann immer du dich unbeweglich und ohne Kontakt mit dir und anderen fühlst, wenn du kein Vertrauen hast, dass jedes Problem seine ihm gemäße Lösung finden wird, auch wenn du sie jetzt noch nicht kennst, dann richte deine Aufmerksamkeit auf Wasser, das fließt.

Wann immer du nicht in der Lage bist, dich selbst und das, was dich umgibt, in Ruhe und vorurteilsfrei zu betrachten, richte deine Aufmerksamkeit auf eine stille Wasseroberfläche und achte darauf, wie es sich auf Herz und Geist auswirkt. Die Betrachtung von fließendem und stillem Wasser kann dich hinführen zu deiner inneren Beweglichkeit; dein Vertrauen stärken, dass es für alle Schwierigkeiten eine angemessene Lösung gibt, und Herz und Geist für das öffnen, was in dir und um dich herum geschieht.

Setze dich hin und wieder an ein fließendes oder stilles Gewässer, lass den sanften Frühlingsregen und die Wassermassen eines Wolkenbruchs oder einer Überschwemmung auf dich wirken. Spüre die trockene Hitze eines Sommertages oder eines überheizten Raumes im Winter. Achte darauf, wie ein Ungleichgewicht des Wasser-Elements sich auf Umgebung und Menschen auswirkt – und auf Herz und Geist.

Das Element Feuer

Im Außen: Spüre die Temperatur im Zimmer, spüre die Wärme der Sonne oder die Hitze neben einem Heizkörper. Spüre die Wärme eines Räucherstäbchens, einer Kerze, eines kleinen Feuers, eines Lagerfeuers. Denke an Waldbrände im Sommer. Achte auf die Hitze einer Herdflamme, die rohes Getreide und Gemüse in eine köstliche Mahlzeit verwandelt. Denke an die vielen Momente im täglichen Leben, in denen wir Feuer und Wärme brauchen. Denke an Situationen, wo Wärme und Hitze gefehlt haben.

Im Körper: Spüre deine Körperwärme. Denke an die vielen Funktionen, die das Feuer-Element im Körper erfüllt, die Verdauung, die Umwandlung von Nahrung in Energie, an die Wärme, die uns am Leben erhält.

In Herz und Geist: Wenn du sehr aufgewühlt und hitzig bist oder innerlich kühl und verschlossen, wenn du zu viel oder zu wenig Energie verspürst oder keinen Zugang zu deiner Intuition hast und es dir schwerfällt, Eindrücke und Erfahrungen zu verarbeiten, richte deine Aufmerksamkeit auf das Feuer-Element in der Außenwelt und im Körper. Das kann dich in Kontakt bringen mit deinem inneren Feuer-Element, mit der Seite in dir, die kraftvoll und intuitiv, warmherzig, einsichtig und offen für neue Erfahrungen ist. Halte hin und wieder inne und achte auf das Feuer-Element in deiner Umgebung, darauf, wie sich ein Mangel oder ein Zuviel an Wärme auf die Umgebung und die Menschen auswirkt – und auf dein Herz und deinen Geist.

Das Element Luft

Im Außen: Spüre die Luft und den Wind auf deiner Haut, spüre die Windstille. Beobachte Zweige und Gräser im Wind. Lass deinen Geist mit den Bewegungen der Zweige und Gräser mitschwingen; manchmal bewegen sie sich langsam und manchmal schnell. Lass deinen Geist still werden, wenn der Wind sich legt.

Im Körper: Spüre, wie sich der Körper im Rhythmus des Atems bewegt. Spüre das Pulsieren des Blutes in den Adern. Achte auf die Bewegung der Nahrung durch den Körper, wenn du etwas isst. Achte auf die Bewegungen deines Körpers. Auch wenn wir still sitzen, ist in uns immer Bewegung.

In Herz und Geist: Wann immer du dich rigide und festgefahren, träge und unbeweglich fühlst, wann immer du dich nicht deutlich mitteilen kannst, Zusammenhänge nicht erkennst und dich schwerfällig und alt fühlst, richte die Aufmerksamkeit auf das Wind-Element in der Außenwelt und in deinem Körper. Das zeigt dir, dass du Bewegung spüren kannst. Es kann dich in Kontakt bringen mit deiner wachen Intelligenz, deiner Kommunikationsfähigkeit, mit der Beweglichkeit von Körper, Rede und Geist.

Achte hin und wieder auf den Wind und die Luftbewegungen, an einem windstillen Sommertag, wenn sich kein Blatt bewegt, oder an einem stürmischen Tag auf dem Land oder am Meer, wenn der Wind an Ästen und Fensterläden, Haaren und Mänteln zerrt und Dinge durch die Luft wirbeln lässt. Achte darauf, wie sich ein Zuviel oder Zuwenig an Luftbewegung auf die Umgebung und auf die Menschen auswirkt – und auf dein Herz und deinen Geist.

Das Element Raum

Im Außen: Spüre den Raum um dich herum im Zimmer und zwischen dir und den Menschen, den Raum draußen unter und über den Wolken. Spüre den weiten offenen Raum, den unendlichen Himmel, in dem alle Lebewesen und Dinge Platz finden, ob du sie kennst oder nicht, ob du sie magst oder nicht.

Im Körper: Spüre die Hohlräume im Körper: in der Nase, im Mund, in Kehle, Lungen, Magen und Bauch. Spüre die Räume im Körper.

In Herz und Geist: Wann immer du dich festgefahren und aufgeregt, voller Urteile und Vorbehalte fühlst, wann immer Ärger, Niedergeschlagenheit, Hilflosigkeit und Angst in dir auftauchen, richte deine Aufmerksamkeit auf den äußeren Raum und die Räume im Körper. Das zeigt dir, dass du Raum spüren kannst. Es kann dich in Kontakt bringen mit der Offenheit deines Geistes, in der Empfindungen, Gefühle, Stimmungen und Gedanken, Bilder und Erinnerungen auftauchen, für eine Weile bleiben und wieder verschwinden, wenn die

Bedingungen dafür nicht mehr gegeben sind. Entspanne dich und freue dich an der Offenheit deines Geistes.

Halte hin und wieder für einige Augenblicke inne, spüre den Raum um dich herum und in dir. Achte darauf, wie sich ein Zuviel oder Zuwenig an Raum auf die Umgebung und auf Menschen auswirkt: Ein Leben in dicht bevölkerten Städten und Häusern, allein in einer riesigen Wohnung, ein Leben auf dem einsamen Land, in der Wüste oder in den Bergen. Achte darauf, wie sich Raum auf dich auswirkt, auf dein Herz und deinen Geist.

Den Atem spüren

Wir richten die Aufmerksamkeit auf den Atemrhythmus im ganzen Oberkörper. Oder: Wir spüren den Atem beim Heben und Senken der Bauchdecke. Dabei sagen wir innerlich Heben – Senken. Oder: Wir spüren den Atem beim Aus- und Eintreten an der Nasenöffnung. Dabei sagen wir im Rhythmus des Atmens »Aus – Ein«. Oder: Wir sagen innerlich bei Ausatmen »Loslassen« und beim Einatmen »Annehmen« oder: beim Ausatmen »Ja« und beim Einatmen »Danke«. Einige Personen kehren diese Reihenfolge um, und auch das ist in Ordnung. Manche Personen ziehen es vor, keine Worte zu sprechen, und andere sind entspannter, wenn sie den natürlichen Atemrhythmus mit Worten begleiten. Probieren Sie aus, was Ihnen leichter fällt.

Den Körper spüren 1

Wir können uns zwei-, dreimal die Woche für eine halbe Stunde Zeit nehmen und im Sitzen oder Liegen den Körper spüren. Von unten nach oben aktiviert und weckt Energie. Von oben nach unten beruhigt. Es reicht, einfach die Empfindungen zu registrieren, die spürbar sind: Druck, Prickeln, Pulsieren, Wärme, Kälte, Spannung. Ab und zu spüren wir gar nichts und dann wieder etwas, wissen aber nicht, wie wir diese Empfindungen nennen sollen, auch das ist in Ordnung. Je häufiger wir die Übung durchführen, desto leichter wird sie und desto mehr spüren wir.

Den Körper spüren 2

Wir sitzen auf einem Stuhl, oder auf einem Kissen am Boden, oder liegen bequem auf einer Yoga-Matte. Wir gehen mit der Aufmerksamkeit in 20–40 Minuten durch den ganzen Körper und registrieren mit sanfter Aufmerksamkeit körperliche Empfindungen mit dem Tastsinn bzw. dem inneren Körpersinn: Druck, pulsieren, heiß, kalt, pochen, gar nichts. Gehen wir mit der Aufmerksamkeit von Kopf bis Fuß, werden wir ruhiger. Gehen wir von den Füßen zum Kopf, aktiviert das Energie. Die übliche Reihenfolge ist: vom Kopf zum Becken, von den Fingerspitzen bis zu den Schultern, vom Becken zu den Füßen, und umgekehrt, wenn wir von unten nach oben gehen. Die Übung heißt *Körperachtsamkeit* oder *den Körper spüren,* neudeutsch Bodyscan. Es gibt inzwischen viele Audio-CDs zur Unterstützung der eigenen Übung.

Der Achtfache Pfad

Wir schauen uns die acht Übungsfelder an und überlegen, wie wir uns in diesen Lebensbereichen verhalten und ob wir etwas verändern wollen. Dann können wir die vorgeschlagenen Übungen ausprobieren und sie in unser Leben integrieren, wenn uns das sinnvoll erscheint und soweit es uns möglich ist. Die buddhistischen Lebensregeln wollen uns eine Orientierung im Leben geben, sie sind Übungen und keine Vorschriften.

1. *Erkenntnis:* Wir erforschen die Vier Edlen Wahrheiten, vom Leiden, seinen Ursachen, dem möglichen Ende und dem Weg dahin. Wir können unsere eigene Version der Vier Wahrheiten anhand einer konkreten Erfahrung formulieren. *Symptome:* Woran leide ich zur Zeit besonders? *Diagnose:* Was halte ich für die Ursache? *Prognose:* Lässt sich dieses Leiden beenden oder zumindest verringern? *Therapie:* Wie sieht der konkrete Weg zum Ende oder zur Linderung dieses Leidens aus?
2. *Einstellung:* Wir bemühen uns darum, ohne Gier, Hass und Verblendung zu handeln, oder positiv formuliert, genügsam, liebevoll und weise.
3. *Rede:* Wir vermeiden soweit wie möglich Lügen, Verleumdungen

und Hintertragen, grobe und verletzende Worte und leeres Gerede. Wir bemühen uns stattdessen darum, nur das zu sagen, von dem wir wissen, dass es wahr ist. Wir achten auf die Stärken von anderen und fördern sie. Wir versuchen andere zu ermutigen und zu inspirieren und reden nur dann, wenn wir etwas zu sagen haben und – lernen zuzuhören und nachzufragen.

4. *Verhalten:* Wir vermeiden es nach Möglichkeit, Menschen oder Tiere zu töten, nehmen nichts, was uns nicht freiwillig und gerne gegeben wird, und schaden andern nicht durch unser sexuelles Verhalten. Stattdessen fördern wir nach Kräften das Leben von Mensch und Tier und das Gedeihen der Umwelt, leben einfach und großzügig und achten bestehende Beziehungen.
5. *Lebensunterhalt:* Wir verletzen weder uns noch andere durch unsere Berufstätigkeit: Wir handeln nicht mit Lebewesen, weder mit Menschen noch mit Tieren, nicht mit Waffen, Rauschgetränken und Giften und töten keine Lebewesen. Als besonders heilsame Berufe gelten Heilen und Lehren, i. S. der Förderung der Lernfähigkeit – man könnte auch von Hilfe zur Selbsthilfe sprechen –, und schließlich künstlerisches Tun, das Menschen an ihre höchsten Potenziale erinnert. Eine buddhistische Überlieferung geht davon aus, dass Erwachte sich als spirituelle Lehrer, als erleuchtete Politiker und als große Künstler manifestieren. Mir gefällt dieser Gedanke, denn er inspiriert dazu, sein berufliches Tun zum eigenen Wohl und dem der anderen einzusetzen.
6. *Bemühen:* Wir bemühen uns, heilsame Gedanken und Einstellungen, Eigenschaften und Fähigkeiten zu entwickeln und zu fördern und unheilsame Gedanken und Einstellungen und das Verhalten, das damit zusammenhängt, ganz zu vermeiden bzw. abzubauen.
7. *Achtsamkeit:* Wir üben die vier Grundlagen der Achtsamkeit; wir achten auf Körperempfindungen, Gefühle und emotionale Reaktionen, Stimmungen und Gedanken.
8. *Sammlung:* Wir üben Sammlung mit einfachen Übungen wie Achtsamkeit beim Atmen und beim meditativen Gehen. Wir klären unsere Prioritäten und suchen unseren roten Faden im Leben.

Der rote Faden

Wir gehen in Schritten von je fünf Jahren rückwärts durch unser Leben und fragen uns: Was war mir vor fünf Jahren am wichtigsten? Vor zehn, fünfzehn, zwanzig, fünfundzwanzig, dreißig Jahren? Wir gehen zurück bis in die Kindheit und fragen uns: Was war mir mit zehn, mit fünf Jahren wichtig? Gibt es Anliegen, die sich durchziehen? Wann kamen neue Anliegen ins Spiel? Hatten wir damals – vor zehn, zwanzig, dreißig Jahren – genügend Zeit für diese Anliegen? Dann fragen wir uns: Wie viel Raum sollen diese Anliegen in meinem Leben haben, wenn ich sechzig, siebzig, achtzig Jahre alt bin? Und schließlich: Was kann ich von meiner Seite aus heute, nächste Woche, nächstes Jahr usw. tun, um diesen Anliegen genügend Raum im Leben zu geben? Welche Menschen und Umstände könnten mich dabei unterstützen?

Die Acht weltlichen Anliegen

Wir denken an Phasen des Lebens, in denen wir zu viel gearbeitet haben. Welche Anliegen standen dabei im Vordergrund? Status, Besitz (auch von Wissen), öffentliche Anerkennung? Wunsch nach Zuwendung? Für angenehme Gefühle sorgen? Diese Anliegen schützen? Angst vor dem Verlust von Status, Besitz, Anerkennung und Zuwendung oder von angenehmen Gefühlen?

Die Vier Ebenen des Glücks

Auch diese Übung können Sie immer wieder mit unterschiedlichen Erfahrungen durchführen und unterschiedliche Zugänge zur Freude entdecken. Die Vier Ebenen des Glück sind: Sinnesfreuden. Verbundenheit. Sammlung und Einsicht. Wenn Sie mit der Übung vertraut sind, können Sie gleich von Anfang an jeweils eine Ebene des Glücks in den Vordergrund stellen und die entsprechenden Fragen auf sich wirken lassen. Denken Sie an eine kleine angenehme Erfahrung der letzten Tage. Welche Bedingungen haben mitgespielt? Was stand im Vordergrund? *Sinneserfahrungen?* Welche Sinne standen im Vordergrund? *Verbundenheit?* Mit wem oder was fühlten Sie sich verbunden? Mit einer bestimmten Person? Mit mehreren Personen bei einem gemeinsamen Tun? Singen, Wandern, Gespräche, Hobbys usw.? *Sammlung?* Was genau war es, bei dem Sie für eine Weile mit ganzem Herzen dabei waren? Singen, Lesen, Tanzen, Spazierengehen, Gartenarbeit, Schreiben, Malen, Sport, Gedankenaustausch über wesentliche Dinge? *Einsicht?* Was genau haben Sie neu verstanden? Was sehen Sie jetzt anders als zuvor? Welchen Zusammenhang sehen Sie klarer?

Die vier himmlischen Gefühle

Lesen Sie in jeder Sitzung einen der folgenden vier Sätze einige Male laut und bewegen Sie ihn im Herzen. Nach drei, vier Minuten fragen Sie sich: Was ist mir aufgefallen? Was hat mich besonders berührt?

Lange Fassung:
Mögen alle Wesen Glück erleben und die Ursachen von Glück.
Mögen alle Wesen frei sein von Leid und den Ursachen von Leid.
Mögen alle Wesen das höchste Glück der Befreiung
    und des Erwachens erleben.
Mögen alle Wesen in Gleichmut ruhen, ohne Anhaftung
    an angenehme und ohne Abwehr gegen unangenehme Gefühle,
    in heiterer Gelassenheit.

Kurzfassung:
Mögen die Wesen / nur Glück erleben /
frei sein von Leid / voller Freud / in Gleichmut ruh'n.

Drei Arten existenzieller Angst

Paul Tillich unterscheidet ontologische, moralische und existenzielle Angst. Sie können jede der folgenden Fragen auf sich wirken lassen und sich anschließend einige Notizen dazu machen, angeregt durch die Frage: Welche Gefühle und Gedanken tauchen auf, wenn Sie daran denken?

Kennen Sie die Angst vor Ihrem *nahen Tod?* Welche Gefühle und Gedanken tauchen auf, wenn Sie daran denken? Kennen Sie das Gefühl der *Schuld,* weil Sie wider besseres Wissen falsch gehandelt haben? Kennen Sie die Angst der *fehlenden Gewissheit?* Das Leiden daran, dass Sie nicht wissen, ob Ihr Leben und Handeln Sinn hat?

Eine Gruppe

Wir untersuchen eine Gruppe, zu der wir uns zugehörig fühlen. Was steht für mich im Vordergrund? Die lebendige Mitte oder die Beziehung zu den anderen Mitgliedern? War das immer so? Was hat sich im Laufe der Zeit verändert? Stimmt die Balance für mich? Was wünsche ich mir an Veränderung?

Einfach sitzen

Wir setzen uns stabil, aufrecht und bequem auf einen Meditationssitz am Boden oder auf einen Stuhl und tun einfach zwanzig Minuten das, was wir tun, in aller Ruhe. Wenn wir den Atem spüren, ist das o. k. Wenn wir planen, denken, erinnern, jammern oder uns freuen, ist auch das o. k. Wir nehmen das, was wir bemerken, freundlich und aufmerksam zur Kenntnis. Wir lernen zwanzig Minuten mit dem sein, was geschieht. Diese Übung kann eine tief greifende Veränderung unseres Lebens bewirken, denn wir lernen ohne Druck mit dem sein, was geschieht. Wir bemerken, was uns beschäftigt, ohne gleich reagieren zu müssen.

Emotionen und Einstellungen

Wo und mit wem fühle ich mich emotional offen, vertrauensvoll und menschenfreundlich, belastbar? Wie sind die Menschen aus meinem Umfeld emotional eingestellt? Wann und wo werde ich ärgerlich, bedürftig, neidisch, misstrauisch, nervös, stur, lethargisch usw.? Wie reagiere ich emotional auf angenehme und unangenehme Situationen?

Etwas gut machen

Wir denken an Tätigkeiten, die wir gerne tun und die wir »gut« machen. Wir können in Schritten von etwa fünf Jahren rückwärts durch unser Leben gehen und uns fragen: Was habe ich damals gerne gemacht und was habe ich gut gemacht?

Erholung und Belastung

Wir schauen uns eine normale Woche in den letzten zwei, drei Monaten an. Wie häufig, in Stunden, war die Belastung hoch, normal, gering? Halte ich meine Pausen ein und wie verbringe ich sie? Wie wichtig sind mir Spiel und Zerstreuung? Wie verbringe ich einen entspannten Abend mit vertrauten Menschen? Wie könnte eine gute Balance zwischen Belastung und Erholung aussehen?

Erste Hilfe

Denken Sie an zwei, drei typische Belastungssituationen, die Sie gut gemeistert haben, und notieren Sie jeweils zwei, drei Hilfsmittel, die Ihnen helfen, sich zu entspannen und wieder Kraft zu tanken. Stellen oder hängen Sie eine Karte mit diesen Hinweisen gut sichtbar auf – und setzen Sie Ihre eigenen Vorschläge um, wenn Sie »in Not« sind.

Wie entspannen Sie? Wie tanken Sie Energie? Was könnte Ihnen helfen, kurz innezuhalten und eine Pause einzulegen? Kurz aufstehen, aus dem Fenster schauen und sich ein wenig zu recken und zu strecken? Was hilft Ihnen, sich nach arbeitsintensiven Phasen einen entspannenden freien Abend zu gönnen? Sich mit einer Freundin zum Spazierengehen oder Tanzen verabreden? Schwimmen gehen? Fahrrad fahren?

Faulheit

Wir schauen uns eine normale Woche in den letzten zwei, drei Monaten an. Welche Arten der Faulheit fallen mir auf? In welchen Bereichen gibt es Abwehr? Im Beruf, zu Hause, mit Freunden? Wo taucht die Faulheit des mangelnden Selbstvertrauens auf? Und wie oft bin ich im Griff der Faulheit der Geschäftigkeit? Was steckt dahinter? Unruhe? Angst vor Strukturlosigkeit? Langeweile? Was tue ich, wenn ich bemerke, dass ich müde bin? Mache ich eine Pause, ruhe ich mich am Abend aus? Wie oft habe ich in den letzten vier Wochen Müdigkeit überspielt, stattdessen Kaffee getrunken und weitergearbeitet?

Freiheit

Wovon wollen wir frei sein? Von welchen Zwängen und Bedingungen? Von äußeren Zwängen und Bedingungen? Davon, nur für den Lebensunterhalt arbeiten zu müssen? Von materieller Not, Gewalt, Unterdrückung, Krieg? Von politischer Ohnmacht, vor Statusverlust, Isolation, Einsamkeit? Von welchen inneren Zwängen wollen wir frei sein? Von Gewohnheiten, emotionalen Mustern, Ansichten, Ängsten, Sinnkrisen und den dadurch bedingten destruktiven Verhaltensmustern?

Freude am Tun

Welche Tätigkeiten mache ich gerne? Was gibt mir Kraft? Womit kann ich gut auftanken?

Freude und Mitfreude

Legen oder setzen Sie sich aufs Sofa und ... freuen Sie sich ...

Denken Sie an gute Umstände in Ihrem Leben. Denken Sie an Menschen in Ihrem nahen Umfeld, die Ihr Leben bereichern, an einzelne freundliche Gesten. Denken Sie an Menschen in Ihrem Umfeld, die Gutes tun. Es gibt viele dumme und rücksichtslose Menschen, und trotzdem klappt erstaunlich viel im Leben. Ist das nicht wunderbar?

Freundlichkeit für mich selbst

Denken Sie an drei, vier schwierige Umstände, an unangenehme Begegnungen, an frühere und aktuelle Krankheiten. Betrachten Sie sich, wie Sie eine gute Freundin in der gleichen Lage anschauen würden, und wünschen Sie sich selbst alles Gute: Gesundheit, Anerkennung, Zufriedenheit mit dem, was da ist, Geduld, Humor usw. Sie können diese Übung ein, zwei Wochen lang jeden Tag drei bis zehn Minuten durchführen, vor allem dann, wenn Sie Kummer haben. Statt sich im Jammern und Klagen zu verlieren, wünschen Sie sich von Herzen alles nur erdenklich Gute.

Variante: Gratulieren Sie sich zum Geburtstag oder einfach dazu, dass Sie leben, und wünschen Sie sich alles Gute, und zwar ganz spezifisch auf Ihre aktuelle Situation bezogen.

Geborgenheit 1

Was stärkt Urvertrauen und ein Gefühl der Geborgenheit in der Welt? Was behindert sie? Wann fanden wir früher oder finden wir heute das Leben grundsätzlich lebenswert? Wann und wo fühlen wir uns abgetrennt von der Welt, von Menschen, Natur, Gesellschaft? Wann und wo fühlen wir uns verbunden, geborgen, zu Hause in der Welt? Als Teil von ihr, von allem, was ist?

Geborgenheit 2

Zu welchen Gruppen fühlen wir uns zugehörig? Wie war das früher? Welche Rolle spielen die Familie und Blutsverwandte, Nachbarn und die Ortsgemeinde, spirituelle Freundschaften, Mitübende, die Sangha. Welche Rolle spielen Berufswelt und KollegInnen, Arbeitsbereich und berufliche Kontakte, Rolle und Status? Wie wichtig sind Beziehungen zu Menschen des eigenen Geschlechts und gemischte Freundeskreise? Welche Zugehörigkeit empfinden wir zu unserer Kultur und Sprache, zu unserem Staat, zu einer bestimmten Region im Land, zu Heimat, Brauchtum und heimatlichem Dialekt? Welchen Gruppen gehören wir an, ohne sie gewählt zu haben? Qua Leben und Kultur? Welche Gruppen haben wir uns ausgesucht und selbst gewählt?

Gedanken bemerken, die Übung erinnern

Sind wir etwas vertraut mit Übungen, achten wir auch auf das, was geschieht, wenn wir mit der Aufmerksamkeit nicht beim Atem, bei den Körperempfindungen oder bei den Füßen sind, sondern »abschweifen«. Abschweifen ist normal und keine Störung: Wir denken an Vergangenes, planen die Zukunft, hadern mit uns, schimpfen über andere, freuen uns auf eine Verabredung usw. Es geht darum, das Abschweifen bemerken zu lernen. Jedesmal wenn wir einen Gedanken bemerken, benennen wir ihn kurz mit einem einfachen Begriff »Zukunft, Vergangenheit, angenehm, unangenehm, hören, spüren« und kehren zur Übung zurück. Die Empfehlung ist: so wenig Begriffe wie möglich und so viele wie nötig. Mir reichen die vorgeschlagenen sechs Begriffe plus ein Begriff für die aktuellen Lieblingsgedanken bzw. -gefühle. Der Begriff Gedanke ist hier der Sammelbegriff für alle vier Bereiche der Achtsamkeit. Irgendwann geht uns auf, dass Bemerken – den Atem spüren, Körperempfindungen und Gedanken registrieren – völlig mühelos geschieht. Wir brauchen uns dafür nicht anzustrengen. Wir nehmen Gedanken freundlich zur Kenntnis und erinnern uns mühelos an die Übung. Es braucht allerdings etwas Mühe, zur Übung zurückzukehren, denn manche Gedanken sind ja so interessant und wichtig. In aller Kürze lautet die Übung: Mühelos den Atem spüren, Gedanken bemerken und benennen, die Übung erinnern und mit etwas Mühe zur Übung zurückkehren.

Gehen

Viele Personen finden den Einstieg in die regelmäßige Übung am leichtesten, wenn sie meditativ gehen. Wir nehmen uns zehn, zwanzig Minuten Zeit und gehen eine Strecke von 20–30 Schritt hin und her und achten dabei auf die Berührung der Füße mit dem Boden. Wir können manchmal in Zeitlupe gehen und manchmal im Normaltempo. Wir können das Gehen mit den Sätzen »Ja zum Leben, Danke fürs Leben« oder kurz mit »Ja-Danke« begleiten. Manche üben die Gehmeditation im Normaltempo auf dem Weg zur Arbeit oder auf dem Heimweg. Das Gehen mit Ja-Danke ist für viele eine einfache Erinnerung an die Dinge im Leben, die guttun und schön sind. Jeder Gang mit Ja-Danke erinnert uns daran, dass es mehr gibt als Sorgen und Pläne.

Gelassenheit

Denken Sie an ein schwieriges Erlebnis, das Sie einigermaßen verarbeitet haben. Denken Sie an die Faktoren, die Sie beeinflussen konnten. Und dann an die vielen Faktoren, die mitgespielt haben, die Sie nicht beeinflussen konnten. Denken Sie an die drei Daseinsmerkmale: 1. Leiden kommt vor und keine Erfahrung stellt auf Dauer zufrieden, 2. Alle Erfahrungen und Umstände sind unbeständig, 3. Wir können Erfahrungen und Umstände nie völlig kontrollieren. Wenn wir uns klarmachen, wie komplex unser Leben und das Leben aller anderen ist, fällt es uns leichter zu akzeptieren, dass nicht immer alles so läuft, wie wir es gerne hätten.

Und obwohl niemand das Leben in den Griff kriegt, klappt es erstaunlich gut. Ist das nicht wunderbar?

Grundstimmung

Wir können uns fragen: Was denke ich über mich selbst? Über Menschen, die ich mag? Über Bekannte, Nachbarn und Kolleginnen? Was geht mir den ganzen Tag im Kopf herum? Mache ich vor allem Pläne? Jammere ich? Schimpfe ich? Über was und über wen? Über Dinge, die nicht funktionieren? Über mich, über andere? Worüber freue ich mich? Über welche Themen denke ich nach? Über Urteile, Meinungen, Selbstbilder, Vorurteile.

Wir können uns dann klarmachen, dass wir mit *dieser* Brille die Welt betrachten. Falls uns das, was wir sehen, nicht gefällt, können wir, sofern wir das wollen, unsere Erwartungen überprüfen und unsere Stimmung aufhellen. Dazu eignen sich die Übungen *Aufhänger, Stimmung* und *Hintergrund* bzw. *Sternstunden* u.a.

Ich bin nicht so wichtig

Wenn wir von Pflichten niedergedrückt werden oder in einem wichtigen Anliegen gescheitert sind, überfallen uns Selbstzweifel und wir machen uns Vorwürfe. Manchmal kann uns folgende Überlegung entlasten: Wie wichtig ist dieses Scheitern, dieser Schmerz, dieser Konflikt angesichts der Menschheitsgeschichte, angesichts der sieben Milliarden Menschen auf dieser Welt? Diese Überlegung kann auch unser Herz öffnen für alle Menschen, die in diesem Moment das gleiche oder ein ähnliches Leid erleben. So kann uns diese Frage für die Universalität von Leiden und Scheitern öffnen. Und wir wissen: geteiltes Leid ist halbes Leid. Wenn wir unser Leid mit allen Menschen oder sogar Wesen teilen, wird es relativ unwichtig und damit oft auch subjektiv weniger.

Ich brauche keine Millionen …

Singen und tanzen Sie, in der Küche oder draußen in der freien Natur, diese Liebeserklärung an Achtsamkeit. Der Vers bringt die Haltung, mit der wir erfolgreich üben, wunderbar auf den Punkt.

Meditations-Vers von Agnes Pollner

Ich brauche keine Millionen, mit fehlt kein Pfennig zum Glück.
Ich brauch' nur 'n bisschen Muße und Musik, Musik, Musik.
Ich liege gern in der Hängematte der Achtsamkeit.
Brauch' dazu keine Millionen, nur ein Stück Gelassenheit.

Innere Bilder

Wir können Bilder auf uns wirken lassen und damit unsere Stimmung auf sanfte Weise beeinflussen. Wir können z. B. zu Beginn jeder Sitzung eines der folgenden Bilder einige Momente auf uns wirken lassen. Wir denken an das Meer und die Wellen, die rhythmisch ans Ufer schlagen. Wir sind das Meer, und die Gedanken sind wie die Wellen. Sie kommen und gehen. Oder: Wir sitzen »wie ein großer Berg gegen einen kleinen Wind« (Meister Eckehart). Wir sind der Berg, und Gedanken und Gefühle sind wie Bäume, Sträucher, Gräser und Wind. Sie stören unsere Ruhe nicht. Oder: Wir denken an den blauen Himmel und spüren die Sonne, die uns wärmt. Wir sind der Himmel und die Sonne, und Gedanken und Gefühle sind wie das Wetter im offenen Himmel: Regen und Schnee, Wind und Hitze stören den offenen Raum nicht. Wir denken an den blauen, offenen, weiten Himmel und lassen Gedanken und Gefühle wie Wolken kommen und gehen.

Ja zum Leben–Danke fürs Leben. Im Sitzen und Gehen

Wir können immer wieder innehalten, uns hinsetzen und für ein paar Minuten im Rhythmus des Atems diese Sätze sprechen. Wir können beim Gehen diese Sätze innerlich sprechen. Dankbarkeit ist ein schneller und einfacher Weg zu mehr Ausgeglichenheit und Wohlbefinden.

Ja zum Leben trotz Leiden

Denken Sie an eine schwierige Phase im Leben, die Sie einigermaßen heil überstanden haben: eine Trennung, eine Krankheit, einen Todesfall u. a. Was hat damals dazu beigetragen, dass Sie Ihr Leben wieder bejahen konnten? Wieder Freude am Leben fanden, trotz dieser schweren Erfahrung?

Leiden annehmen

Zunächst formulieren wir ein aktuelles *Problem:* »Du lehnst mich ab. Du redest so viel. Du nervst mich. Du siehst mich nicht.«

Dann fragen wir uns: Wo spüre ich das im *Körper?* Wir spüren die Körperempfindungen und atmen einige Momente, ohne sie zu verlieren. Dann fragen wir uns: Welches *Gefühl* steht dahinter?

Ein Hinweis: Schuldzuweisungen an andere sind *sekundäre* Gefühle. Dahinter steckt ein nicht wahrgenommenes *primäres* Gefühl, das sich nur auf uns selbst bezieht: ich fühle mich einsam, traurig, wütend, unsicher... Wir benennen es und spüren es bewusst im Körper: Da ist Trauer, Wut, Einsamkeit ...

Wir *öffnen* uns für das Gefühl und fragen es: »Gefühl, was brauchst du? Erlaubnis, Raum, Mitgefühl?« Wir geben dem Gefühl, was es braucht. Eine andere Erklärung dieses Schrittes ist: Die erwachsene Seite gibt dem verletzten inneren Kind, was es jetzt braucht: Trost, Raum, Anerkennung des Schmerzes usw.

Dann machen wir uns *klar:* Das ist *ein* Gefühl unter vielen. Wir haben es nicht immer. Es wird auch nicht ewig andauern.

Wir *stabilisieren* diese Einsicht, indem wir das Problem noch einmal kurz anschauen und dabei unseren Atem spüren.

Dann fragen wir uns: Welche *Sehnsucht* steht hinter dem Gefühl? Gesehen werden wollen? Verbindung, Harmonie, Klarheit spüren wollen? *Inspiriert von Safi Nidiaye*

Mein aktives Leben

Warum arbeite ich? Wie viel Zeit verbringe ich als animal laborans damit, Geld zu verdienen und das Leben zu erhalten? Wie viel Zeit verbringe ich mit dem Genuss oder der »Herstellung« von Kultur und

Kunst? Auf welchem Tun beruht meine Identität als Person? Was ist der Sinn meines Lebens bzw. was darin finde ich sinnvoll? Worin besteht meine berufliche Identität? Im Geld verdienen, in einer beruflichen Rolle? In einem bestimmten Tun? Wie viel Zeit verbringe ich mit der Pflege von Beziehungen im öffentlichen Raum? Was tue ich für Angehörige und Nahestehende? Wie viele Stunden entfielen in den letzten Monaten auf die drei Bereiche des aktiven Lebens: Lebensunterhalt, Kultur, Politik?

Mein Lebensabend

Was wünsche ich mir für die Zukunft? Was will ich leben, lernen, tun oder lassen, bevor ich sterbe? Wie will ich leben, wenn ich alt bin? Mit wem? Wo?

Meine Symptome

Wie gut funktionieren Verdauung, Immunsystem und Schlaf? Wie lange brauche ich, um mich nach einer anstrengenden Arbeitsphase zu erholen? Wie lange hält die Erholung nach einem freien Wochenende an?

Mimetisches oder nachahmendes Begehren

Wir denken an Phasen des Lebens, in denen wir zu viel gearbeitet haben. Welche Anliegen standen dabei im Vordergrund? Wir können uns dabei an den acht weltlichen Anliegen orientieren: Status, Besitz, Anerkennung bzw. Zuwendung, angenehme Gefühle suchen bzw. ihren Verlust vermeiden. Waren das unsere eigenen Anliegen? Würden wir eigentlich lieber etwas anderes tun? Anders leben? Haben wir manchmal das Gefühl, »das Leben der anderen« zu leben? Woran merken wir das?

Mit allen Sinnen leben

Wir können für einige Minuten die Aufmerksamkeit auf einen der fünf Sinne richten. Besonders leicht geht das beim Hören und Spüren, aber auch bewusst riechen und schmecken ist recht einfach. Am schwierigsten ist es, bloß Formen und Farben zu registrieren, ohne über die Dinge, die wir sehen, nachzudenken.

Hören: Schließen Sie die Augen und achten Sie nur auf die Geräusche, die Sie hören. Es ist nicht so wichtig herauszufinden, um was für ein Geräusch es sich handelt. Es geht darum, einfach nur auf das Hören zu achten. Fokussiertes Wahrnehmen entspannt und macht gleichzeitig wach. Sie können zur Unterstützung immer wieder innerlich sagen: »Hören, hören.«

Spüren: Wenn wir den Körper spüren, achten wir auf den Tastsinn. Zur Unterstützung sagen wir innerlich: »Spüren.«

Riechen und *Schmecken:* Wir können eine Rosine auf die Hand nehmen und sie zunächst einige Momente riechen und dann langsam mit geschlossenen Augen kauen und schmecken. Wir sagen dabei innerlich: »Riechen, riechen. Schmecken, schmecken.«

Mitgefühl

Denken Sie an eine Person oder eine Gruppe von Personen, die ihr Mitgefühl weckt. Entwickeln Sie Mitgefühl in vier Schritten:

Resonanz: Kennen Sie diese Art von Leiden? Denken Sie daran und spüren Sie es mit Körper, Herz und Geist. Spüren Sie sich.

Unterscheiden: Machen Sie sich klar: Ich bin nicht diese Person. Sie leidet an ihrem und ich an meinem Leiden. Das schützt vor Identifikation und Konfluenz, dem Verwischen von Grenzen.

Mitgefühl: Mögest du frei sein von Leiden und von seinen Ursachen: Angst und Verzweiflung, Wut und Schuldzuweisungen u.a. Und wenn Leiden nicht verringert werden kann, mögest du einen Weg finden, nicht an deinem Leiden zu verzweifeln, sondern daraus zu lernen, wie Leiden entsteht.

Freundlichkeit: Mögest du Glück erleben und seine Ursachen: Freundlichkeit, Mitgefühl, Freude und Gelassenheit.

Mußestunden

Wir schauen uns die letzte Woche an: Wie viel Mußestunden gab es? Wie sehen meine Mußestunden aus? Was tue ich, wenn ich »nichts« tue? Wie sehen die Mußestunden meiner nächsten Angehörigen aus? Meiner Freundinnen, Nachbarn, meiner Arbeitskollegen und Meditationsgeschwister? Was tun diese Menschen, wenn sie nicht arbeiten, sich nicht von der Arbeit erholen müssen, wenn sie »nichts« tun?

Wie viel Zeit verbringe ich mit Selberdenken und zweckfreiem Nachdenken? Mit »religiösen« oder »spirituellen« Übungen, Themen und Anliegen? Mit existenziellen Fragen und dem Erforschen der Grenzen meines Denkens?

Mut zur Veränderung

Wir beobachten an einem konkreten Beispiel aus unserem Leben, wie Aufhänger, Stimmung und Hintergrund zusammenwirken und Erfahrungen schaffen. Wir stellen uns eine mögliche Entwicklung der Situation vor: Wir verändern in Gedanken, was zu verändern ist, und gehen klug mit dem um, was nicht zu verändern ist. Schimpfen und jammern und keine konkreten Schritte zu einer Veränderung unternehmen macht alles nur schlimmer, denn es verstärkt unsere Opferhaltung. Wut und Ärger wirken dann produktiv, wenn sie zu ersten Schritten zur Veränderung motivieren, sie sind aber keine Dauerlösung für schwierige Verhältnisse.

Natürliches und zusätzliches Leiden

Wir fragen uns: Woran leide ich derzeit am meisten? Wir notieren maximal zehn Punkte. Dann fragen wir uns: Was davon ist *natürliches* Leiden, das zum Leben aller Menschen gehört? Die buddhistische Liste nennt: Geburt, Alter, Krankheit, Sterben. Verlieren, was wir lieben. Nichtbekommen, was wir wollen. Bekommen, was wir nicht wollen. Nie sicher sein vor Leiden, auch wenn alles gerade in Ordnung ist.

Was ist *zusätzliches* Leiden? Das entsteht aus dem Wunsch: Es soll anders sein, als es ist, und zwar ohne dass wir genau wissen, wie es ist, wie es sein soll und wie man vom aktuellen Zustand zu dem Erwünschten kommt. Varianten sind: Ich soll anders sein, als ich bin. Du sollst anders sein, als du bist. Das Wetter, die Wirtschaft, meine Gesundheit, mein Arbeitsplatz, mein Kollege, meine Nachbarin ... all das soll anders sein, als es ist. Das ist die Ursache für zusätzliches Leiden. Wir schaffen kein zusätzliches Leiden, wenn wir uns klare (und erreichbare) Ziele setzen und sie entschlossen und geduldig, mit Humor und einer gewissen Einsicht in die komplexe Kausalität aller Erfahrungen anstreben.

Neid als Weg zum Mehr

Wir können überlegen, worauf wir derzeit neidisch sind: auf den beruflichen Erfolg eines Bekannten oder einer Freundin, auf ihren Wohlstand, ihren Einfluss oder ihre Unabhängigkeit. Wenn uns klar ist, worauf genau wir neidisch sind, sollten wir überlegen, ob wir den Preis, den diese Person dafür »bezahlt«, auch bezahlen wollen. Wollen wir genauso viel arbeiten, so viele Fortbildungen machen oder soziale Aktivitäten besuchen? Meist löst sich mein Neid in Wohlgefallen auf, wenn ich das ein paar Minuten durchspiele. Wir können uns dann fragen, was wir selber erreichen und wofür wir uns auch einsetzen wollen. So finden wir vielleicht heraus, was uns am Herzen liegt, und zwar ausgerechnet in Situationen, in denen wir uns selbst vergessen und bloß auf das Leben der anderen schielen.

Ohnmacht und Wut

Wir erinnern eine kleine (!) Situation, in der wir wütend waren, mit so vielen Einzelheiten, wie wir brauchen, um die Wut wieder etwas zu spüren. Dann fragen wir uns: Was war der Auslöser dieser Wut? Was wollte ich nicht tun? Was genau wollte ich nicht erleben? Was hat mich daran gehindert, meinen Standpunkt deutlich zu äußern und klare Grenzen zu setzen? Pflichtgefühl, Angst vor Liebesentzug, vor Kritik oder Strafe? Was kann ich von meiner Seite aus tun, um mich in einer solchen Situation in Zukunft klarer zu verhalten? Wer oder was könnte mich dabei unterstützen? *Inspiriert von Peter Levine*

Prioritäten prüfen

Wir schreiben zehn Dinge auf, die uns am Herzen liegen, und dann zehn Dinge, die in der letzten Woche im Vordergrund standen. Je mehr Raum wir für das schaffen, was uns am Herzen liegt, desto leichter können wir unsere Verpflichtungen erledigen und Zeit für das Wesentliche finden.

Rückhaltlose Kommunikation

Mit wem können Sie rückhaltlos sprechen? Über welche Themen? Mit wem können Sie gut über die wesentlichen Dinge des Lebens sprechen? Über Ihre Herzensanliegen? Mit wem können Sie über *alle* Fragen, Sorgen, Sehnsüchte und Wünsche reden? Wissen Sie, ob und mit wem die Menschen in ihrem näheren Umfeld – Familie, Freundeskreis, Kolleginnen, Nachbarn, Verwandte – über ihre wichtigen Anliegen sprechen können? Haben Sie genug Menschen, mit denen Sie offen sprechen können? Zu viele? Zu wenige? Was können Sie von Ihrer Seite dazu tun oder lassen, um diese Art von Gesprächen in ein für Sie stimmiges Verhältnis zu bringen?

Sätze sprechen

Wir nehmen Einfluss auf unsere Stimmung, wenn wir innerlich einige Minuten im Rhythmus des Atems Sätze sprechen, die uns inspirieren: »Ja zum Leben, danke fürs Leben.« »Ich komme an, ich bin zu Haus'.«

Sternstunden oder Freude als Weg

Denken Sie an eine kleine Situation heute oder gestern, in der Sie sich wohlgefühlt haben. Welche Bedingungen haben dabei mitgespielt? Was können Sie in den nächsten Tagen von Ihrer Seite tun bzw. lassen, das solche Momente fördert? Wenn Sie das wirklich wollen, entscheiden Sie sich jetzt im Freiraum der Übung dafür, in den nächsten drei Tagen jeden Tag einmal das Ihre für einen Moment des Wohlbefindens zu tun. Diese Übung können Sie für ein, zwei Wochen jeden Tag mit unterschiedlichen Erfahrungen durchführen. So entdecken Sie immer mehr und unterschiedliche Zugänge zur Freude. Freude erleben ist das wirksamste Heilmittel für Kummer und Sorgen.

Täuschungen und Enttäuschungen

Wir erinnern eine Situation, in der wir sehr enttäuscht waren, und spüren die Enttäuschung im Körper. Wir fragen uns: Welche Bedürfnisse kamen in den Erwartungen zum Ausdruck? Was wollte ich bekommen, erleben, spüren? Was habe ich von den Beteiligten in der Situation erwartet? Was habe ich möglicherweise falsch eingeschätzt? Gibt es andere Möglichkeiten, diese Bedürfnisse zu stillen, diese Wünsche zu erfüllen? Kann ich meine Vorstellungen über mich selbst und über die anderen durch diese Erfahrung korrigieren und verändern? Kann ich mich und sie realistischer sehen, mit Stärken und Schwächen? Wir können die Situation noch einmal durchspielen und dabei unsere Bedürfnisse deutlicher spüren und klarer äußern und die Beteiligten in ihren Stärken und Schwächen realistischer sehen.

Der Tod als Ratgeber

Eine meiner Lieblingsübungen ist die Frage: Was würde ich ändern, wenn ich wüsste, ich muss in zehn, fünf, drei Jahren, Monaten oder Wochen sterben? Ich lasse den Todeszeitpunkt immer näher rücken, bis ich eine Reaktion spüre. Meist denke ich dann: Ich würde alles genau so machen wie bisher, aber mit mehr Ruhe und Gelassenheit. Wenn ich mit einer Person im Streit liege, kommt meist die Antwort: Ich möchte mich mit dir versöhnen. Wir können uns auch fragen, was wir vor unserem Tod noch lernen, erleben oder lassen wollen. Oder wem wir vergeben oder wen wir um Verzeihung bitten wollen.

Verhalten

Wo und wann verhalten wir uns gewohnheitsmäßig, auf Knopfdruck, eingefahren, zwanghaft? Wie reagieren wir in Stresssituationen? Sind wir belastbar? Wann reicht es uns? In welchen Situationen handeln wir eher offen, flexibel, belastbar? Können wir unsere Meinung sagen und die von anderen anhören? Können wir Kompromisse schließen? Wie gehen wir um mit uns selbst und anderen? Was tun und sagen wir häufig? Wie kommunizieren wir: dialogisch, monologisch? Können wir zuhören, uns klar ausdrücken?

Vom Sinn des Lebens

Was soll mir das Leben noch bringen? Was wünsche ich mir? Was halte ich für möglich? Was ist der Sinn meines Lebens? Wofür lebe ich? Was sind meine Stärken und Schwächen? Was will ich erreichen in den nächsten Jahren? Was traue ich mir zu?

Vorbilder

Wem vertraue ich? Welche Vorbilder sind wichtig für mich? Welche Stärken und Schwächen haben die Menschen, mit denen ich viel zusammen bin? Mit welchen Gruppen fühle ich mich verbunden? Welche Einstellungen und Ansichten haben die Menschen in meinem Umfeld über das Leben?

Was weckt Energie?

Denken Sie an eine kleine Situation der letzten Tage oder Wochen, zu Hause oder bei der Arbeit, in der Sie sich kraftvoll oder besonders lebendig, tatkräftig oder motiviert fühlten. Was genau hat zu Ihrem Gefühl von Energie und Kraft beigetragen? Denken Sie an andere kleine Situationen und überlegen Sie, was genau Ihnen Kraft und Freude am Tun schenkt.

Wer spricht?

Wenn wir bemerken, dass wir uns hart behandeln und unter Druck setzen, können wir uns fragen: Wer spricht? Falls wir dann die Stimme einer Autoritätsperson aus der Kindheit erkennen, können wir sie liebevoll zur Kenntnis nehmen und ihr klar sagen: Danke für deinen Rat. Ich werde ihn aber nicht beherzigen, sondern selber schauen, was hier angemessen ist.

Wertschätzung für mich selbst

Wir denken an unsere Fähigkeiten und Fertigkeiten, an alles, was wir können und gerne tun und was uns Freude bereitet. An alles, was uns im Leben gelungen ist, was uns fördert, inspiriert und stärkt, und an alles, was wir genießen können. Wir denken an Probleme, die wir gemeistert, und an schwierige Situationen, aus denen wir das Beste gemacht haben. Wir denken an Menschen, die uns in der Vergangenheit etwas Gutes getan haben und uns heute immer wieder Gutes tun und von denen wir wichtige Dinge gelernt haben. Aus ganzem Herzen freuen wir uns über all das Positive in unserem Leben und spüren das Vertrauen, dass wir aus allen Situationen das Beste machen können.

Wertschätzung für andere

Wir denken an ein, zwei Menschen, die uns nahestehen und die wir gut kennen. Wir denken an ihre guten Seiten, ihre Fähigkeiten und Stärken. An die Herausforderungen, die sie schon gemeistert haben, und an das, was sie in diesem Leben schon gelernt haben. Wir denken an ihre Wünsche und Sehnsüchte, und aus ganzem Herzen wünschen wir ihnen alles Glück der Welt. Mögen sie glücklich sein.

Wir können diese Übung zuerst mit Menschen durchführen, die wir verehren, achten und gerne mögen. Mit zunehmender Vertrautheit können wir sie ausdehnen auf Menschen, die wir nur flüchtig oder gar nicht kennen, auf Menschen, die in anderen Ländern wohnen. Zuletzt versuchen wir Gedanken des Wohlwollens und der Freundlichkeit für die Menschen zu entwickeln, mit denen wir z.Z. Schwierigkeiten haben, die wir nicht mögen. Je offener unser Herz ist, je mehr und je häufiger wir das Gefühl des Wohlwollens anderen Menschen gegenüber spüren, desto leichter wird unser Leben und desto wohler fühlen wir uns.

Wie alt bin ich, wenn ich wütend bin?

Denken Sie an eine kleine Situation, in der Sie sich geärgert haben. Was war der Auslöser? Wie haben Sie reagiert? In welcher Stimmung waren Sie unmittelbar davor? Was haben Sie erwartet? Welches Muster wurde getriggert? Wie alt sind Sie, wenn Sie so reagieren? Diese Gefühle und Reaktionen sind vielleicht völlig angemessen für dieses Lebensalter. Durch die Frage: Wie alt bin ich, wenn ich wütend (verletzt, traurig, einsam usw.) bin, wechseln wir von der Kindheits-Perspektive in die Erwachsenen-Perspektive. Und lernen unser inneres Kind zu trösten und zu stärken.

Woher kommt dieser Schmerz?

Wenn wir uns körperlich verletzt haben oder uns emotional verletzt fühlen, können wir uns immer wieder diese Frage stellen. Vielleicht dämmern uns dann wie dem chinesischen Mönch in der Geschichte (s. S. 88f.) auch zwei Einsichten, die unseren Schmerz in einen größeren Kontext stellen und damit relativieren und tatsächlich verringern können. Die Einsicht in die *Universalität* des Leidens: Alle Menschen leiden unter natürlichen und zusätzlichen Leiden. Und die Einsicht in die Komplexität des Lebens: Jede Erfahrung ist komplex und niemand kann alle Erfahrungen kontrollieren.

Wollen und reagieren

Wir schauen einen normalen Arbeitstag der letzten vier Wochen etwas genauer an. Wie oft bin ich im *intentionalen* Modus und habe genug Zeit, eine Arbeitsaufgabe in Ruhe zu planen und durchzuführen? Bin ich motiviert und interessiert an meinem beruflichen Tun? Wie oft bin ich im *reaktiven* Modus? Wie oft muss ich erreichbar sein? Wie könnte eine gute Balance zwischen intentionalem und reaktivem Modus aussehen?

Woran glaube ich? Worauf vertraue ich?

Was trägt Sie, wenn alle Stricke reißen, wenn der Boden unter Ihren Füßen wegbricht? In einer existenziellen Krise? Urvertrauen, Gottvertrauen, Vertrauen auf die Natur, auf die Urintelligenz im Universum? Das Vertrauen darauf, dass diese Erfahrung zu Ihrer Lebensaufgabe gehört? Das Vertrauen, dass es Menschen gibt, die Ihnen beistehen, was auch geschieht?

Zwischen Freiheit und Geborgenheit

Menschen sind Individuen und soziale Wesen. Weil wir Individuen sind, suchen wir Freiheit und wollen uns selbst verwirklichen. Weil wir soziale Wesen sind, suchen wir Zuneigung und Geborgenheit. Aber zu viel Freiheit macht einsam, und zu viel Gruppe engt ein. Was verbinden wir mit den Begriffen Freiheit und Geborgenheit? Was kennen wir? Was leben wir? Was fehlt uns? Was suchen wir? Welche Freiheit suchen wir? Wovon wollen wir frei werden? Und wofür, wozu? Was fangen wir an mit der Freiheit? Welche Geborgenheit kennen wir, und was suchen wir? Was suchen und was finden wir in traditionellen und neuen Gruppen, in etablierten und neuen Institutionen, in alten und neuen Lebensformen? Wie konstituieren sich Gruppen? Was können sie bewirken? Wie steht es um die Balance von Freiheit und Geborgenheit? Wie leben wir? Allein oder mit anderen?

Zwölf überzogene Ansprüche

Der Psychologe Albert Ellis beschreibt zwölf (manchmal auch zehn, elf oder fünfzehn) zentrale irrationale Vorstellungen, kognitive Verzerrungen, die uns das Leben schwer machen. (Ellis 1977) Seine Liste klingt wie eine zeitgemäße Übersetzung buddhistischer Thesen über Täuschungen und Enttäuschungen. Wenn wir diese kognitiven Verzerrungen erkennen, hinterfragen und etwas lockern, leben wir realistischer und leichter. Wir können uns ein paar Minuten Zeit nehmen und schauen, welche dieser Ansprüche wir vielleicht früher an uns gestellt haben oder immer noch haben.

1. Ich muss von allen geliebt oder anerkannt werden.
2. Ich darf mich nur als wertvoll empfinden, wenn ich in jeder Hinsicht tüchtig und leistungsfähig bin.
3. Bestimmte Menschen sind böse und schlecht und müssen bestraft werden.
4. Es ist schrecklich und katastrophal, wenn die Dinge nicht so sind, wie ich sie gerne haben möchte.
5. Menschliches Leiden hat äußere Ursachen, und man hat wenig Einfluss auf seinen Kummer.
6. Die Überzeugung, dass man sich über tatsächliche oder eingebildete Gefahren ständig große Sorgen machen müsse.
7. Die Überzeugung, dass es bei bestimmten Schwierigkeiten leichter ist, ihnen auszuweichen, als sich ihnen zu stellen.
8. Die Neigung, sich über Probleme und Verhaltensschwierigkeiten anderer Leute aufzuregen.
9. Die Vorstellung, dass es für jedes menschliche Problem eine rich-

tige Lösung gibt und dass es eine Katastrophe ist, wenn man diese perfekte Lösung nicht findet.

10. Die Vorstellung, dass die eigene Vergangenheit entscheidenden Einfluss auf unser derzeitiges Leben hat und dass etwas, was sich früher auf unser Leben ausgewirkt hat, dies auch heute noch tun muss.
11. Die Vorstellung, dass man sich auf andere verlassen muss.
12. Die Vorstellung, dass es unmöglich ist, mit Wahrscheinlichkeiten und Unsicherheiten zu leben.

Anhang

Glossar

Achsenzeit

In der Achsenzeit, im ersten Jahrtausend v. Chr., entstand in unterschiedlichen Kulturkreisen – China, Indien, Palästina und Griechenland – eine neue Sicht auf die Welt, die sich zwar heute noch nicht überall durchgesetzt hat, die aber zum Glück nie mehr ganz vergessen wurde. Der Philosoph Karl Jaspers prägte diesen Begriff, weil er die Einsichten dieser Zeit als einen Wendepunkt in der Geschichte der Menschheit sah. (Jaspers 1971, Armstrong 2006) Die Philosophien und Religionen, die in der Achsenzeit entstanden, werden als Gipfel und Juwel des geistigen Lebens in Asien und im Abendland gleichermaßen verehrt. Ihre Vision ist atemberaubend: Mitgefühl für alle Menschen ist möglich. Es gibt keine objektive Wahrheit. Menschen sind einzigartige Individuen und können prinzipiell offen und vielschichtig denken. (S. 18)

Achtfacher Pfad

Er wird unterteilt in drei Gruppen: Sicht, Ethik, Sammlung. Zwei Aspekte der Sicht (1–2): 1. Sicht: Was denke ich den ganzen Tag? 2. Absicht: Was will ich? Welche Motive habe ich? Drei Aspekte der Ethik (3–5): 3. Rede: Wie rede ich? 4. Verhalten: Was tue ich? Wie verhalte ich mich konkret? 5. Lebenserwerb und Lebenswandel? Wie verdiene ich mein Geld? Wie lebe ich? Drei Aspekte der Sammlung (6–8): 6. Bemühen: Bemühen ist das Herz jeder Übung, denn wir lernen nur etwas, wenn wir es oft wiederholen. 7. Achtsamkeit: Bemerken, was geschieht, und erinnern, was hilft und heilt. 8. Sammlung: Mit dem Herzen ganz bei der Sache zu sein. (S. 147)

Acht weltliche Anliegen

Vier Dingen jagen wir hinterher: 1. Ruhm und Ehre bzw. Status, 2. Besitz, auch von Wissen und Erfahrungen, 3. Anerkennung bzw. Zuwendung und 4. Angenehmen und schönen Gefühlen, und wir fürchten uns vor der Bedrohung oder dem Verlust dieser vier Erfahrungen: das sind die restlichen vier Anliegen. (S. 28)

Achtsamkeit

Pali *sati*, Sanskrit *smrti*, hat zwei Bedeutungsnuancen: *bemerken*, was geschieht, und *erinnern*, was heilt. (S. 66)

Achtsamkeit: Vier *Dimensionen* der Achtsamkeit

1. *Bloße Aufmerksamkeit:* Sie bemerkt bloß und kann nicht urteilen, *manasikara*. 2. *Unterscheiden:* Bemerken im weiteren Sinne oder erinnern, was heilt. Das bedeutet unterscheiden können zwischen heilsamen und unheilsamen Einstellungen. 3. *Zeugenbewusstsein* oder nicht-urteilendes Gewahrsein, innerer Beobachter. 4. *Tiefes Vertrauen:* Die Erkenntnis, dass das, was wahrgenommen wird, und das, was wahrnimmt, nicht zweierlei »Dinge« oder Substanzen oder Kategorien sind, sondern ein unteilbares Ganzes. Wir entdecken Nicht-Dualität, die Erfahrung der Nicht-Zweiheit, der Nicht-Getrenntheit oder der essenziellen Verbundenheit mit allem, was ist. (S. 70)

Achtsamkeit: Vier *Grundlagen* der Achtsamkeit

Körperliches, Grundgefühle und emotionale Reaktionen, Grundstimmungen und Gedanken. (S. 68 ff.)

anatta, Pali; **anatman,** Sanskrit.

Wörtlich: Nicht-Ich. Sinngemäß: Es gibt keine Instanz in uns oder im Außen, die Erfahrungen besitzt und daher kontrollieren könnte. Alle Erfahrungen entstehen in einem komplexen Netz von Bedingungen. (S. 81)

dukkha, Pali; **duhkha,** Sanskrit: Leiden (S. 24)

karuna, Sanskrit und Pali: Mitgefühl. Eine der vier heilsamen Haltungen. (5. Kapitel)

Leiden: Drei *Dimensionen* von Leiden

1. Schmerzen gehören zur conditio humana, wir sollten daher mit ihnen rechnen. Der Buddhismus spricht hier vom *natürlichen* Leiden, das zum Leben gehört. 2. Leiden im engeren Sinn oder *zusätzliches* Leiden entsteht, wenn wir das natürliche Leiden für ungerecht halten und

es ablehnen. 3. *Traumatisches* Leiden blockiert unsere Entwicklung. (S. 51)

Leiden: Drei *Ebenen* von Leiden
Eine bekannte buddhistische Liste spricht von drei Ebenen von Leiden, Sanskrit *duhkha,* Pali *dukkha:* 1. Das Leiden des *Leidens:* Das sind unangenehme Gefühle, die durch körperliche oder emotional-geistige Erfahrungen entstehen, oder das natürliche Leiden, das zum Leben gehört. 2. Das Leiden des *Wandels:* Manche Erfahrungen sind zwar angenehm, wie z. B. Essen oder Trinken, entpuppen sich aber bei genauerem Hinschauen als Nachlassen eines vorherigen unangenehmen Gefühls, von Hunger oder Durst. Außerdem finden wir in der Regel keine einzige Erfahrung auf Dauer angenehm. Wir wollen Abwechslung und langweilen uns schnell. 3. *Allesdurchdringendes* Leiden: Auch wenn gerade alles gut läuft, sind wir nie sicher vor Leiden, denn wir haben weder uns noch die Welt je völlig im Griff. (S. 55, S. 82 f.)

manasikara, Pali, **manaskara,** Sanskrit: bloßes Bemerken. Kann nicht urteilen. (S. 67, S. 71)

metta, Pali, **maitri,** Sanskrit
Freundlichkeit, allgemeine Liebe. Eine der vier heilsamen Haltungen. (S. 77, S. 83)

Mitgefühl
Pali und Sanskrit *karuna*. Der Wunsch, dass alle Wesen frei sein mögen von Leiden *und* von seinen Ursachen. (5. Kapitel)

Mitgefühl: Vier *Aspekte* von Mitgefühl
Reifes Mitgefühl hat vier Aspekte: Einfühlung, Unterscheidung, Mitgefühl im engeren Sinn und Freundlichkeit. Zwei Aspekte, Einfühlung und Unterscheidung, stammen aus der westlichen Psychologie und zwei aus dem Buddhismus: Mitgefühl im engeren Sinn, Pali *karuna,* und Freundlichkeit, Pali *metta*. (S. 77)

Mitgefühl im *Vierertakt*
Jede der vier heilenden Haltungen kann sich erst dann voll entfalten, wenn die drei anderen Haltungen im Hintergrund mitschwingen. Mit-

gefühl heilt uns und andere erst dann, wenn es mit Freundlichkeit, Freude und Gleichmut einhergeht. (S. 78)

Mimetisches Begehren
Wenn wir nicht wissen, was wir selber wollen, verfallen wir dem mimetischen, dem nachahmenden Begehren, von griechisch mimesis, Nachahmung. (Girard 2009) Diese Haltung ist für kleine Kinder angemessen, die ihre Eltern nachahmen und so ihre Fähigkeiten entwickeln. Wenn Heranwachsende aber nicht im Laufe der Pubertät oder später eigene Interessen entwickeln und ihre Fragen und Fähigkeiten entdecken, ahmen sie ihre Mitmenschen weiterhin nach und verfehlen ihr Leben. Sie leben »das Leben der anderen«, bleiben unsicher und verfallen dem Prinzip der Konkurrenz. Und das führt zu Gewalt gegenüber den Konkurrenten, zum Sündenbockprinzip und zum kollektiven Mord, den Girard als Gründungsszene der Kultur interpretiert. (S. 31)

mudita, Pali und Sanskrit: Freude und Mitfreude. Eine der vier heilsamen Haltungen. (S. 76)

Muße
Muße ist für mich in Anlehnung an Hannah Arendt (2001) zweckfreie Zeit, frei von *äußeren* und *inneren* Zwängen. Sie ist Voraussetzung für die kontemplativen Aspekte des Lebens. Dazu gehören nach antiker *und* buddhistischer Auffassung zwei Dinge: *erstens* das existenzielle Nachdenken über die wichtigen Dinge des Lebens und *zweitens* das Überschreiten des Denkens. (S. 112, S. 119)

nirvana, Sanskrit; **nibbana,** Pali
Erlöschen von Gier, Hass und Verblendung. Das wird möglich durch das Annehmen der Unbeständigkeit und Nichtkontrollierbarkeit aller Erfahrungen. (S. 83)

Resilienz
Resilienz von lat. resilo bedeutet sinngemäß »zurückspringen« oder »abprallen« und weist auf die Fähigkeit hin, bedrohliche Erfahrungen zu überleben und zu bewältigen und darüber hinaus auch, sich mit einer Situation, für die es keine Lösung gibt, abzufinden. (S. 94 ff.)

uppekha, Pali, **uppeksha,** Sanskrit
Gleichmut bzw. heitere Gelassenheit. Eine der vier heilsamen Haltungen. (S. 76)

sati: Achtsamkeit (S. 67)

samsara, Sanskrit
Der Kreislauf des sich ständig wiederholenden Leidens wird in Gang gehalten durch die Ablehnung von Unbeständigkeit und Nichtkontollierbarkeit aller Erfarungen. (S. 58, S. 83)

Vier Arten der Müdigkeit oder Trägheit
Vier Bedingungen blockieren Energie: rechtschaffene Müdigkeit nach sehr viel Arbeit und drei Arten der Trägheit bzw. Faulheit: Abwehr, mangelndes Selbstvertrauen und Geschäftigkeit. (S. 45, S. 134)

Vier Ebenen des Glücks
Es gibt unterschiedliche Arten des Glücks, und die buddhistische Nonne Ayya Khema (1997) hat sie in vier Ebenen zunehmender Subtilität eingeteilt, die aufeinander aufbauen: 1. Sinnesfreuden, 2. ein offenes Herz, 3. Sammlung und 4. Einsicht. (S. 96)

Vier Edle Wahrheiten oder Aufgaben
Der Buddha formulierte die Vier Wahrheiten in Analogie zum Heilen einer Krankheit. 1. *Symptome:* Es gibt natürliches und zusätzliches *Leiden*. 2. *Diagnose:* Deren *Ursachen* sind unrealistisches Habenwollen und Unwissenheit. 3. *Prognose:* Ein *Ende* bzw. eine Verringerung des zusätzlichen Leidens ist möglich, und wir können auch lernen, das natürliche Leiden zu integrieren und gut damit umzugehen. 4. *Therapie:* Es gibt einen Weg zur Auflösung des zusätzlichen und zur Integration des natürlichen Leidens. Er umfasst acht Übungsfelder, die auch für nicht buddhistische Menschen viel Sinn ergeben. (S. 24, S. 140 f.)

Vier heilsame Haltungen
Als heilsame bzw. unermessliche Haltungen oder himmlische Gefühle gelten im Buddhismus – hier mit den relativ bekannten Pali-Begriffen – Freundlichkeit oder Liebe, *metta,* Mitgefühl, *karuna,* Freude und Mitfreude, *mudita*, und Gleichmut oder heitere Gelassenheit, *upekkha.* Diese vier Haltungen sind die Weisheit des Herzens. (S. 76)

Vier Schleier

Weil wir 1. unsere Tiefendimension, die Natur des Geistes, nicht kennen (Schleier vor Buddha-Natur), sind wir 2. existenziell verunsichert und haben Angst (Schleier der übertriebenen Getrenntheit oder Schleier der dualistischen Sicht), 3. entwickeln allzu feste Meinungen, verteidigen sie mit aufgewühlten Emotionen (Schleier der Kleshas, der Verblendungen) und 4. stabilisieren das ganze System mit ständigen Wiederholungen (Schleier des Karma). (S. 25 ff., S. 136)

Vier Siegel

1. Es gibt Leiden. 2. Erfahrungen sind unbeständig. 3. Es gibt keine Instanz, kein Ich oder Selbst, das die Erfahrungen besitzt und kontrollieren könnte, und aus diesem Grund bekommen wir das Leben nie völlig in den Griff. 4. Nirvana ist Frieden. Pali: *dukkha, anicca, anatta, nibbana. Sanksrit: duhkha, anitya, anatman, nirvana.*

Eine moderne Kurzinterpretation lautet: Wer Unbeständigkeit und das Fehlen völliger Kontrolle nicht akzeptieren kann, leidet in Samsara, dem Kreislauf, des sich ständig wiederholenden Leidens, und wer beides akzeptieren kann, wird frei von Leid und lebt im Nirvana. (S. 83)

Vier Weisen der Beruhigung

Wir können buddhistische Übungen als Weisen der immer tieferen Beruhigung interpretieren. Wir können dabei von den drei Schwerpunkten des Achtfachen Pfades ausgehen: Ethik, Sammlung und Einsicht. 1. *Ethik:* Ein einfaches und ethisches Leben beruhigt uns körperlich, emotional und geistig. 2. *Sammlung:* Sammlungsübungen beruhigen uns emotional, denn sie lösen Sorgen zeitweilig auf. 3. *Begriffliche Einsicht* oder Verstehen beruhigt den Verstand. 4. Tiefe *nicht begriffliche* Einsicht oder qualifiziertes Nichtwissen beruhigt uns in der Tiefe und zeigt sich als Vertrauen ins Leben. (S. 140 f.)

Sylvia Wetzel in der edition tara libre

Studienmaterialien zum Buddhismus
Über 30 kleine Schriften (24 – 60 S.) € 2 – 4
15 Bücher (160 – 320 S.) € 12 – 16

Audio und MP3-CDs
Von öffentlichen Vorträgen & Tagesseminaren.
Von Angst und Beziehungen über Freude, Kommunikation, Liebe, Lebensziele bis Wut und Ärger.
75 Audio-CDs 2001 – 2008. Max. 80 Min. 10 €
170 MP3-CDs. 2000 – 2013. Vortrag, Übungen, Fragen. Wird fortgesetzt. € 12 – 15 (90 – 220 Min)
www.sylvia-wetzel.de

Texte der edition tara libre. Auswahl
B02: Buddhismus und Politik. Neun Vorträge. 300 S. 2000. 2013
B06: Ich und Du. Vorträge. 180 S. 2006
B12: Mut zur Muße und Freude am Tun. Vorträge. 244 S. 2010
K04: Arbeit und Muße. Hommage an Hannah Arendt. 56 S. 2004
K08: Buddhismus & Christentum. 44 S. 2008

Vorträge und Übungen auf MP3-CDs. Auswahl
M 09: Meditation? Potsdam 2007 (165 Min.)
M 95: Mitgefühl & Burnout. 2009 (230 Min.)
M 51: Mit allen Sinnen leben. 2008 (100 Min.)
M 72: Neid & Konkurrenz. 2009 (92 Min.)
M 40: Psychotherapie & Buddhismus. 2008 (220 Min.)
M 19: Schicksal, Schuld, Vergebung. 2007 (180 Min.)
M 53: Spiritualität & Politik. 2008 (100 Min.)

Bezug: edition tara libre, Lindenstr. 6, D-14974 Ludwigsfelde.
bestellungen@tara-libre.org, www.sylvia-wetzel.de
Büro: Nives Bercht, Heckmannufer 4 a, 10997 Berlin
(0 30) 6 18 12 14. info@sylvia-wetzel.de
www.sylvia-wetzel.de, www.tara-libre.org

Informationen zum Buddhismus

Buddhistische Dachverbände
www.dharma.de (Deutsche Buddhistische Union e.V., DBU)
www.buddhismus-austria.at (Österreich)
www.sbu.net (Schweiz)

www.sylvia-wetzel.de
www.buddhistische-akademie-bb.de (Berlin)
www.buddhistische-perspektiven.de (Lehrerinnen-Verband)
www.frauenundbuddhismus.de
www.berzinarchives.com (Texte aus vielen Traditionen und in vielen Sprachen)
www.fpmt.org (Internationale Zentren von Lama Thubten Yeshe und Zopa Rinpoche)
www.lamayeshe.com (Texte von Lama Thubten Yeshe)

Buddhistische Zeitschriften
www.buddhismus-aktuell.de (DBU e.V.)
www.choedzong.de (Tibetisch)
www.dharma-nektar.de (Tibetisch)
www.intersein-zeitschrift.de (Thich Nhat Hanh)
www.tibet.de
www.ursache.at

Buddhistische Verlage
www.arbor-verlag.de
www.buddhareden.de
www.buddhistischer-studienverlag.de
www.dharmata-verlag.de
www.diamant-verlag.info
www.edition-steinrich.de
www.theseus-verlag.de
www.zeh-verlag.de

Literatur

Achenbach, Gerd B. (2000): *Das kleine Buch der inneren Ruhe.* Freiburg: Herder

Akong Rinpoche (1993): *Den Tiger zähmen.* Berlin: Theseus

Arendt, Hannah (1994, 1968): *Zwischen Vergangenheit und Gegenwart. Übungen im politischen Denken I.* München: Piper

Arendt, Hannah (1995, 1968): *Menschen in finsteren Zeiten.* München: Piper (Guter Einblick in Arendts Weltsicht mit Beiträgen über Brecht, Luxemburg, Heidegger, Jaspers, Papst Johannes XXIII. u. a.)

Arendt, Hannah (1996): Ich will verstehen. Selbstauskünfte zu Leben und Werk. München: Piper (Mit vollständiger Bibliografie)

Arendt, Hannah (1998, 1982): *Das Urteilen. Texte zu Kants Politischer Philosophie.* München: Piper

Arendt, Hannah (2001, 1958): *Vita Activa oder vom tätigen Leben.* München: Piper

Arendt, Hannah (2002, 1977): *Vom Leben des Geistes. Das Denken. Das Wollen.* München: Piper

Armstrong, Karen (2006): *Die Achsenzeit.* Berlin: Siedler

Armstrong, Karen (2007): *Im Kampf für Gott. Fundamentalismus in Christentum, Judentum und Islam.* München: Goldmann

Armstrong, Karen (2008): *Die Bibel.* München: dtv

Armstrong, Karen (2012): *Die Botschaft. Der Weg zu Frieden, Gerechtigkeit und Mitgefühl.* München: Patloch

Ayya Khema (1997): *Vier Ebenen des Glücks.* Uttenbühl: Jhana

Batchelor, Stephen (2012): *Bekenntnisse eines ungläubigen Buddhisten.* Freiburg: Herder

Bauschke, Martin (2010): *Die Goldene Regel.* www.eb-verlag.de

Benedetti, Fabrizio (2011): *The Patients Brain.* Oxford: University Press

Berndt, Christina (2013): *Resilienz. Das Geheimnis der psychischen Widerstandskraft.* München: dtv

Blücher, Heinrich (1954): *Sokrates.* In: www.bard.edu/bluecher/lectures/socrates

Blücher, Heinrich (1952): *Philosophie.* In: www.bard.edu/bluecher/lectures/why_study

Böhme, Gernot (2010): *Anthropologie in pragmatischer Hinsicht.* Bielefeld, Basel: Edition Sirius

Buber, Martin (1979): *Das dialogische Prinzip.* Heidelberg: Lambert Schneider. (Enthält die Beiträge: Ich und Du. Zwiesprache. Die Frage an den Einzelnen. Elemente des Zwischenmenschlichen und ein Nachwort des Autors zur Geschichte des dialogischen Prinzips)

Buber, Martin (1980, 1923): *Ich und Du.* Stuttgart: Reclam

Chödrön, Pema (1998): *Wenn alles zusammenbricht.* Hamburg: Hoffman & Campe

Diamond, Jared (2006, 1998): *Arm und Reich.* Frankfurt: Fischer

Dirks, Walter (1952): *Die Antwort der Mönche.* Olten: Walter

Dischner, Gisela (2009): *Wörterbuch des Müßiggängers*. Bielefeld, Basel: Edition Sirius

Dürr, Hans Peter (2001): *Wir erleben mehr als wir begreifen*. Mit Marianne Österreicher. Freiburg: Herder

Dürr, Hans Peter (2010, 1986) (Hrsg.): *Physik und Transzendenz. Hagen*: Driediger

Eckhart, Meister (1976): *Vom Wunder der Seele*. Stuttgart: Reclam

Ellis, Albert (1977): *Die Rational-emotive Therapie: Das innere Selbstgespräch bei seelischen Veränderungen*. München: Pfeiffer

Epiktet (1959): *Handbüchlein der Ethik*. Stuttgart: Kohlhammer und Stuttgart: Reclam

Epiktet (1979): *Handbüchlein der Moral und Unterredungen*. Stuttgart: Kröner

Frankl, Viktor (2004): *Der Mensch und die Frage nach dem Sinn*. München: Piper

Freudenberger, Herbert; North, Gail (1992): *Burnout bei Frauen*. Frankfurt: Fischer

Fromm, Erich; de Martino, Richard; Suzuki, Daisetz T. (1971): *Zen-Buddhismus und Psychoanalyse*, Frankfurt am Main: Suhrkamp

Fromm, Erich (1984, 1941): *Die Furcht vor der Freiheit*. Frankfurt/Main, Berlin, Wien: Ullstein

Gampopa (1996): *Der Kostbare Schmuck der Befreiung*. Berlin: Theseus (Buddhistischer Klassiker aus dem 12. Jh.)

Germer, Siegel, Fulton (Hrsg.) (2009): *Achtsamkeit in der Psychotherapie*. Freiamt: Arbor

Girad, René, Vattimo, Gianni (2007): *Christentum und Relativismus*. Freiburg: Herder

Girad, René (2009): *Das Ende der Gewalt*. Freiburg: Herder

Goleman, Daniel (1997): *Emotionale Intelligenz*. München: dtv

Graeber, David (2012): *Schulden. Die ersten fünftausend Jahre*. Stuttgart: Klett-Cotta

Habermas, Jürgen (2012): *Nachtmetaphysisches Denken II*. Frankfurt: Suhrkamp

Hadot, Pierre (2005): *Philosophie als Lebensform*. Frankfurt: Fischer

Han, Byong Chul (2011): *Die Müdigkeitsgesellschaft*. Berlin: Matthes & Seitz

Han, Byong Chul (2013): *Alles eilt. Wie wir die Zeit erleben*. In: Was ist das gute Leben? Beilage Philosophie, Die ZEIT, Juni

Harp, David; Feldmann, Nina (1995): *Meditieren in drei Minuten*. Meditationstechniken für moderne Menschen. Hamburg: Rowohlt

Harrer, Michael, E. (2013): *Burnout und Achtsamkeit*. Stuttgart: Klett-Cotta

Harris, Thomas A. (2007, 1967): *Ich bin o.k. Du bist o.k.* Reinbek bei Hamburg: Rowohlt

Jantsch, Erich (1984, 1979): *Die Selbstorganisation des Universums*. München: dtv

Hüther, Gerald (2012): *Vertrauen*. In: Christa Diegelmann (Hrsg.): Trauma und Krise bewältigen. Hör-CD. Stuttgart: Klett-Cotta

Irwin, Edith (2000): *Heilende Entspannung, nach der Tara Rokpa Methode. Massage- und Entspannungsübungen*. Berlin: Theseus

Jaspers, Karl (1981): *Die großen Philosophen*. 2 Bde. München: Piper

Jaspers, Karl (1971, 1953): *Einführung in die Philosophie.* München: Piper

Jaspers, Karl (o. J., ca. 1966): *Der philosophische Glaube*, in: Mitverantwortlich. Ein philosophisch-politisches Lesebuch. Gütersloh: Bertelsmann

Jung, Carl Gustav (1981): *Nach der Katastrophe.* In: Zivilisation im Übergang (1945). Werke Bd. 10. Olten: Walter

Kabat-Zinn, John (1991): *Gesund und stressfrei durch Meditation.* München: O. W. Barth

Kast, Verena (2012 a, 2005): *Vom Sinn des Ärgers.* Freiburg: Herder

Kast, Verena (2012 b): *Einladung zur Freude.* Freiburg: Herder

Kast, Verena (2012 c): *Neid und Eifersucht.* München: dtv

Kast, Verena (2013 a, 1995): *Abschied von der Opferrolle.* Freiburg: Herder

Kast, Verena (2013 b, 1999): *Der Schatten in uns.* Die subversive Lebenskraft. München: dtv

Knab, Barbara; Zulley, Jürgen (2004): *Wach und Fit.* Freiburg: Herder Spektrum

Knab, Barbara; Zulley, Jürgen (2002): *Die kleine Schlafschule.* Freiburg: Herder Spektrum

Köppler, Paul (2004): *So spricht der Buddha. Die schönsten und wichtigsten Lehrreden des Erwachten.* Frankfurt: Barth

Köppler, Paul (2008): *So meditiert der Buddha. 108 Übungen aus den Reden des Erwachten.* Frankfurt: Barth

Kornfield, Jack (1998): *Frag den Buddha und geh den Weg des Herzens.* München: Kösel

Küstner, Ulrich (2010): *Tara Rokpa.* Berlin: edition steinrich

Küstner, Ulrich; Gäng, Peter (2003): Der Achtfache Weg. Dokumentation der Tagung Buddhismus und Psychotherapie 2002. Berlin 2003 www.buddhistische-akademie-bb.de

Levine, Peter (2012): *Sprache ohne Worte.* München: Kösel

Lexikon der östlichen Weisheitslehren. (1986) München: O. W. Barth

Libreria delle donne di Milano (1989): *Wie weibliche Freiheit entsteht.* Berlin: Orlanda

Linnehan, Marsha (1993): *Cognitive-behavioral treatment of borderline personality disorder.* New York: Guilford Press

Luhmann, Niklas (2000): *Die Religion der Gesellschaft.* Frankfurt: Suhrkamp

Mulford, Prentice (1977, 1891): *Unfug des Lebens und des Sterbens.* Frankfurt: Fischer

Muth, Cornelia (2011): *Erwachsenenbildung als transkulturelle Dialogik.* Schwalbach, Taunus, 2. Auflage, WOCHENSCHAU Verlag.

Muth, Cornelia (2013 a): *Der Mensch zwischen Gut und Böse.* Mit Texten von Martin Buber über das Böse nachsinnen, Hannover: ibidem-Verlag

Muth, Cornelia (2013 b): *Von der interkulturellen Erfahrung zur transkulturellen Begegnung – und zurück.* Hannover: ibidem-Verlag

Nassehi, Armin (2012): *Einführungsvortrag in Lindau 2012*, Schwerpunkt Burnout. www.lptw.de

Neumann, Erich (1974): *Die Gruppe, der Große Einzelne und die Entwicklung des Individuums.* Appendix 1, S. 335–347. *Die Bildung des Massenmenschen und die Rekollektivierungsphänomene.* Appendix 2: S. 348–354. Beide Beiträge in: Erich Neumann (1974): Ursprungsgeschichte des Bewusstseins. München: Kindler.

Nidiaye, Safi (2005): *Probleme lösen mit Meditation.* München: Ullstein

Niedermeyer, Nico (2013): Interview. In: Die ZEIT 1.12.2011

Nussbaum, Martha (1999): *Gerechtigkeit oder das gute Leben. Gender Studies.* Frankfurt: Suhrkamp

Okumura, Shohaku (2010): *Realizing Genjokoan. The Key to Dogen's Shobogenzo.* Sommerville, MA: Wisdom

Pawelzik, Michael (2013): Interview. In: Die ZEIT 1.12.2011

Pieper, Josef (1999, 1948): *Muße und Kult.* In: Kulturphilosophische Schriften. Werke Band 6. Hamburg: Felix Meiner

Reddemann, Luise (2006): *Überlebenskunst.* Stuttgart: Klett-Cotta

Reddemann, Luise (2001) *Imagination als heilsame Kraft.* Stuttgart: Klett-Cotta, 17. Auflage 2013

Reddemann, Luise; Wetzel, Sylvia (2011): *Der Weg entsteht unter deinen Füßen. Achtsamkeit und Mitgefühl in Übergängen und Lebenskrisen.* Stuttgart: Kreuz. Auch als Hörbuch. 2012

Reddemann, Luise (2012): Gemeinsames Seminar in Zürich. Mai 2012

Reddemann, Luise; Stasing, Jana (2013): *Imagination.* Handwerk der Psychotherapie Band 2. Tübingen: Psychotherapie-Verlag

Richard, Ursula (2008): *Drei Pfeiler des Glücks.* München: Knaur

Rifkin, Jeremy (2012, 2009): *Die empathische Zivilisation.* Frankfurt: Fischer

Roloff, Weiße, Zimmermann (2011): *Buddhismus im Westen. Ein Dialog zwischen Religion und Wissenschaft.* Religionen im Dialog 6. Münster: Waxmann

Roth, Gerhard (2003): *Aus Sicht des Gehirns.* Frankfurt: Suhrkamp

Russel, Bertrand (2007): *Die Eroberung des Glücks.* Frankfurt: Suhrkamp

Schirrmacher, Frank (2013): *Das Spiel des Lebens.* München: Blessing

Schmidt, Ina (2010): *Macht Denken glücklich?* Bielefeld: Kamphausen

Schnabel, Ulrich (2010): *Muße. Vom Glück des Nichtstuns.* München: Blessing

Schwäbisch, Lutz; Siems, Martin (1994, 1976): *Selbstentfaltung durch Meditation.* Hamburg: Rowohlt

Scobel, Gert (2008): *Weisheit. Über das, was uns fehlt.* Köln: Dumont

Scobel, Gert (2012): *Warum wir philosophieren müssen.* Frankfurt: S. Fischer

Seidel, Ingrid (2010): *Macht Denken glücklich?* Bielefeld: Kamphausen

Seiffge-Krenke, Inge (2010): *Identitätsentwicklung heute: Nie erwachsen?* Vortrag am 19.4.2010 in Lindau. Schwerpunkt Identität. www.lptw.de

Sen, Armartya (2010): *Die Idee der Gerechtigkeit.* München: Beck

Sloterdijk, Peter (2009): *Du musst dein Leben ändern.* Frankfurt: Suhrkamp

Sloterdijk, Peter (2011): *Stress und Freiheit.* Frankfurt: Suhrkamp

Shikpo, Rigdzin (1999): *Meditation und Achtsamkeit.* Berlin: Theseus

Shikpo, Rigdzin (2009): *Wende dich niemals ab.* Freiamt: Arbor

Spehr, Christoph (1999): *Die Aliens sind unter uns. Herrschaft und Befreiung im demokratischen Zeitalter.* Berlin: Siedler

Staemmler, Frank M. (2009): *Das Geheimnis des Anderen. Empathie in der Psychotherapie. Wie Therapeutin und Klientin einander verstehen.* Stuttgart: Klett-Cotta

Stocker, Christian: Persönliche Mitteilung

Strässle, Thomas (2013): *Gelassenheit. Über eine andere Haltung zur Welt.* München: Carl Hanser

Taylor, Jill B. (2010): *Mit einem Schlag.* München: Knaur

Tillich, Paul (1965): *Mut zum Sein.* Hamburg: Furche

Tillich, Paul (1975): *Wesen und Wandel des Glaubens.* Berlin: Ullstein

Tugendhat, Ernst (2003): *Egozentrizität und Mystik.* München: C. H. Beck

Tugendhat, Ernst (1979): *Selbstbewusstsein und Selbstbestimmung.* Frankfurt: Suhrkamp

Turner, Victor (2005, 1969): *Das Ritual.* Frankfurt: Campus (Nachdenken über Stammeskulturen, Klöster, Karneval, Hippies und Motorradgangs)

Walach, Harald (2011): *Spiritualität und Aufklärung.* Jasedow: Drachenverlag

Weber, Max (2000, 1905): *Die protestantische Ethik und der Geist des Kapitalismus.* München: C. H. Beck

Welwood, John (2010): *Psychotherapie und Buddhismus.* Freiamt: Arbor

Werner, Götz (2006): *Ein Grund für die Zukunft: Das Grundeinkommen.* Stuttgart: Verlag Freies Geistesleben

Wetzel, Sylvia (2004 a): *Arbeit und Muße. Hommage an Hannah Arendt.* Berlin: edition tara libre (Bezug: www.sylvia-wetzel.de)

Wetzel, Sylvia (2004 b): *Sieben Schritte zum Erwachen oder die Schule der Tauben.* In: Form ist Leere. Leere Form. Band 2: Erwachen. Berlin. Buddhistischer Studienverlag

Wetzel, Sylvia (2005): CD-Hörbuch *Leichter Leben.* (Bezug: s. o.)

Wetzel, Sylvia (2010 a, 1999): *Hoch wie der Himmel, Tief wie die Erde. Meditationen über Liebe, Beziehungen und Arbeit.* Berlin: Theseus

Wetzel, Sylvia (2010 b, 1999): *Das Herz des Lotos.* Frauen und Buddhismus. Erweiterte Fassung. Berlin: edition steinrich

Wetzel, Sylvia (2011 a) mit Reddemann, Luise: *Der Weg entsteht unter deinen Füßen. Achtsamkeit und Mitgefühl in Übergängen und Lebenskrisen.* Freiburg: Kreuz. Auch als Hörbuch. 2012

Wetzel, Sylvia (2011 b): *Aufmerksamkeit, Achtsamkeit und Erwachen. Buddhistische Perspektiven.* In: Luise Reddemann (Hrsg.), *Kontexte von Achtsamkeit.* Vorträge Lindau 2010. Kohlhammer

Wetzel, Sylvia (2012): *Einladung zur Muße.* Freiburg: Herder

Wetzel, Sylvia (2013 a, 2002): *Leichter Leben. Meditationen über Gefühle.* Berlin: Lehmanns Media

Wetzel, Sylvia (2013 b, 2007): *Worte wirken Wunder. Reden mit Herz und Verstand.* Berlin: Lehmanns Media

Wetzel, Sylvia (2013 c): *Die richtige Balance finden.* In: Ursache & Wirkung (Herbst 2013): Burnout. Themenheft der Buddhistischen Zeitschrift. www.ursache.at.

Wörterbuch, Buddhistisches (1983): Christiani. Herrnschrot: Beyerlein & Steinschulte

Wilber, Ken (2007): *Integrale Spiritualität.* München: Kösel

Yasutani, Hakuin (2010): *Shobogenzo Sankyo. Ein Kommentar zu Dogen Zenjis Genjokoan.* Frankfurt: Enso

Zotz, Volker (1988): *Der Buddha.* Reinbek bei Hamburg: Rowohlt